KAROLINE ARN
ELISABETH DE MEURON-VON TSCHARNER

KAROLINE ARN

ELISABETH DE MEURON-VON TSCHARNER

1882–1980

Der Wunsch der Löwin zu fliegen

ZYTGLOGGE

Lektorat: Hugo Ramseyer
Korrektorat: Monika Künzi, Jakob Salzmann
Coverfoto: Elisabeth de Meuron-von Tscharner
(Foto Rodo Wyss, 1970)
Frontispiz: Stempel Tscharner-Wappen
Gestaltung/Satz: Franziska Muster Schenk, Zytglogge Verlag
Druck: CPI Books GmbH, Ulm
ISBN 978-3-7296-0885-6

Zytglogge Verlag, Schoren 7, CH-3653 Oberhofen am Thunersee
info@zytglogge.ch, www.zytglogge.ch

Eulennest

Ein sonniger Abend im Frühling 1947. Es ist ruhig im Haus, unten rumpelt es dumpf aus der Küche, draussen muht eine Kuh, im Stall hantiert der Meisterknecht mit dem Milchgeschirr. Es ist Zeit zum Melken. Nach dem Eclat mit ihren Enkelinnen hat sie sich in ihr Zimmer zurückgezogen.

Das Laub der hohen Bäume im Park hält die letzte Abendsonne zurück. Einzelne Lichtstrahlen fallen quer durch den Raum, Stäubchen funkeln auf ihrem Weg zu Boden. Das Licht fällt nur spärlich ins Zimmer. Die drei Fenster bieten einen guten Ausblick auf das Schlossgelände, auf der einen Seite der Teich vor dem Schloss und die Kaskaden am Felshang, auf der anderen Seite der Landwirtschaftsbetrieb, beim dritten kann sie direkt in den Hühnerhof sehen. *Eulennest* nennt Elisabeth ihr Haus.

In der einen Ecke des Schlafgemachs steht die grosse, fast quadratische Bettstatt, überdacht von einem Baldachin mit eingewobenem goldenem Muster. Ein Himmelbett, das an die Zeiten gemahnt, als aus Angst vor dem Ersticken im Sitzen geschlafen wurde. Grosse Kissen sind auf der Seite aufgetürmt, damit sie beim Lesen bequem sitzen kann. Das seidene Häubchen und das Nachthemd lugen zusammengefaltet unter den Kissen hervor. Auf einem der Nachttische stehen zwei tragbare Kerzenhalter mit langen, weissen Kerzen, daneben liegt griffbereit ein Päckchen Schwefelhölzer. Eine geräumige Kommode und ein Schrank bieten Platz für die Kleider und ihre unzähligen Hüte. In der Ecke neben dem Bett steht ein Holzverschlag mit Kissen am Boden, eine überdimensionierte Schublade, das Lager der Hunde.

Draussen hat die Sonne die Mauern gewärmt, doch drinnen hat sie ein Feuer entfacht, damit die Feuchtigkeit nicht überall hinkriecht. Jetzt ist das Kaminfeuer verglommen; sie wird es nicht mehr schüren, bis sie zu Bett geht. Sie hofft, dass das Telefon bald klingelt, obwohl es kein Gespräch, sondern nur einen Schwall Vorwürfe bringen wird. Louise wird rapportieren, wo sie ihre Töchter aufgelesen hat, wohl halb verdurstet, halb verhungert, am Ende ihrer Kräfte. Sie hat vermutlich Recht. Elisabeth ist dem Bild der grauenhaften Grossmutter wieder einmal gerecht geworden. *Ich benehme mich wie eine Rochel-Moore.*

Sibylle und Barbara, ihre 17- und 14-jährigen Enkelinnen, wollten zwei Tage zu Besuch kommen. Es gab Kuchen, den Grittli gebacken hatte. Dazu eine Tasse heisse Schokolade mit frischer Milch ihrer Kühe. Anschliessend hatte sie die Spielkarten hervorgeholt. Sie setzten sich um den niederen Spieltisch mit dem grünen Molton und den geschwungenen Holzbeinen, ihre Tassen stellten sie auf runde Holzplättchen, die an allen vier Ecken im Tisch eingelassen sind.

Elisabeth spielt gerne, ihre Schachfiguren stehen immer bereit für die nächste Schlacht. Am amüsantesten findet sie das Kartenspiel Crapette, doch dies ist nur zu zweit spielbar, deshalb freute sie sich an diesem Nachmittag auf eine Runde Rommé. Die Mädchen beendeten ihr munteres Geplauder und schauten der Grossmutter zu, wie sie die Karten austeilte. Sie kannten das Spiel hinter dem Spiel; sie wussten, in Kürze würde sich ihre Laune zeigen. War sie heiter, purzelte ein Spass nach dem anderen aus ihrem

Mund und die Mädchen durften sich prächtig amüsieren über die mitunter unflätigen Bemerkungen der alten Dame. War sie jedoch traurig, gab es ein fast wortloses Spiel. Einzig am Schluss stellte sie nüchtern fest, wer gewonnen, wer verloren hatte.

Heute aber war einer jener Tage, vor denen Elisabeth sich am meisten fürchtete. Bereits beim Aufnehmen der Karten spürte sie diese Ungeduld, und bei der dritten Karte zog sich ihr in der Magengegend etwas zusammen, ein feines Sirren in ihren Ohren setzte ein. Sie runzelte die Stirn, und statt Spässen zogen giftige Gedanken auf: Sibylle schaut jetzt genau wie ihre Mutter, so vorwurfsvoll, dachte sie. Sie ist die lautere von beiden, lacht und erzählt gerne, Barbara, die jüngere, ist verschlossener, sagt selten, was sie denkt. Aber nun begann auch sie leise zu kichern, sicher lacht sie über sie, die Grossmutter. «Seid still», fauchte sie die Mädchen an und kniff die Augen zusammen. Ein Fehlstart. Und bevor sie wusste, wie ihr geschah, rutschte wieder eine abschätzige Bemerkung über ihre Lippen. Nicht gegen die Mädchen, gegen ihre Mutter, die ihnen keinen Anstand beigebracht hat, die sie nicht anständig kleidet und ihren Frisuren freien Lauf lässt. Sie verschonte auch den Vater Maximilian nicht, zog über den schönen Berufsmilitär her. Der Raum füllte sich mit ihrem Hass und ihrer Aggressivität.

Barbara liess sich vorerst weder aus der Ruhe bringen noch einschüchtern. Sibylle schaute auf den Tisch, als ob sie die Grobheiten ihrer Grossmutter nicht hörte. Plötzlich stand Barbara auf, bedankte sich für den Kakao und verabschiedete sich mit den Worten, es sei schon spät. Sie nahm ihre verdatterte Schwester am Arm, packte die Mäntel in der Garderobe und rief Grittli einen Gruss Richtung Küche, um zu verschwinden, bevor die gute Seele auftauchen würde.

Elisabeth riss das Fenster auf, rief ihnen laut nach, sie sollten nicht unverschämt und ungezogen sein – und sah die Mädchen in der Kurve hinter den Bäumen verschwinden. Die liefen talwärts, ohne einen Blick zurückzuwerfen. Anhalten würden sie erst unten im Dorf. Die beiden hatten kein Geld für den Zug; wann würden sie Bern zu Fuss erreichen?

Dann wählte sie seufzend die Nummer ihrer Tochter und erklärte so knapp wie möglich, die Kinder seien unerwartet aufgebrochen, nein, sie habe sie nicht aufhalten können und nach den Gründen könne sie die Mädchen selber fragen. Sie erwarte einen Rückruf, wenn sie auftauchten.

Dabei hat ihre Hausangestellte Margrit Bieri, von allen Grittli gerufen, alles schön vorbereitet. Im Schlafzimmer der Mädchen lodert im Cheminée ein Feuer, unter den grossen Federdecken heizt eine eiserne Bettflasche das klamme Bettzeug gehörig vor. Das Nachtessen wird auch beinahe fertig sein, der Duft von Kartoffeln, Lauch und Hamme ist unverkennbar und der Tisch für drei Personen gedeckt. Doch nun wird sie sich alleine hinsetzen müssen. Sie hofft, dass wenigstens der Appetit zurückkommt. *Einsehen habe ich wenig in meinem Leben, weil es nicht zu meinen Fähigkeiten gehört, ein Einsehen zu haben, und das wird der Grund meiner vielen Missgeschicke sein.* Wie oft hat sie sich schon über ihre Launen geärgert, über ihren Jähzorn, ihre Bösartigkeit! Wie oft hat sie ihre Ausbrüche zu zügeln versucht, die wie Eruptionen eines Vulkans in ihr hochkochten. Erfolglos.

Elisabeth wirft einen Blick in den Spiegel, er ist alt und leicht gewölbt, so dass sich ihr Bild in der Bewegung verzieht, ihr schmales Gesicht wird noch etwas länger.

Sie spürt plötzlich das Fell von Alya an ihren Beinen, die Hündin hat sich ins Zimmer geschlichen und schaut sie erwartungsvoll an. Seit sie ihre drei Jungen geworfen hat, scheint sie immer nahe am Hungertod. Mager ist sie, fast abgehärmt, früher war sie ein Prachtstier. Elisabeth streicht der weissen Barsoi-Hündin über den Kopf. Sie staunt über die grenzenlose Anhänglichkeit der Hündin und über ihre Ruhe, oft bemerkt sie deren Anwesenheit gar nicht.

Alya schleicht sich aber auch gerne davon, wenn ihre halbwüchsigen, wolfsähnlichen Mischlings-Welpen einmal ruhig schlafen. Die Jungen sorgen ansonsten regelmässig für Tumult im Schloss, stürzen über Möbel – was auch ihr in der Dämmerung immer wieder passiert –, denn die Räume sind vollgestopft damit, was sie zwar stört, aber dennoch nicht veranlasst, sich von nur einem Möbelstück zu trennen. Die Welpen zerkauen Teppiche, springen an ihr hoch, um die Hand zu lecken. Sie muss sich ständig wehren und hat Grittli im Verdacht, die Hunde mit Futter zu verziehen. So ungeduldig sie, Elisabeth, oft mit Kindern oder ihren Mitmenschen ist, wenn die Hunde toben, wird sie nie von ihren Wutanfällen gepackt, lacht stattdessen über die ungelenken Bewegungen, könnte stundenlang zusehen.

Alya ist dank ihren Jungen eine noch bessere Wächterin geworden, unbemerkt kommt niemand durchs Tor beim Schloss, sie bellt und fletscht die Zähne, leider manchmal etwas gar zu grimmig. Sie hat immer etwas altes Brot in der Tasche, um die Hunde zu belohnen, manchmal auch Stücke vom Lebkuchen, den ihr der Pfarrer zu Weihnachten schenkt. Aber es gelingt ihr nicht immer, rechtzeitig zur Stelle zu sein. Auch Schulkinder necken die Hündin manchmal, machen Mutproben und rennen durch den Schlosshof. Und bereits kläffen die Welpen ihrer Mutter hinterher. Doch die Hunde geben ihr Sicherheit. *Hundeschutz ist viel besser als alle menschlichen Hasenfüsse.*

Elisabeth folgt Alya die Wendeltreppe hinunter, die stummen Ahnen blicken wieder einmal ernst, unergründlich von den Wänden. Die Hündin wartet unten und schaut sie ungeduldig an. Kaum ist die Haustür einen Spaltbreit geöffnet, stürzt sie in grossen Sprüngen über die Terrasse davon.

Sie kann sich nicht vorstellen, ohne Hunde zu leben. Von klein auf haben Wolfshunde, Terrier oder Jagdhunde sie begleitet, aber diese weissen eleganten Windhunde gefallen ihr am besten. Mit ihrem schwierigen Charakter passen sie gut nach Rümligen und zu ihr. Auch wenn der Zoologe Alfred Brehm etwas gar hart mit ihnen ins Gericht geht. Er beschreibt die Barsoi-Rasse als im höchsten Grad selbstsüchtige Geschöpfe, die von anderen Hunden wenig Notiz nehmen, aber immer für ein Gerangel zu haben sind. *Brehm hat vermutlich nie nachgedacht, dass den Tieren das Denken nicht gestattet ist.*

Die Schar junger Hunde macht ihr dagegen Sorgen. Einen Welpen hätte sie beim deutschen Botschafter platzieren wollen – der ihr Alya geschenkt hatte –, einen anderen hätte sie gerne Max Huggler anvertraut. Doch alle Hunde sind ihr geblieben. Meist ist die kleine Meute in der Küche bei Grittli oder folgt ihr bis ins Schlafzimmer. Sie beleben das alte Gemäuer des Schlosses und lassen sich von ihm – im Gegensatz zu den Menschen – nicht beeindrucken.

Rümligen bringt Unglück, denkt sie manchmal. Der Ort ist stärker als die Menschen mit ihrem Tun und Denken. Dennoch ist es ihr Lieblingsort. Sie schottet ihn gegen aussen ab, hütet ihn wie einen Gral. Niemand darf fotografieren, keinen der vielen interessierten Kunsthistoriker lässt sie herein. Und für Fremde ist es nicht leicht, das Schloss zu finden. Von der Hauptstrasse durch das Gürbetal ist der Turm an einigen Orten sichtbar, doch je näher man dem Dorf kommt, desto mehr versteckt sich das stattliche Gebäude in den Hügeln des Längenbergs.

Es thront wie ein Adlerhorst hoch auf der Felsterrasse des Berges, und die Übersicht über das Tal ist bereits vom ersten Stock aus grandios. So steil die Hänge und der Aufstieg auch erscheinen, einmal beim Schloss staunen Besucher über die Weite und Grösse des Parks, die Höhe der Plattform und die Geräumigkeit des Schlosses. Erhaben und unverwüstlich steht das alte Gemäuer da, mit seinen Fundamenten, die in die Römerzeit zurückgehen.

Als Elisabeth Rümligen 1927 erbte, erliess sie als Erstes ein Verbot, unterzeichnet und bewilligt vom Gerichtspräsidenten: *Frau Elisabeth de Meuron lässt anmit ihr Schlossgut Rümligen mit zugehörigem Land und Waldungen, insbesondere zum Schlosse gehörigen Anlagen gegen jede Besitzstörung, unbefugtes Betreten, Fahren und Reiten, sowie Fischen und Krebsen in den zum Schlossgut gehörenden Gewässern, mit Verbot belegen. Busse Fr. 1 bis 40.–*. Elisabeth liess grosse Verbotsschilder anfertigen und rund um das Schlossareal aufstellen. Die Botschaft ist klar: Hier ist niemand willkommen, wenn er nicht persönlich empfangen wird. Besucher sind von weitem sichtbar, unbemerkt kann man sich nur durch den angrenzenden Wald nähern, und die Mauer der Plattform ist nicht zu erklettern.

Rümligen ist die letzte von Elisabeths Zwiebelschichten, die äusserste Schicht ihrer Kleider – es bietet Schutz und innerhalb der Mauern ist sie sich selber. *Ich weiss, dass ich Recht habe. Rümligen will nicht einmal gedacht werden von Leuten, die ihm nicht passen. Ihm, dem hochmütigen Rümligen, das genau weiss, dass es gar nicht so schön ist, wie man glaubt – das nur den Reiz der Verlassenheit hat.*

Wenn sich Besuch ankündigt, empfängt sie diesen lieber in Amsoldingen, ihrem Schlösschen nur wenige Kilometer entfernt Richtung Thun, im Sommerhaus ihres Vaters. Amsoldingen hat weniger mit ihr zu tun, dort ist sie selber wie zu Besuch und auch etwas fremd.

Doch es gab auch Ausnahmen. Gottfried Hess, ein junger, etwas verwirrter Mann, stellte sich als Schriftsteller vor und bat, ab und zu hier im Park von Rümligen verweilen zu dürfen. Sie willigte zu ihrem Erstaunen ein. Der Mann faszinierte sie, und auch die Hunde machten bei ihm keinen Mucks, als er vor dem Tor stand.

Sie wanderte mit dem Dichter durch den Park. Weiter vom Schloss entfernt wachsen die Büsche, Blätter und Gräser üppiger. Der Springbrunnen plätschert und verleiht dem Wildwuchs eine romantische Note. Das helle Haus mit dem Turm scheint alles Sonnenlicht aufzusaugen, so dass der Park im Schatten bleibt und die Feuchtigkeit auch im Sommer Frische bringt. Es riecht selbst am Nachmittag nach taufrischem Gras. Vom Weg hüpfen immer wieder kleine Frösche Richtung Bach, der am Springbrunnen vorbei einer Wiese entlangführt, von mächtigen Linden gesäumt. Die Bäume wirken wie Monumente, so dick sind die Stämme, so dicht ist ihr Blätterwerk.

Es kam selten vor, dass sie im Schlosspark Begleitung hatte, wenn sie spazieren ging. Sie wanderte mit Hess am Ententeich vorbei, der Allee entlang in den Wald, sie erzählte ihm, wie ihre Schweine diesen Weg lieben und sich gierig auf die Eicheln am Boden stürzen, wenn sie die Tiere ab und zu dort frei lässt. Sie erzählte auch von der Liebe ihres Vaters zu Rümligen, zum Park: *Weil er in Rümligen spazieren, marschieren konnte, ohne jemandem zu begegnen.* Im Schlösschen Amsoldingen auf dem Seen-Plateau zwischen Aaretal und Stockhorn war ihr Vater zwar aufgewachsen, hatte es später jedoch nie richtig bewohnt, weil er dort nicht unbemerkt flanieren konnte. Wie so oft sprach Elisabeth mit Hess vor allem über sich, über ihre Familie; manchmal vergisst sie ganz, Fragen zu stellen, besonders bei Leuten, die zuhören können, so vertieft ist sie in ihren Monolog.

Sie führte ihn damals auch auf den Turm. Zuerst die Wendeltreppe hoch, anschliessend zwei Holztreppen, die letzte mehr eine Leiter. Zuoberst in einem kleinen Zimmerchen bieten Bogenfenster atemberaubende Blicke in alle Richtungen, den moosigen Ziegeln entlang zum Dachgiebel, geschmückt mit dem kupfernen Kelch mit glockenförmigem Deckel. Die Kronen der Bäume, die fast so hoch wie der Turm in den Himmel ragen, liegen wie grüne Wolken vor der Landschaft. Ohne Dunst ist oft sogar ein Zipfel der Stadt Bern zu sehen, auch Thun in der anderen Richtung ist erahnbar, der See ein ferner grauer Fleck. Bei Föhn sieht man die Furchen der Schrattenfluh, das Niederhorn und dahinter Eiger, Mönch und Jungfrau, aber auch die breite Blüemlisalp neben dem Niesen. Sie zeigte Hess schräg unten die beiden Gartenpavillons, die, wären sie nicht mit groben Ziegeln gedeckt, mit ihrem tropfenförmigen Kuppeldach auch in eine buddhistische Tempelanlage passen würden. Die Kübelpalmen auf der Terrasse verstärken das südländische Bild. Eher französisch dagegen muten die hellen Kiesweglein an, die aus allen Richtungen zu einem Kreis zusammenlaufen und zum Springbrunnen im hinteren Teil des Parkes führen.

Vor dem Zubettgehen liest sie manchmal die rührenden Zeilen, die Hess über Rümligen geschrieben und ihr zum Geburtstag geschenkt hat. Seine Worte lassen verschüttete Gefühle und die Vergangenheit anklingen. *Er drückt Sachen von mir aus, ohne mich zu kennen.*

Statue im Park
Halb versteckt in einer Nische
steht einer Frau liebliche Gestalt.
Fröstelnd in der Abendfrische,
leicht verhüllt, als hätt sie kalt.
Nimm das Tuch von deinem Haupte
und blick freudig in die Welt!
Mach es wie das grünumlaubte Bäumlein,
das sich selbst gefällt.
Warum willst du dich denn schämen,
du bist gegossen ja aus Erz.
Musst das Fürchten nur bezähmen,
und zur Lust wird aller Schmerz.

Sie wollte dem jungen Dichter helfen, sie schickte seine Gedichte – ausgenommen die persönlichen wie *Hundehochzeit*, *an einen toten Freund* oder *Kreuz im Walde* – an Verlage und stellte ihm eine ihrer Wohnungen in der Stadt zur Verfügung; mit der Auflage, ihr als Gegenleistung zur Hand zu gehen bei ihren Einkäufen oder mit den Hunden, die sie nicht zu lange alleine in Rümligen lassen kann.

Alya ist noch immer nicht zurück. Elisabeths Hand auf dem eisernen Türknauf ist eiskalt geworden. Die Dämmerung vertreibt die Sonne und Wärme beim Schloss immer etwas früher als an den Hängen zum Tal. Sie klemmt den kupfernen Ständer für die

Regenschirme zwischen die Türe, um nicht noch länger auf die Rückkehr der Hündin warten zu müssen. Im Esszimmer setzt sie sich hinter das übriggebliebene Gedeck und läutet die Glocke, damit Grittli das Essen bringt. Das Klingeln durchschneidet die Stille und schmerzt in den Ohren. Das Telefon dagegen ist still geblieben.

Im letzten Jahr, im Jahr nach dem Ende des Krieges, schien die Welt wieder etwas befriedet, die Konflikte in ihrer Familie dagegen beruhigten sich nicht. Louise und ihr Mann Maximilian von Stockar besuchten sie während des Krieges nur selten, die politischen Auseinandersetzungen führten immer wieder zu Streit. Elisabeth stritt sich aus verschiedenen Gründen mit ihrer Tochter. Seit Jahren ist das Verhältnis getrübt, sie empfindet Louise oft als feindselig, vermutet bei ihr eine psychische Krankheit. *Dieses Luisli, bald 40 Jahre, hat allmählich viel von ihrem Verstand verloren, hat den Kopf in grosser Unordnung.*

Louise sagt, sie habe einen herrischen Umgang mit ihren Mitmenschen und im letzten Herbst entbrannte ein Streit, weil ihr Louise vorwarf, sie habe sich mit ihrem Mann Max verbündet, stecke mit ihm unter einer Decke; Louise war unglaublich wütend. *Nachdem sie uns kurz und klein schlug mit den Holzsohlen ihrer Schuhe und Kleiderbügeln*, beschlossen Max und sie an diesem Abend, Louise in eine psychiatrische Klinik am Genfersee einzuliefern.

Doch sie blieb nicht lange. Sie schrieb ihrer Mutter, sie sei *falsch oder lieblos behandelt worden,* und bat ihren Mann um Hilfe. Max, der «Tiger», wie ihn alle Freunde nennen, fuhr in der Nacht mit dem Auto neben die Klinik. Louise kletterte heimlich über die Mauer und Max brachte sie wieder nach Hause.

Unterdessen ging es Louise besser. *Meine Tochter wurde geheilt entlassen,* schrieb und erzählte sie fortan. Doch wirklich überzeugt davon war sie nicht. *Luislis Seele scheint sich zu erlösen nach Jahren, aber Luislis Verstand, Luislis Kopf bleibt krank. Schicksal. Ihr jahrelanger krankhafter Hass gegen mich löst sich, aber ihr Geist bleibt in Unordnung.*

Die letzten Kartoffelstücklein schiebt Elisabeth an den Rand des Tellers zum Rest Lauch, den sie nicht mehr aufessen mag. Die Hamme ist verschwunden. Sie nimmt einen Schluck Wasser, wischt sich mit der Serviette den Mund ab und legt sie wieder in den silbernen Ring. Das Esszimmer ist einer der dunkelsten Räume im Schloss. Die Tapete ist hellbraun, durchzogen von dunkelbraunen Linien, die zusammen ein Karomuster bilden. Auch die dunklen Holzschränke und Truhen an den Wänden schlucken das Licht, ebenso die Bilder ihrer Ahnen in den goldenen Rahmen über dem dunklen Parkett. Alle Böden im Schloss haben gestanzte Löchlein – von den genagelten Schuhen der Militärs, die hier oft ein- und ausgingen. Der ovale Holztisch und die eleganten Stühle mit geflochtener Lehne und beigen Sitzkissen bieten für gut zehn Personen Platz. Nur der weisse Kachelofen mit den filigranen Säulenfüssen aus Sandstein hellt den Raum auf.

Elisabeth zuckt zusammen, endlich schellt das Telefon. Sie eilt in den Gang, reisst den Hörer von der Gabel und hört, die beiden Mädchen seien wohlbehalten in Bern angekommen, Louise habe sie mit dem Auto gesucht und in der Nähe von Belp aufgespürt. Erleichtert hängt sie den Hörer wieder auf.

Zwei Gesichter

Langsam steigt Elisabeth die geschwungene Treppe in ihr Arbeitszimmer hoch, das durch eine blaue Türe mit ihrem Schlafzimmer verbunden ist. An der Innenseite strahlt eine gemalte Sonne, daneben prangt eine Mondsichel, ein Komet, über sieben roten Sternchen. Auf beiden Seiten der Türe haben die Hunde mit ihren Pfoten tiefe Striemen in die Farbe gekratzt. Sie mögen es nicht, wenn sie ein- oder ausgesperrt werden.

Sie blickt in den Spiegel. Ihre Haare sind auch mit 65 immer noch dunkel, liegen seit Jahren auf Kinnhöhe gerollt in einem feinen Haarnetz. Das Gesicht erscheint blass, der Puder trägt dazu bei. Wenn sie den Mund zu einem Lächeln verzieht, bilden sich in den Wangen Grübchen, Falten sind aus der Nähe einige auszumachen – die lange, gerade Nase tritt markanter hervor als früher, sie legt die Stirn in Falten. Die Augen blicken skeptisch, etwas stechend. Viele Komplimente hat sie in ihrem Leben für ihre dunklen Augen erhalten, oft hat sie mit diesen mehr erreicht als mit ihren Worten. Wurde ihr dennoch eine Bitte abgeschlagen, dann mit den Worten *auch die ‹schönsten› Augen können mich nicht abhalten.* Jetzt blicken sie abwesend in den Spiegel, ihr Blick ist inwendig gerichtet.

Das junge Gesicht im Spiegel hatte sie früher nervös gemacht. *Ein hässliches Spiegelbild ist komfortabler, ein schönes beunruhigender.* Sie war schön, ja, aber das Spiegelbild passte damals so gar nicht zu ihren Gefühlen. Sie erschrak immer über ihre Frische und Entschlossenheit im Spiegelkonterfei, fühlte sie sich doch oft leer, tot statt lebendig oder zumindest betäubt, gefesselt. Könnte sie wählen, sie würde ihr Alter um keinen Preis gegen die Jugend zurücktauschen. Das Alter erscheint ihr – trotz allem – einfacher, *als jung leidet man mehr auf diesem Lebensweg als im Alter.* Eine ältere Frau schaut ihr heute entgegen, gekleidet wie ein Pfarrer, mit ernstem Gesicht. Oft, wenn sie vor dem Spiegel sitzt, fragt sie sich, ob ihre Freundinnen oder die Frauen in ihrer Verwandtschaft ähnlich fühlen, die Welt gleich empfinden wie sie. Sie bezweifelt es. *Ich weiss nicht, ob die anderen Leute sich im Leben auch so fremd fühlen wie ich.*

Als Kind konnte sie nie mit ihren Freundinnen mithalten, die brav stundenlang stillsassen und sich den Handarbeiten oder ihren Puppen widmeten. Eifersüchtig beobachtete sie die Mädchen in der Verwandtschaft, die mit ihrer Mutter in stiller Eintracht vor dem Feuer sassen, viel Gemeinsamkeit und Vertrautheit war dabei. Ungestüm dagegen, wie sie war, rannte sie ihrer Maman davon, am liebsten nach draussen, sie war unordentlich, ihr Zimmer gab immer wieder Anlass zu Rügen, und keine Strafe machte es besser. Sie war auch jähzornig und laut und traktierte ihre Freundinnen sogar mit dem Besen, wenn sie wütend war. *Als Wirbelwind bin ich geboren und selten ist es mir vergönnt, auf jemanden Rücksicht nehmen zu können.* Sie spielte am liebsten mit Knaben, auch wenn es ihr verboten wurde. Noch heute spürt sie den traurigen und oft beschämten Blick ihrer Mutter auf sich, wenn sie statt zu schelten nur noch schwieg.

Und heute noch interessiert sie vor allem die Welt der Männer. *Ich habe Hände wie ein Mann und beruhige mich immer damit, dass ich mehr Freude an Männern als an meinen Schwestern habe, und das ist ein Beweis, dass ich eine normale Frau bin nach des Schöpfers Wille.* Der Streit mit ihren Enkelinnen, vor einigen Stunden gerade eskaliert, passt zu ihrem Bild von sich selbst. *Den Frauen fehlt die Sprache total, wie der Wille uns fehlt und wir uns selbst fremd sind, weil wir Dinge tun, die wir gar nicht als richtig ansehen, aber Reflexe zwingen uns dies zu tun. Wir sagen auch oft Dinge, die uns selbst erstaunen.*

Der flache schwarze Hut, geflochten aus dicken Strohbändern und weiss gefüttert, liegt neben ihr, ein Sommerhut, der es dieses Jahr geschafft hat, schon im Frühling getragen zu werden. Im Winter bevorzugt sie Hüte mit dickem schwarzem Futter. Bei Frost schützt sie ein Hut aus schwarzem Pelz oder ein flacher, gefütterter Zylinder. Im Sommer bevorzugt sie runde Hüte mit breiter Krempe, sie hat auch modische Exemplare, die so flach sind, dass sie mit Haarnadeln festgesteckt werden müssen. Jeder Hut ist verziert, mit einem breiten Gitterband, einem glänzenden Samtband, mit Blumen oder Schleifen. Doch die Farbe bleibt sich gleich. Schwarz. In der Flut ihrer Hüte, die immer mehr Platz in den Schränken erobert, gibt es keine Farbtupfer.

Die spitzen weissen Kragen ihres Hemdes stechen unter dem schwarzen Strickjackett hervor. Der breite schwarze Ledergürtel gibt dem weiten Kleid eine Form, der Silberschmuck um den Hals bricht die dunkle Strenge. Heute trägt sie eine grosse Brosche, manchmal das Medaillon an der langen Kette oder ein Kreuz mit Stein in der Mitte. Der Schmuck ist immer schlicht und prägnant, ein optischer Akzent. Wenn sie Fingerringe trägt, dann zwei an einem Finger, am kleinen fast lieber als am Ringfinger. Den Mantel hat sie abgelegt, obwohl es im Zimmer bereits kühl ist.

Sie lebt Sommer und Winter nach dem Zwiebel-Prinzip, so dass es ihr selten zu kalt oder zu warm ist. Schnürstiefel mit Absätzen, die elegant und gleichzeitig komfortabel sind, lässt sie sich vom Schuhmacher immer wieder neue machen; schwarz, knöchelhoch, mit einem verspielten Fransenrand als Abschluss. In aller Strenge fehlt nie eine Prise Schalk.

Elisabeth setzt sich aufs Bett und nimmt ein Buch zur Hand. An den Wänden ihres Schlafzimmers hängen zwei Porträts von ihr. Beide Anfang der 20er Jahre gemalt – und doch stammen sie aus zwei verschiedenen Welten. Auf dem einen sitzt Elisabeth vor dem Münster, mit einer Bibel in der Hand, im seidenen Kleid mit einem feinen Hermelinkragen, die Haare brav in Wellen gelegt, der Blick irgendwie kindlich, fast etwas naiv. Auf dem anderen Bild blickt eine ernste, melancholische Frau in die Weite, im Hintergrund ist eine südländische Stadt.

Sie lässt das Buch zu und betrachtet die italienische Stadt, das Meer, die Hafenstimmung im Hintergrund des Bildes. Ein Ort, den sie gerne besucht hätte. Sie wählte ihn als Hintergrund, weil der Maler, Viktor Hammer, ihr so oft davon erzählt hatte. Er war als Österreicher während des Ersten Weltkrieges als Maler für die K.-u.-K.-Monarchie unterwegs. Er sah alles, auch, was man nicht sehen sollte. Nach dem Krieg liess er sich in Italien nieder, dort gefiel es ihm am besten. Fritz, Elisabeths Mann, hatte ihn auf einer seiner Reisen kennengelernt und war so begeistert von seinen Arbeiten, dass er ihn nach Bern einlud, wo er einige Wochen ihr Gast war.

Elisabeth fesselten seine Geschichten. Vielleicht weil er Maler war, lebten seine Erzählungen wie Bilder, voller Farben, Details, Stimmungen. Sie hörte die Schreie der Sterbenden auf dem Schlachtfeld oder die verzweifelt Verliebten lachen.

Hammer verwickelte sie in lange Diskussionen über Gott und die Welt. Wer den Krieg beobachtet und ihn gar als Bild festhalten muss, der fragt unweigerlich nach Gott, hatte er gesagt. Sein Glaube an den brutalen Gott im Alten Testament sei gewachsen, denn wenn er überhaupt noch an Gott glaube, dann müsse dieser schrecklich sein. Der barmherzige Gott oder Jesus mit seinen Wundern, das Neue Testament, das seien nur schöne Wünsche. Den Teufel, ja, den habe er immer wieder gesehen, anders könne er sich das Elend und die Tausende Toten nicht erklären, denen er begegnet sei. Er gab Elisabeth ein Buch, das beweisen sollte, dass Jesus von Nazareth nicht Gottes Sohn war, denn *geschichtlich gab es 2 oder 3 Jesus von Nazareth. – Viel habe ich damals von diesem Plebejer-Sohn gelernt.*

Plebejer nannte ihn Elisabeth damals, denn sein Vater war ein österreichischer Schuster, worauf der Maler sehr stolz war. *Ich blieb eine Weile in Kontakt mit ihm, es beeinflusste mich und hinterliess schlussendlich Abscheu wegen seiner Einbildung und Besserwisserei.*

Sie nistet sich wieder in ihrem Bett ein, wirft noch einmal einen Blick auf das Porträt an der Wand. Der Maler liess nicht locker, wollte sie damals unbedingt malen. Aus Neugierde, wie er ihren «Kriegsschauplatz» malen würde, willigte sie schliesslich ein. Mit seinem rechteckigen, schmalen Holzköfferchen hatte er sein Atelier immer mit dabei. Sie wollte sich zuvor umziehen, die Haare frisieren, doch er sagte, er wolle sie so malen, wie sie gerade sei, in diesem schlichten Rock und mit den Haaren im Turban versteckt. Diese Turbane trug, wer in den zwanziger Jahren etwas auf sich hielt punkto Mode.

Ihre Kleidung wirkt heute exotisch, das Bild wirkt fremd in diesem Zimmer. Nur die Goldkette trägt sie noch.

Die Barettli-Kette mit den kräftigen goldenen Ovalen, die ineinandergelegt sind. Es ist kein feiner Frauenschmuck; so auffällig und doch schlicht wird er nur in den alten Berner Familien getragen.

Bis ins 18. Jahrhundert hatten die gewählten Ratsherren diese Kette als Zierde auf ihrem Barett, der Kopfbedeckung. Ihre Töchter wurden deshalb Barettli-Töchter genannt, sie waren begehrte Bräute, bei denen mit einer Heirat die Chancen stiegen, ebenfalls einen Ratssitz zu ergattern. Am Ende des Ancien Régimes wurde diese Amtstracht aufgehoben, die Ratsherren halbierten ihre Ketten und schenkten sie den Töchtern als Schmuck. Immer die älteste Tochter erbte sie.

Der Maler drückte ihr die Kette in die Hände, als ob er andeuten wollte, sie sei eine Gefangene, in diese Kette gelegt.

Das Bild lässt Elisabeth nie los. Manchmal beachtet sie es monatelang nicht, doch wenn sie es anschaut, erwachen alte Gefühle. Diese Blase oder Kugel, die mitten im Bild steht – sie weiss noch heute nicht, was die genau darstellen soll. Sie hat den Maler nicht gefragt. Vielleicht sollte es das Ende eines Traums andeuten?

In der unteren Bildecke führt eine Treppe vom Hafenquai ans Wasser. Dort sitzt eine Frau mit dunklen Haaren, schaut aufs Wasser. Ein Mann deutet einen Kniefall an, scheint um etwas zu bitten. Doch die Frau dreht sich weg. Der Maler und sie, Elisabeth. Sie weiss noch, wie er sie gebeten hat, mit ihm zu gehen. *Der Wiener, welcher mein Mann mir als Logiergast ins Haus praktizierte, und in mein Schlafzimmer kam.* Sie hatte ihn wohl geliebt. Sie hätte damals gehen können. Alles hinter sich lassen, ein neues Leben beginnen.

Eine Scheidung von ihrem Mann hatte Elisabeth schon seit längerem in Betracht gezogen. Aber trotzdem ging sie nicht. Zögern war sonst nicht ihre Art, immer versuchte sie, mit aller Kraft und manchmal gegen jeden Verstand alle Hürden zu nehmen, oft mit dem Kopf durch die Wand. Immer hatte sie ihren wachen Geist und ihr Mundwerk zu nutzen gewusst.

Nur in diesem Moment der Entscheidung, da war sie wie gelähmt, versteinert und kraftlos, unfähig, diesen Schritt zu machen, sich zu befreien, sich zu lösen. Zwar wachte sie mit den Gedanken auf: *Meine Pflichtlosung heute: se fortifier, se libérer, se détacher*, doch bald brachte der Tag die Zweifel zurück. Der Künstler erzählte von Übersee, von seinen Plänen, nach Amerika zu gehen. Doch: *Wieder heiraten ist nicht leicht, wenn man schweres Bernerblut in den Adern hat.* Vielleicht dachte sie auch an ihre Kinder, die schon zu gross waren, um einfach an einem anderen Ort zu leben, aber zu jung, um alleine hier zu bleiben.

Der Künstler malte eine Woche fast pausenlos, wollte ihr das Bild erst zeigen, wenn es fertig war. Er präsentierte es unter einem Tuch auf seiner Staffelei und bat sie, das Tuch mit einem Ruck zu lüften. Sie erschrak. In der unteren Ecke waren ein Mann und eine Frau Hand in Hand gemalt. Elisabeth wollte das nicht, nicht so. Er musste das Bild übermalen und malte den knienden Mann und die abweisende Frau. *Glück ist so federleicht, Glück ist so erdenschwer.*

Eine schöne und schmerzliche Erinnerung schmückt ihre Wand. Doch wenn sie wehmütig oder gar träumerisch wird, dreht sie nur den Kopf, und schon schaut das Bild der demütigen Elisabeth mit der Bibel vor dem Berner Münster sie mahnend an.

Die Englandreise

1951 reist Elisabeth mit Barbara nach London. Sie fahren im Nachtzug nach Calais. Den grossen ledernen Koffer hatte der Schaffner ins Gepäcknetz gehievt. Sie streicht über das weisse Laken des schmalen Betts. Ihren Mantel hat sie in die Hutablage gelegt. Endlich kann sie wieder einmal verreisen.
Sie will, dass Barbara perfekt Englisch lernt, obwohl sie nicht sicher ist, ob die ihre Begeisterung über dieses Unterfangen teilt. Denn im Speisewagen versucht ihr Barbara zu erklären, dass sie in London nicht in die Finish School gehen wolle. Mit der Matura in der Tasche habe sie jetzt wenig Lust, schon wieder die Schulbank zu drücken.

Das wird sich geben, denkt Elisabeth. Barbara zieht sich nach dem Essen ins Abteil zurück, um zu lesen. Sie bleibt im Speisewagen sitzen und schaut aus dem Fenster in die Weite, die in der Abenddämmerung vorbeizieht.

Sie sehen sich oft, Elisabeth und Barbara, vielleicht liegt es an ihren Geburtstagen, die nahe beieinanderliegen. Ihr Geburtstag ist der 22. August 1882, der von Barbara der 27. August 1933. Elisabeth feierte früher meist Ende August mit einer Einladung zum Tee und über hundert Gästen im Schlösschen Amsoldingen, das heisst in seinem Park am See.

Dieses Landhaus erinnert sie immer an ihre anglophilen Vorfahren. Bereits im 11. Jahrhundert war das Gebäude als Chorherrenstift gebaut worden, direkt neben die Kirche. Ein stattliches, aber schlichtes dreistöckiges Steingebäude. Die Feuchtigkeit machte den Bewohnern stets zu schaffen; nach der Reformation blieb das Haus deshalb kaum fünfzig Jahre im gleichen Besitz.

Bis Beat Ludwig von Tscharner Amsoldingen 1842 nach dem Vorbild schottischer Landsitze im neugotischen Stil umbauen liess und einen weiteren Hausflügel, ein Türmchen mit Treppe und eine überdachte Veranda mit Holzverzierungen erstellte. Mit den neuen unterirdischen Kriechgängen blieb nun die Feuchtigkeit unter der Erde und behelligte die Bewohner nicht mehr. Das Gut wurde trotzdem nur im Sommer bewohnt, als beliebtes Ausflugsziel zum Fischen und Jagen und mit dem Park für Feste.

Tochter Louise hatte an diesen sommerlichen Geburtstagsfesten jeweils alle Hände voll zu tun, auch am 27. August 1933, einem heissen, schwülen Tag. Das Gras der Wiese, die sanft gegen den See abfällt, war kurz zuvor gemäht worden. Die Gäste überquerten die schattenlose Strecke eilig, über dem Feld flimmerte die heisse Luft. Sie tummelten sich lieber im Schatten der Bäume am See; hölzerne Klappstühle standen in Gruppen auf dem weichen Moosboden, auf den Gartenstühlen lagen Kissen. Einige Gäste schwammen, vor allem die Kinder, die Männer hatten das Ruderboot aus dem Bootshaus geholt, kämpften sich durch die Seerosen und holten die Frauen am hölzernen Steg ab. Es wurde fröhlich gelacht, wenn sie mit Sonnenschirmen bewaffnet oder grossen Hüten auf dem Kopf ungelenk in ihren Röcken ins Boot stiegen und dieses bedrohlich schwankte.

Louise war damals hochschwanger, erwartete bald ihr Kind. Die Gäste hielten sie auf Trab, sie dirigierte die Angestellten, die für Nachschub bei Speis und Trank zu sorgen hatten. Den ganzen Tag kümmerte sie sich um das Wohl der Gesellschaft. Gegen Abend war sie nicht nur müde, das Ziehen im Bauch wurde stärker und regelmässig. Die Hebamme und der Doktor wurden gerufen, die Gäste gingen, und kurz vor Mitternacht kam im Schloss Amsoldingen ihre Enkelin Barbara zur Welt, inmitten der prächtigen Blumenbouquets und ihrer Geburtstagsgeschenke. So sind ihre beiden Geburtstage miteinander verbunden.

Elisabeth bestellt noch einen Tee. Wenige Reisende sitzen noch im Speisewagen. Durch das Fenster sind nur noch ab und zu Lichter zu sehen, die Landschaft ist in der Dunkelheit verschwunden und das Fenster wirft ihr Spiegelbild zurück.

Sie reist gerne, früher fuhr sie regelmässig nach Deutschland. Sie legte damals etwas Geld aus dem Verkauf ihres Elternhauses am Berner Münsterplatz auf ein deutsches Konto – zum Glück, da sie im Bankenkrach von 1930 den ganzen Verkaufserlös auf ihren Schweizer Konten verlor. Vor dem Krieg fuhr sie im Sommer manchmal nach Klausdorf, auf das Gut der Familie Hagemeister, die diesen Gutsbetrieb bei Stralsund seit der Renaissance führte, bis zur Annektion der Sowjets.

Auch Louise reiste nach Deutschland, im Winter war sie meist in Garmisch-Partenkirchen; doch diese Reisen nahmen 1935 ein abruptes Ende. Die Nazis prägten damals bereits die Stimmung und das Ortsbild. Einmal war sie mit ihren kleinen Töchtern einkaufen, Menschen säumten die Strassen, jubelten einer Parade zu, die durch die Ortschaft zog, hielten die rechte Hand ausgestreckt und riefen: «Heil Hitler!» Die damals fünfjährige Sibylle liess sich vom Jubel anstecken, blieb in den Menschenmassen stehen, streckte ihr Ärmchen in die Luft und krähte aus vollem Hals: «Heil Hitler!» Da gab Louise dem Kind eine Ohrfeige, nie wieder solle sie eine solche Dummheit machen.

Am nächsten Morgen klopfte ein Angestellter des Hotels an die Zimmertüre und bat sie, möglichst rasch abzureisen. Den Grund nannte er zwar nicht, klar war er trotzdem. Das war ihre letzte Reise nach Deutschland.

Zu Barbaras 18. Geburtstag gelang Elisabeth eine Überraschung. Den kleinen Mädchen schenkte sie nie etwas zum Geburtstag – die hatten doch längst alles, was sie brauchten. Doch als junge Frau führte sie Barbara in ein Schneideratelier. Der Chef persönlich eilte herbei und wies seine Gehilfen an, diesen und jenen Stoff zu bringen. Es roch nach heissem Dampf und frisch gebügeltem Stoff, im Hintergrund ratterte eine Nähmaschine. Barbara wurde hinter eine spanische Wand bugsiert und von oben bis unten vermessen. Elisabeth war die Dirigentin. Dieser Stoff war zu dunkel, jener zu knittrig, hier fehlte eine Musterung, dort zweifelte sie an der Qualität. Sie genoss es, wieder einmal schöne Kleider anfertigen zu lassen: ein Cocktailkeid, ein Abendkleid und ein Tailleur-Kleid. Sie fragte Barbara kein einziges Mal nach ihrer Meinung. Was wie genäht werden musste, wusste Elisbeth haargenau.

Wie oft hatte sie Barbara schon beraten, wie sie einen Gürtel tragen oder ein Tuch binden soll – und immer hat ihr Barbara nach dem Blick in den Spiegel Recht gegeben. So liess sich ihre Enkelin durch dieses Prozedere treiben. Als sie sich bei ihr bedankte, sagte sie nur, sie brauche die richtigen Kleider, um die richtigen Männer kennenzulernen. Wenn sie etwas schenke, dann mit gutem Grund.

Elisabeth steht auf und geht ins Abteil. Ihre Enkelin schläft; gross geworden ist sie, aber immer noch das schlanke, feingliedrige Mädchen mit den hellen Locken. Sie legt sich das Kopfkissen in den Rücken, setzt sich auf das Bett und holt Papier und einen Füllfederhalter hervor, um im Licht des kleinen elektrischen Lämpchens Briefe zu schreiben. Der Zug fährt regelmässig mit monotonen Triolen über die Schienen. Als er an einem Bahnhof abrupt stoppt, erwacht Barbara, schaut sie erstaunt an und bemerkt, dass Grand-maman nur ihre Schnürschuhe ausgezogen und wohl noch keine Minute geschlafen hat. Sie solle weiterschlafen, es gehe noch drei Stunden, sagt Elisabeth.

In Calais versucht sie, die Folgen der britischen Bombardierung zu sehen, die 1945, als Calais bereits seit einem Jahr befreit war, die Stadt irrtümlich zerstörte. Auch sechs Jahre später sollen hier noch viele Trümmer liegen und es ist unklar, ob die Altstadt je wieder aufgebaut wird. Doch der Nebel verdeckt die Sicht vom Hafen auf die Stadt und der Sturm türmt die Wellen im Hafenbecken hoch gegen die Mauer auf.

Das Gepäck ist im Innern des Schiffs sicher verstaut, Elisabeth geht an Deck, während sich die anderen Passagiere einen Sitzplatz im Trockenen suchen. Sie bleibt trotz Regen und Wind draussen. Lieber nass als seekrank, sagt sie zu ihrer Enkelin. Wie eine zur Seite gerutschte Galionsfigur steht sie im wehenden Mantel an der Reling, mit einer Hand hält sie sich fest, mit der anderen sichert sie sich den Hut. Sie blickt dem Flug der Möwen nach, die das Wetter eher zu belustigen scheint. Nur das Schiffshorn kann den Sturm übertönen.

Sie möchte Barbara auf die weissen Felsen von Dover hinweisen, die erst auftauchen, als das Schiff in sie hineinzufahren droht. Es dreht in den englischen Hafen ab. Endlich. Ihre Enkelin ist völlig durchnässt und zittert am ganzen Körper.

Elisabeth muss immer wieder warten, damit Barbara Schritt halten kann. Eines dieser schwarzen Taxis, die hier die Strasse befahren, bringt sie zum Hotel. Die nassen Kleider hängen sie zum Trocknen auf. Am Abend setzt Elisabeth sich hinter den kleinen Tisch im Zimmer und beginnt zu schreiben. Am anderen Morgen sitzt sie wieder dort. Oder sitzt sie immer noch dort?, scheinen die Augen ihrer Enkelin zu fragen, als sie aufwacht. Auf dem Tisch liegt ein Stapel adressierter Couverts.

Der Finish School in London kehrt Elisabeth bereits im Empfangsbüro wieder den Rücken. In perfektem Englisch stellt sie der Direktorin einige Fragen und zieht ihr Anmeldeformular wieder zurück. «Du hast Recht gehabt, das ist nichts für dich», sagt sie zu ihrer Enkelin und winkt dem Taxi. Zurück in der Hotel-Lobby führt sie ein kurzes Telefongespräch.

Keine Stunde später steht eine junge Frau bei ihnen im Hotel. Sie ist die jüngste von drei Schwestern, die aus Schottland nach London gezogen sind; die beiden älteren verkaufen teure Kleider in exklusiven Boutiquen, die jüngste kümmert sich um den Haushalt. Der Krieg hat den drei Schwestern aus der englischen High-Society einen Strich durch ihr Leben gemacht. Alle ihre Verlobten sind gefallen, nicht einmal die Leichen sind heimgekehrt. In der Wohnung der drei Frauen ist ein Zimmer frei; dort wird Barbara einziehen. Da ihr Englisch bereits gut ist, meldet Elisabeth sie in einer Schule für Schauspieler an. Perfektes Sprechen auf der Theaterbühne oder auf der Bühne des Lebens will gelernt sein.

Elisabeth will in London so viel wie möglich sehen, wie immer alles möglichst genau betrachten und beobachten. Um sich noch Jahre später an jedes Detail zu erinnern. Mit einem Bus fahren sie quer durch die zerstörten Stadtquartiere. V-Waffen der Deutschen, die Vergeltungswaffen, haben Verwüstung zurückgelassen. Sie will «das Mahnmal der Hoffnung» sehen, die fast unversehrte St. Paul's Cathedral inmitten der zerbombten Häuser. In Rümligen noch dachte sie manchmal: *Es ist gar nichts so Arges passiert. Das Land bringt hervor, was es kann, die Kühe lassen sich melken, die Schweine haben Junge, die Pferde ziehen, was man sie ziehen lässt, wie in alten Kinderbilderbüchern, nur die schlecht gehaltenen Schafe sterben,* doch hier in England erahnt sie, was der Krieg angerichtet hat.

Im British Museum versinkt sie in der Zeit der alten Ägypter und britischen Kriege. Am Abend knipst sie im Hotel am Schreibpültchen die Leselampe an. Auf einer Ansichtskarte schreibt sie: *Gehen Sie nach London ins British Museum die Assyrer ansehen, wenn Sie Gelegenheit haben, mir sagte das etwas …* Ihre Enkelin geht zu Bett.

Wieder nimmt Elisabeth ein Blatt Briefpapier hervor, doch bevor sie schreibt, tauchen Bilder ihrer Kindheit auf. Die assyrischen Steinreliefs aus dem Palast von Ninive erinnern sie an ihr stundenlanges kindliches Studium von Sandsteinfiguren am Berner Münster, und nach dem Rundgang durch die britische Geschichte bricht sie in Gedanken zu einem Rundgang durch ihre Vergangenheit auf.

Das Münsterportal erklärte sie zu ihrer Welt, als sie ein Kind war. Das Münster war allgegenwärtig. Eine der grössten und wichtigsten Kirchen, die in der Schweiz im späten Mittelalter gebaut wurden. Da ihr oft furchtbar langweilig war in ihrem grossen Haus am Münsterplatz, studierte Elisabeth zum Zeitvertreib den Eingang dieses Gotteshauses, das vis-à-vis lag. Sie begutachtete dieses

Münsterportal mit all seinen Figuren gründlich. Beim Jüngsten Gericht, ihrem Studienobjekt, standen auf der einen Seite die braven Leute, die auf den Eintritt in den Himmel warteten, von Engeln mit goldenen Flügeln umgeben. Daneben die nackten, gepeinigten Leiber der armen Sünder, aufgespiesst, an goldene Galgen gehängt oder ins Feuer geworfen, mit panischem Blick schmorten sie in der Hölle.

Irgendeinmal sagte ihr der Pfarrer, dass es die Hölle nicht gebe und sie keine Angst zu haben brauche. Sie war fast etwas enttäuscht, da sie die Hölle viel erregender anzuschauen fand als diese braven Frommen, die alle in einer Reihe standen, alle ähnlich aussahen, mit diesem verklärten Blick nach oben. Da lief in der Hölle doch einiges mehr. Noch heute ziehen sie die gefallenen Engel mehr an als die anderen. Aller Faszination zum Trotz: Diese Bilder mit den drakonischen Strafen hinterliessen ihre Spuren.

Als sie einmal als kleines Mädchen in den Ferien trotz Warnrufen der Mutter auf ein Geländer kletterte und prompt rücklings herunterfiel, dachte sie noch im Flug, dies sei jetzt die Strafe und der Weg direkt in die Hölle. Vor allem, da es bei der Landung bestialisch stank. Doch die Hölle entpuppte sich glimpflich als Mülltonne, die sie zwar stinkend, aber weich auffing. So war alles in ihrer Kindheit: entweder gut oder böse.

Die Gouvernante, die sie erzog und ihr Lesen und Rechnen beibrachte, gab ihr Erbauungsbücher zu lesen, vom Theologieprofessor Alexandre Vinet zum Beispiel, einem Begründer der waadtländischen Freikirche. In diesen Büchern verfolgten böse Engel gute Menschen und schlüpften in sie hinein, wenn sich diese nicht genügend dagegen wehrten.

Am besten gefiel ihr aber damals ihre Kinderbibel mit den wunderschönen Illustrationen. Ihre Lieblingsgeschichte war die Vertreibung aus dem Paradies, vor allem das Bild mit Eva, die geduckt ins Ungewisse floh, Hand in Hand mit Adam, beide nur mit einem *Blätterwämslein* bekleidet. *Was sich die Leute damals, anno 1890 dachten, den Kindern solche Geschichten in die Seele zu geben, weiss ich nicht.* Elisabeth dachte als Kind, Adam und Eva hätten viel mehr Äpfel essen sollen, damit die Menschen mehr wüssten. Sie dachte natürlich vor allem an sich selber, da sie immer alles wissen wollte, aber selten richtige Antworten bekam. Also, wenn schon aus dem Paradies vertrieben werden, dann wenigstens mit gutem Grund. Das war ihre Welt, und sie glaubte daran. *Ganz schwachsinnig Christin gewesen, an Gott total irre geworden.* Fast verrückt wurde sie, weil sie merkte, dass sie, je älter sie wurde, diesen strengen Vorgaben desto weniger nachleben oder sie befolgen konnte. Die Erbauungs-Bücher verbrannte sie später zum Trotz im Ofen. *Gotisch streng und schön wie das Münsterportal ist die Welt nicht. Es ist ein Totentanz, ein Affentanz, ein Satanstanz, und den himmlischen Engelreigen verlegt man nach den Tod, weil sonst kein Platz ist.*

Das Jüngste Gericht passte so gut zum Leben ihrer Maman und zu dem, was sie erzählte, was sie forderte. Wunderschön war Anna von Tscharner, aber immer so ruhig. Sie reagierte oft nicht, wenn Elisabeth ihr höflich eine Frage stellte. Abwesend, «absente», wirkte sie, neben ihrem Vater wie verloren.

Zudem verstiess ihre Mutter den Vater, ohne dass Elisabeth je ergründen konnte, weswegen. Vielleicht hatte diese Verachtung der Frauen für ihre Männer fast so etwas wie Tradition in ihrer Familie, dachte Elisabeth. Annas Mutter, Elisabeths Grossmutter, war eine von Frisching von Rümligen, sie heiratete einen de Watteville, der aus Frankreich zurückgekehrt war, und stieg damit in der gesellschaftlichen Hierarchie ab. Ihre Mutter war somit eine von Wattenwyl und heiratete dann einen von Tscharner, was wiederum einen Abstieg bedeutete, weil ihr Mann zu einer Familie gehörte, die nie einen Schultheissen in Bern gestellt hatte, das heisst, nie das Oberhaupt der Stadt und Republik Bern war. Da beide Frauen wohl nicht aus freien Stücken geheiratet hatten, gaben sie ihren Männern vielleicht ihre Überlegenheit mit ihrer Ablehnung zu verstehen.

Sie litt als Kind, dass sie den Erwartungen ihrer Eltern nie entsprach. Vor allem den Erwartungen ihrer Mutter. Den Vater durchschaute sie nicht. Zwar rügte er sie für ihre Wutanfälle oder für ihr Temperament, aber manchmal schwang auch Wohlwollen oder gar Stolz in der Schelte mit, was sie noch mehr verunsicherte.

Von draussen dröhnt ein Martinshorn herein, eine Ambulanz oder ein Feuerwehrauto, vielleicht auch die Polizei, die vorbeibraust, die Sirene wird lauter, bevor sie sich wieder entfernt. Die Geräusche bringen die Londoner Grossstadt ins Zimmer. Elisabeth versucht, sich an ihr Leben in der kleinen Stadt zu erinnern. Sie schaut auf ihre schlafende Enkelin. Wie oft ist sie mit ihr und ihrer Schwester vor das Münster spaziert, hat vor dem Eingang auf das Jüngste Gericht gezeigt und gesagt, die Mädchen sollten es sich gut ansehen, das sei die Welt. Doch die Kinder wandten ihre Blicke meist schnell wieder ab und wollten weitergehen, sie verstanden die Faszination ihrer Grand-maman für diese Figuren nicht. Und je älter die Enkelinnen wurden, desto weniger schätzten sie die Spaziergänge vor das Münster. Sie geht regelmässig dort vorbei, es ist nicht nur der Eingang ins Berner Münster, es ist ebenso das Tor zu ihrer Kindheit.

Ihr Bruder war damals im stillen Haus am Münsterplatz ihre liebste Gesellschaft. Ludwig Samuel hatte die ruhige Art der Mutter, er war ein feinfühliger Knabe und später ein feinsinniger Mann, der wohl unter dem strengen Regime des Vaters litt. Sie erinnert sich an die nicht enden wollenden Mittagessen, manchmal zusammen mit dem Münsterpfarrer, manchmal mit Verwandten. Sie mussten so lange wie die Erwachsenen am Tisch sitzen, still zuhören. Die Männer sprachen, die Frauen nickten oder räusperten sich, nur wenige wagten mitzudiskutieren. Elisabeth versuchte immer, ihren älteren Bruder unter dem Tisch mit kleinen Fusstritten etwas aus der Ruhe zu bringen, zu necken. Doch so fest sie auch trat, ihr Bruder verzog keine Miene und spielte nicht mit. Das verstärkte ihr Gefühl der Leere und Isolation.

Hier in London hat das pulsierende Leben auch bei Elisabeth eine Unruhe entfacht, eine Unternehmungslust. Am liebsten würde sie jetzt, mitten in der Nacht, durch die Strassen streifen, sich die Familien in den stillen Häusern vorstellen, mit den Katzen auf die Pirsch durch die Vorgärten gehen. Auch als Kind waren ihr kleine Reisen oder Ausflüge das Liebste. Höhepunkte waren die Picknicke in Amsoldingen im Sommer – wo sie sofort die Spitzensöckchen von den Füssen riss, die Röcke und die Blusen mit den gestärkten Kragen aufknöpfte, alles ins Schilf warf und in den See sprang, von Frühling bis spät in den Herbst. Da ihre Mutter selten dabei war und ihr Vater meist nicht bis zum See kam, schwamm sie wie ein Fisch im Wasser, am liebsten so, wie Gott sie geschaffen hatte.

Irgendeinmal merkte der Vater, dass sie nicht am See flanierte, und Elisabeth und ihr Bruder mussten sich Badekleider stricken lassen, damit sie weiterhin schwimmen durften. Manchmal gingen die Männer mit dem Boot auf den See, um mit Angelruten ihr Glück zu versuchen. Da fehlte auch sie nie und zog den einen oder anderen Hecht heraus. Doch meistens blieb die Familie sonntags in Bern, ging zur Predigt und am Nachmittag bei Verwandten zum Tee.

Elisabeth nimmt das Schälchen mit den getrockneten Rosenblättern auf dem Nachttischen des Hotelzimmers und trägt es zum kleinen Holztisch an der gegenüberliegenden Wand. Dieser Duft ist ihr so nahe am Kopf unangenehm. Die grosse Sorgfalt, mit der hier geputzt, kein Stäubchen toleriert wird, und überall Dufthölzer, ist ihr aufgefallen. Angenehm auf der einen Seite, aber auch unangenehm, da so ungewohnt. Sie stellt sich vor, wie viel Arbeit und Zeit es kosten würde, ihr Schloss so in Schuss zu halten. Auch in ihrem Elternhaus liessen die Familienmitglieder keine akribische Ordnung zu. Ihr Bruder hinterliess Beigen mit seinen Studienunterlagen, das Schachspiel stand unbeendet im Salon, das Leben brach sich in kleinen Unordnungen seine Bahn. Welche Spuren hat das Elternhaus bei ihr hinterlassen – und umgekehrt?

Ich bin unter einem schlechten Stern geboren und andererseits von Zeit zu Zeit unsinnig überschätzt und verwöhnt worden. Verwöhnt, da sie alles hatte und erhielt, was man sich nur denken konnte. Essen, Kleider, Tiere … und dennoch konnte sie nichts daraus machen, auch ihre vielfältigen Fähigkeiten waren nur nutzlose Geschenke. Sie liebte ihre Hunde in Bern, ihre Kaninchen und Tauben in Rümligen, sie war gerne draussen und verbrachte viele Stunden mit ihrer Freundin Dora, der Tochter ihres Hausverwalters. Aber sie hatte als junges Mädchen weder sich noch ihre Gefühle im Griff.

Die Mutter sagte immer, man müsse ihre Tochter genügend beschäftigen, dann gebe sie Ruhe. Und so war es auch, Elisabeth wollte alles wissen, Lernen machte ihr grosse Freude, sie hätte am liebsten mit ihrem Bruder zusammen das Gymnasium besucht – und später noch lieber die Universität. Doch da lag das Problem. Die Aufgaben und Möglichkeiten, die sie um 1900 als Tochter einer Familie aus dem Berner Patriziat hatte, waren schnell erschöpft. Ihre Gouvernante fand bald keine Antworten mehr auf ihre Fragen. Deshalb schlich sie in die Bibliothek ihres Vaters und angelte sich so viele Bücher wie möglich, las sie im Versteckten, oft nachts. Schon damals brauchte sie wenig Schlaf.

Aber in den Arbeiten, die für Frauen vorgesehen waren, versagte sie. *Es erinnert mich an alte Zeiten, wo man im Hause meiner Eltern Brätzeli machte und ich selber so ungeschickt dabei war.* Sie goss zu viel Teig auf das heisse schwarze Eisen, die tropfende Masse brannte an und verrauchte die ganze Küche. Sie verpasste es, die Brätzeli rechtzeitig herauszunehmen, und wenn sie die heissen Plätzchen mit dem Stiel einer Holzkelle rollen sollte, verbrannte sie sich die Finger, so dass ihre Mutter sie aus der Küche spedierte. Ihre Mutter Anna liess die Küche selten aus den Augen, kontrollierte und dirigierte die Mahlzeiten und den Haushalt. Dort wurde sie fassbar, bekam Ecken und Kanten. Sonst bewegte sich Maman im Haus wie ein Schatten, der sich langsam auflöste.

Oft grollte Elisabeth ihrer Mutter, nannte sie in Gedanken ein Tüpfi, machte ihr Vorwürfe, dass sie beispielsweise den Geburtsfehler ihres Bruders nicht entdeckt hatte, der dazu führte, dass er keine Kinder bekommen konnte; sie bemerkte seinen Hodenhochstand nicht. Auch wenn sie ihre Kinder nicht selber wickelte und versorgte; sie hätte auch dies kontrollieren müssen, wie den Speiseplan oder die Tischordnung. Aber die Mutter schaute bei ihren Kindern lieber gar nicht hin, rief auch selten nach dem Doktor. Ihr Bruder schrie als Kleinkind so viel, dass Mutter ihn *le colique* nannte und dabei den Nabelbruch übersah, der das Büblein so quälte. Auch dieses Leiden entdeckte der Arzt erst viel später, als er den Buben einmal untersuchen konnte. Was mit den Körpern oder noch schlimmer mit dem Geschlecht ihrer Kinder zu tun hatte, existierte für Maman nicht. Sie verzieh ihrer Mutter nie, dass ihr Bruder ihretwegen so leiden musste und kinderlos blieb.

Einmal stellte Elisabeth am Tag ihrer Hochzeit die so wichtige Frage, was sie nun erwartete: *‹Adam et Eva ont voulu savoir et on dû sortir du paradis …› Und schwieg danach auch. Eigentlich bleibt dieser Ausspruch einer gut erzogenen Dame die letzte Weisheit.*

Elisabeth lässt sich einen Tee auf das Zimmer bringen, einen Schwarztee, kurz gezogen, mit Milch und Zucker, um die Lebensgeister bei Laune zu halten. Sie hat immer noch ein Blatt Papier vor sich, um einen Brief zu schreiben, ihre nächtliche Beschäftigung. Aber die Gedanken sind bereits wieder in ihre Kindheit geschweift.

Die Welt ihrer Mutter prägte sie. Lange setzte sie alles daran, so kontrolliert wie möglich zu sein. Elisabeths Vorbild war ihre Freundin Viviane. Ihr fühlte sie sich unterlegen. Viviane hatte diese Selbstdisziplin und das makellose Benehmen. Erst viel später merkte sie, *dass diese meisterhafte Selbstdisziplin den Nachteil gehabt hatte, ihr Gefühlsleben zu schädigen, dass kein normales*

Leben mehr Freude in ihr erneuern konnte, weil alles erstorben war. Ihre Freundin verstümmelte sich und lebte mechanisch, fand Elisabeth. Trotzdem eiferte sie ihr lange Zeit nach und konnte dabei nur scheitern.

Nur die kleine Tischlampe ist eingeschaltet, dennoch ist es noch fast hell im Zimmer; von draussen dringt Licht einer Strassenlaterne, aber auch der anderen Häuser in den Raum. Sie steht auf und zieht über die weissen Gittergardinen, die vor neugierigen Blicken schützen, die schweren braunen Stoffvorhänge zu.

Ihr einfaches Hotel steht in einer ruhigen Strasse mit den typischen zweistöckigen Londoner Backsteinhäusern. Das Hotel an der Ecke überragt die anderen Gebäude. Es wird dunkel im Zimmer. Den Glasleuchter, eine Imitation der Glasbläserkunst von Murano bei Venedig, schaltet sie nicht ein. Elisabeth erinnert sich an ihren Vater.

Der Löwe. So wurde Ludwig von Tscharner von allen genannt, mit seiner mächtigen Gestalt. Der Bart machte ihr Eindruck, er stand ihm, auch als jungen Mann, wie Elisabeth auf Fotografien sah. Auch ihrem Vater war es oft langweilig. *Mein Vater las uns Kindern mit grossem Pomp vor. Hagen von Tronje, Kriemhild, Sigfried von Xanten, alles Worte, die genüsslich dem Bart Papas entkamen, denn er las gut vor. Nur für Kinder ganz unpassend.* Sie hatte nach diesen Geschichten Albträume, doch der Vater lachte sie deswegen nur aus und sagte, das härte ab. Vater war ein gebildeter Mann, er hatte in Heidelberg studiert, hatte den Doktor für Philosophie – was in der Berner Gesellschaft zwar belächelt wurde, sehr zu Unrecht, wie sie fand. Eine bezahlte Arbeit verrichtete er wohl nie. *Er war sehr geachtet, weil Algebra, Physik und*

Philosophie und Verwöhntheit einen glänzenden Universalmenschen aus ihm gemacht hatten.

Es kursierte damals die Legende, Ludwig von Tscharner habe sich beim Besuch des deutschen Kaisers Wilhelm in Bern geweigert, sein Haus zu schmücken, und sei statt dessen in der Uniform auf den Balkon getreten und habe salutiert, mit der Bemerkung, das sei Schmuck genug.

Elisabeth erinnert sich anders an den Kaiserbesuch von 1912. Sie stand mit Tochter Louise und Sohn Roger am Fenster und schaute zu, wie der Bundesrat mit dem Kaiser nach dem Gottesdienst aus dem Münster trat. Eine grosse Kutsche hielt an, der Kaiser stieg ein, fuhr an ihrem Haus vorbei und winkte. Da kam der Vater angerannt – und zwar in Zivil, nicht in Uniform – und sagte: *Elisabeth, hast du gesehen, der deutsche Kaiser, er hat dich gegrüsst!* Der Stolz stand ihm ins Gesicht geschrieben.

Zwischendurch, unerwartet und oft grundlos, lobte er sie manchmal, doch diese Momente waren rar, Misstöne gab es weit häufiger. Während des Ersten Weltkrieges beispielsweise zählte er sie nach ihrer Heirat mit Frédéric de Meuron zu den Westschweizern. *Politisch war mein Vater ganz verbohrt deutschfreundlich und wütend auf die französische Schweiz, zu welcher ich durch meine Heirat gehörte. Die Schweiz war im Gegensatz zum Krieg 1939 im Krieg 1914 am Entzweibrechen vor Gehässigkeit.*

Elisabeth gehörte folglich zu den Feinden, die mitschuldig waren an der Niederlage Deutschlands. Die militärischen Fragen waren ihm am wichtigsten, ebenso seine Offizierskarriere. Umso mehr bedauerte er es, dass die – aus gesundheitlichen Gründen – abrupt endete, so dass er anschliessend die meiste Zeit mit Ahnenforschung verbrachte; er erstellte Stammbäume und erkundete die Familienwappen.

Der Vater hatte zwei Lieblingsworte. Die Losung der von Tscharner: «Tenebo – ich werde halten, niemals aufgeben», hatte er verinnerlicht. Was bei den Ahnen auf dem Schlachtfeld galt, das zitierte er fortan in jeder Lebenssituation.

Ebenso oft erwähnte er die «Tugend». Elisabeth wurde fast pausenlos dazu ermahnt, so dass sie sich zwangsläufig Gedanken über Sinn und Unsinn der Tugend machte. Sie erschien ihr wie die Schönheit einer giftigen Orchidee, *die Tugend ist steril, es wächst nichts aus ihr, die Tugend ist um ihrer selbst.* Mit solchen Gefühlen stand sie zwar Maman oder ihrem Bruder näher, doch beide starben 1917, kurz nacheinander. Der Vater und sie blieben übrig. *Bei mir ist der letzte Halt mein Vater, der nichts Besonderes war als Heiliger, wo am Ende permanentes Gezänk war, wegen unserer Unbeherrschtheit unserer selbst zwischen uns beiden. Wir waren nicht einmal, was man nennt ‹intim› miteinander, aber es war ein Pferdegespann, das schwer zu schleppen hatte in stummer Qual zeitweise und zeitweise unkomplizierten Lebensgenuss an sich riss in toller Gangart, beide rissen wir auch das Göttliche an uns und stiessen es wieder weg, abwechslungsweise. Mit meinem Vater kam es immer wieder zum Streit.*

Sie schenkt aus dem silbernen Teekrug, der unter einer wattierten Haube immer noch warm ist, die Tasse wieder voll, kramt in ihrer Tasche und zieht eine Dose sabléartige Shortbreads aus Mürbeteig hervor. Eigentlich hat sie dieses typisch schottische Gebäck als Mitbringsel in die Schweiz mitnehmen wollen, aber gegessen ist gegessen. Sie knabbert an diesen schweren, leicht salzigen Cookies.

Ein Machtwort des Vaters hat ihren Lebensweg besonders stark bestimmt. Dieses Erlebnis erwähnt sie seither immer wieder in ihren Briefen, erzählt es gefragt oder ungefragt, vielleicht dient es ihr unterdessen auch als Entschuldigung für vieles, was in ihrem Leben schiefgelaufen ist. Wohl auch zu Unrecht.

Sie hatten diese Familie in Zürich oft besucht. Als Kinder hatten der Sohn und Elisabeth zusammen gespielt, danach hatten sie sich aus den Augen verloren. Als sie sich als Jugendliche wieder trafen, verliebten sie sich ineinander. Sie spazierten an Sonntagen, während ihre Eltern beim Tee sassen, begleitet von Elisabeths Bruder, sie entwarfen gemeinsame Zukunftspläne. Elisabeth wollte nach ihren Malstunden und dem geglückten ersten Selbstporträt Künstlerin werden. Er wollte Recht studieren und später in aller Herren Ländern arbeiten.

Als sie neunzehn Jahre alt wurde, hielt er an einem Sonntag beim Tee um ihre Hand an, beide waren überzeugt, ihren Eltern mit dieser Verbindung eine Freude zu bereiten. Denn immer öfters mahnte Elisabeths Mutter, sie müsse irgendeinmal ans Heiraten denken, Elisabeth beruhigte sie immer mit einem glücklichen und vielsagenden Lächeln.

Sie konnte den Moment kaum erwarten, bis ihr Liebster ihrem Vater den Heiratsantrag vortrug. Doch kaum hatte er zu seiner kurzen Rede angesetzt, sah sie ihren Vater erblassen, zum ersten Mal um Worte ringen. Nur einen Moment. Um im nächsten umso resoluter den Antrag abzuschmettern. Es tue ihm leid, sagte er knapp, er habe andere Pläne für seine Tochter. Elisabeth erstarrte, unfähig, sich zu rühren oder etwas zu empfinden. Sie sass auf ihrem Stuhl, hörte aus der Ferne, wie sich der Besuch verabschiedete, sie ging in ihr Zimmer, kaum fähig, ihre Füsse zu Schritten zu zwingen. Sie kannte sich in ihren Weinkrämpfen nicht mehr. Nach langen Stunden gab sie dem Klopfen ihres Bruders an der Türe nach und liess ihn zu sich, er war ja schliesslich ihr Verbündeter. Ihr helfen oder sie rösten konnte er nicht.

Der Vater erwähnte nur noch einmal knapp, er wolle nicht, dass Berner Vermögen nach Zürich gehe, doch sie glaubte ihm nicht, ihr Bruder war ja der Haupterbe. *Wir hatten uns grenzenlos geliebt, bildschön einfältig jung, aber es ging damals nicht, gegen den Willen des Vaters das Mädchen zu heiraten.*

Sie schrieben sich weiterhin Briefe. Ihr Liebster verglich sie mit Anna im Roman «Gösta Berling», dieser Frau, die beinahe gestorben wäre, weil sie ihr Vater im Zorn über ihre Liebschaft draussen in der Winternacht stehen liess. Elisabeth wollte es nicht wahrhaben, aber die Geschichte verlief tatsächlich ähnlich. Die Anna im Buch erkrankte an Pocken, kehrte, entstellt durch die Krankheit, wieder zu ihren Eltern zurück. Auch sie blieb bei ihren Eltern, immer noch schön, aber im Innern ebenso entstellt.

Es gab natürlich Gerüchte. Ihr Vater habe die Verbindung verboten, weil er als junger Mann gerne selber die Mutter ihres Liebsten geheiratet hätte, hiess es, was ihm aber nicht erlaubt worden war. Elisabeth war dankbar für diese Erklärung. Sie schrieb weiterhin Briefe, aber nun keinen einzigen mehr an ihre verbotene Liebe. Sie brach jeden Kontakt ab, lieber schwelgte sie in ihren Träumen. Ihre Jugendliebe verklärte sich mit jedem Schicksalsschlag, mit jedem Unglück in ihrem Leben mehr, diese Liebe wurde immer grösser und schöner, wurde zum Inbegriff all dessen, was ihr verwehrt blieb, oder was sie sich selber verbaute. Sie schwor sich, nie im Leben zu heiraten. Oft verwandelte sich ihre Ohnmacht zu Wut, doch jetzt war sie ihrem Vater nicht böse. Sie ahnte seine Tragödien.

Als ihr Vater 1927 starb, brach ihr bei seiner Beerdigung schier das Herz, auch vor Mitleid. *Seine Begräbnisfeier, welche ich im Chor des Münsters anordnete, wurde vom Münsterpfarrer zu meinem Befremden ganz umorganisiert. Der Pfarrer stieg auf die Kanzel, der Sarg lag davor, man hatte die Glocken geläutet an einem Wochentag mitten im Nachmittag. Auf den Friedhof gingen nur Männer, man wollte mich nicht, so grob ging es zu und her. Als ich nachher auf den Friedhof ging, waren keine Totengräber da – Geröllhaufen, der Sarg notdürftig gedeckt, aber das Grab nicht zugeschaufelt, kein Kranz darauf – alle Blumen in einem Haufen irgendwo daneben – nach all dem Pomp auf dem Münsterplatz.* Hinter der makellosen Fassade des Begräbnisses stand eine Kälte und Gleichgültigkeit, die sie nie mehr vergass.

Es ist spät geworden. Sie wird keinen Brief mehr schreiben, eine wortlose Nacht, wie es bei ihr selten vorkommt. Sie legt sich aufs Bett, nicht um zu schlafen, aber doch wenigstens etwas zu dösen. Morgen tritt sie die Heimreise nach Bern an, etwas wehmütig, denn es war eine gelungene Reise.

Barbara hat ihr heute gedankt und dabei mit Erstaunen gesagt, sie habe in dieser Zeit mehr über ihre Grossmutter erfahren und gelernt als über London. Sie habe nicht gewusst, dass sie fliessend Englisch spreche, habe ihr Organisationstalent erlebt, ihre guten Kontakte, es lag tatsächlich Bewunderung in der Stimme ihrer Enkelin bei der Aufzählung ihrer Fähigkeiten. Auf die Frage, wie sie ohne Schlaf auskomme, und warum sie so viele Briefe schreibe, wusste sie keine Antwort. Bei einem flüchtigen Blick in den Spiegel erkannte sie eine Art Glück in ihrem Gesicht.

Das Karussell

Das Jahr 1952 hat in die dunkle und kalte Jahreszeit gewechselt. Ein neuer Tag hat erst seit ein paar Stunden begonnen, Elisabeth sitzt in ihrem Arbeitszimmer am Sekretär. Das Schreibtableau ist heruntergeklappt, die dunkle, eingelegte Steinplatte dient als Schreibunterlage. Das Möbelstück bietet Platz für viele Schubladen und schmale, offene Papierfächer. Tags ist der Sekretär abgeschlossen, meist nachts nur gibt er seine Geheimnisse preis. Die zwei Kerzen flackern beidseitig in ihren silbernen Ständern auf der Marmorplatte zuoberst auf dem Möbel.

Schreibpapier, Papierreste und Fetzen lugen in allen Farben aus den Ablagen hervor, Karton und alte Karten. In einem Fach schimmern Papiere von Confiserien aus Bern, transparent in Pastellfarben oder in starkem Rot mit feinen Goldverzierungen. Sorgfältig häutet Elisabeth jeweils ihre Geschenke. Sosehr sie die Leckereien liebt, sosehr reut es sie, die dekorativen Umschläge wegzuwerfen. Max Huggler kennt ihre Vorliebe für Süsses und schickt regelmässig diese köstlich-edle Post. Mit der Schere schneidet sie das Geschenkpapier in Streifen und verziert damit einfache Papierbögen zu persönlichem Briefpapier. Sie schickt auch goldene Strumpfkartons, zu Dankeskarten umfunktioniert, in die Welt.

Als Kind malte sie stundenlang, geduldig und vertieft. Einen kleinen Zipfel Kunst und Gestalten kann sie sich so erhalten, auch wenn es vielleicht als Geiz ausgelegt wird, derart eigensinniges Briefpapier zu verwenden. Geiz ist das falsche Wort. Aber es mangelt an flüssigem Geld. Sparen ist angebracht. Eher haushälterisch und verspielt könnte man ihre Briefe und Karten beschreiben.

Sie sitzt angekleidet am Pult, schlafen wird sie ohnehin nicht mehr. *Schreiben geht besser als Reden, weil ich in der Nacht allein mit den Hunden bei offener Haustür schreibe, da seit meines Sohnes Tod niemand im Haus schläft, warum, weiss ich auch nicht.* Die Hunde erwachen und wollen nach draussen. Wenn ihnen etwas in die Nase sticht, kehren sie oft erst Stunden später wieder zurück. Die schlaflosen Nächte oder Morgen sind es, in denen sich Gedanken und Gefühle setzen, die tags wie Flocken in einer Schneekugel herumwirbeln, manchmal als schön geformte Gebilde, manchmal sinnlos kombiniert. Hier fasst sie ihre Gedanken in Worte, packt sie in ihre schriftlichen Gespräche. Per Post verlassen wohl mehr Worte diesen Ort, als je aus ihrem Mund kommen. Was sie nicht aussprechen kann, quillt in ihre Briefe. Die Gedanken erscheinen ihr aufgeschrieben klarer oder haben zumindest eine Reihenfolge.

Sind sie in den Couverts und abgeschickt, sind sie jedoch wieder flüchtig und weg. Sie liest ihre Zeilen kaum einmal durch, schreibt ohne Pause, so, wie ihr die Worte durch den Kopf ziehen; sie weiss, ihre Grammatik, ihre Satzstellung sind eigenwillig.

Manchmal unterstreicht sie wichtige Gedanken, manchmal schreibt sie Wichtiges in Grossbuchstaben, manchmal gar jedes Wort auf eine eigene Zeile, je nach Dringlichkeit. Immer wieder setzt sie unter ein Thema eine grosse Klammer, verziert mit schwungvollen Spiralen an den Enden. Sie denkt, schreibt und malt, ergänzt mit einer Skizze, was sie meint. Eine korrekte Schreibweise könnte ihre Gedanken verwischen, verstecken, maskieren. Nur in einer schriftlichen Sprache, losgelöst von den strengen Regeln, kann sie ihrer Gefühle habhaft werden. *Ich ahnte etwas Neues …*, schrieb sie oft.

Die Kälte zieht in Schwaden durch die angelehnte Eingangstür im unteren Stock. Sie wird so lange andauern, bis die Hunde zurückkommen. Bis jetzt hat sie es ausgehalten ohne die wärmenden Flammen im Kamin. Doch nun kann sie nicht mehr warten, bis Grittli aufsteht und Feuer entfacht. Sie kniet sich vor den grossen Kamin, schiebt das Gitter, das den Riemenboden vor herausspickenden Funken schützt, weg. Hier, in ihrem Arbeitszimmer, bedeckt kein feines Parkett, sondern breite Holzleisten den Boden. Ein grosser, alter Perserteppich wärmt die Füsse. Heller Marmor fasst das Cheminée ein, weisse Kacheln kleiden die Feuerstelle aus. Das kupferne Gitter, verziert mit geschmiedeten Pflanzenranken, scheppert auf den Steinplatten.

Am Boden liegt ein Stapel alter Zeitungen und Illustrierten in einem Korb, in einem anderen liegen Tannzapfen und fein gespaltene Holzscheiter zum Anfeuern. Sie knüllt einige Zeitungen zusammen und legt den Zunder darauf. Zuoberst tischt sie trockenes Holz. Das Tannige liebt sie, weil es schön knistert und knackt, das Buchige dagegen brennt länger und wärmt mehr. Sie schaut sich nach einem rauen Stück Bodenbrett um und streicht mit dem Schwefelholz darüber. Das gebrochene Hölzchen landet auf der Holzbeige. Sie muss ein zweites Zündholz holen. Der Schwefel hinterlässt einen feinen blauen Strich und fängt endlich Feuer. Der Zunder flammt auf, der Rauch verteilt sich im Zimmer, die ersten Flammen verscheuchen die kalte Luft im Kamin, bevor er richtig zieht.

Je nach Wetterlage bleibt immer etwas Rauch im Zimmer hängen und nicht immer schafft sie es wie Grittli auf Anhieb, ein richtiges Feuer zu enfachen. Grittli braucht auch nur die Hälfte Papier, einen Viertel des Zunders und verfeuert nicht annähernd so viel Holz, in der Küche, um dieselbe Wirkung zu erzielen.

Wenn sie jetzt neben dem Feuer kniet, wird ihr schnell etwas wärmer, doch sie kämpft weiter gegen die Kälte. *Das Anstrengende, die Kälte auszuhalten, braucht viel,* zu viel, um die ruhigen frühen Morgenstunden zu geniessen. *Beim vergeblichen Versuch, vor dem Frühstück warm zu bekommen, las ich und dachte und schrieb Worte ohne Zusammenhang.*

Wird sie einmal aufhören zu frieren? Die Kälte belegt bis in den Frühsommer und vom ersten Herbststurm an die alten Gemäuer, kriecht die Mauern hoch, überwindet jede Kleiderschicht und krallt sich auf der Haut fest. Nur wenn sie die Hände ins offene Feuer hält oder sich an einen ihrer Kachelöfen lehnt, weicht der kalte Hauch einer kurzen, euphorischen Wärme.

Wie oft hat sie schon die Bauernfamilien um ihre Sitzöfen beneidet, wo sich die Katze, die Kinder und am Abend Bauer und Bäuerin darauf niederlassen und ihre Glieder wärmen. Im Schloss sind die Kachelöfen meist den Wänden entlang in die Höhe gebaut, sie bieten weder Sitz- noch Liegefläche. Den einzigen Sitzofen im Esszimmer feuert sie selten ein, da dieses Zimmer nur kurze Zeit am Tag genutzt wird.

Heute trägt sie Tricot-Unterwäsche, manchmal sogar eine doppelte Schicht. Als sie eine junge Mutter im grossen, prächtigen Münsterplatz-Haus in Bern war, trugen sie und ihre Kinder Papier unter den Kleidern. *Ich umwickelte mit Zeitungen meine nackten Füsse oder packte bei Erkältung Seidenpapier vor die Brust.* Sie hatte mit ihrer Mutter sogar Stoffsäcke für ihre Freunde in England genäht, damit diese sie mit Papier gefüllt tragen konnten. *Die ‹Times› als letzte Wärmequelle.* Alles wurde gesammelt, auch

Tannenzweiglein, um sie in den schäbigen Kümmerer-Ofen zu stopfen. So schlimm wie damals während des Ersten Weltkrieges wurde es zum Glück nie wieder, doch ein Leben ohne Kälte kann sie sich nicht mehr vorstellen. Kälte gehört hier zum Ambiente, Sommer und Winter.

Nicht immer brachten sie die Temperaturen zum Frieren, viel öfter waren es die Menschen, und gegen diese Kälte hätte auch ein Sitzofen nichts genützt. *Ich friere fürchterlich, aber vertrage mehr als andere, ohne mich zu erkälten. Das Leiden des Frierens von innen heraus, von aussen hinein, das alle geistigen und körperlichen Kräfte vorübergehend aufbraucht, schützt vermutlich den Körper bei mir.* Mit den Jahren wurde sie durch äussere wie innere Kälte abgehärtet, scheint ihr. Anmerken lässt sie sich ihr Frieren nie, lacht andere aus, die über Kälte klagen.

Sie nimmt das kleine Spielkarussell in die Hände, das ihren Sekretär schmückt. Immer wenn sie Kindervisite erwartet, kramt sie ein Spielzeug hervor; wenn Kinder beschäftigt sind, quengeln sie weniger, weiss sie aus Erfahrung. Manchmal muss sie ein Rad an ein Wägelchen festschrauben oder den Kopf einer Puppe wieder gerade richten. Das Karussell hat sie nach einem letzten Kinderbesuch noch nicht wieder weggeräumt. Die kleinen, aus dünnem Holz gesägten Pferdchen mit lachenden Köpfchen und farbigen Sätteln drehen sich, wenn sie oben an der roten Zwiebel dreht. Es ist ein Spielzeug als Erinnerung an den Krieg, an die Internierten, die am Südfuss des Längenbergs in Helgisried bei Rüeggisberg stationiert waren.

Zu Beginn des Krieges wurden viele Tausend Franzosen und Polen an der Grenze des Berner Juras in die Enge getrieben. Die Schweiz nahm die Männer auf und beherbergte sie in Militärlagern, Rümligen nahm einige Dutzend Polen auf. Dann, 1943, nach dem Sturz Mussolinis und der Besetzung Norditaliens durch die Deutschen, kamen Tausende Italiener in die Lager der Schweiz. Auch Deserteure, geflohene Kriegsgefangene oder Dienstverweigerer fanden hier Zuflucht. Einige von ihnen gingen am Sonntag von Helgisried nach Riggisberg zur Messe, und an freien Tagen vertrieben sie ihre Zeit damit, Spielsachen anzufertigen.

Sie dreht das Karussell und sieht die jungen Männer wieder vor sich, die sie damals in den Vierzigerjahren zu sich nach Rümligen einlud. Sie hatten klingende italienische Namen: Cerutti, Orlandi, Badolassi, Davoli oder Manzochi, der Kommunist … Die Offiziere der fremden Armeen konnten sich recht frei bewegen, je tiefer der Dienstgrad, desto seltener durften die Männer das Lager verlassen. Einzeln oder zu zweit waren sie schon nach Rümligen gekommen, manchmal auch über Nacht geblieben, sie schliefen im *Glettistübli* oder im *Kutscherstübli*, einige blieben auch länger.

Einmal wollte sie einen gemütlichen gemeinsamen Abend organisieren, im Frühling 1944 wartete sie das warme Wetter ab, um die Gäste draussen in den Pavillons bewirten zu können. Sie hatte ihr Schachspiel aufgestellt, Kartenspiele hervorgenommen. Sie wusste, Abwechslung war den Internierten wichtig.

Ein andermal steckte sie den Internierten Kinobillette zu und schickte sie nach Bern – und erntete freudestrahlende Blicke. *An diesen Erinnerungen müssen sie zehren, um die Hölle des Krieges herunterzuschlucken und zu verdauen die armen kriegsgeschädigten Gehirne.*

Die Männer umgab ein Gemisch aus Angst und Stolz; und den Stolz trugen sie wie einen Schild vor sich her, um sich die schrecklichen Erinnerungen vom Leib zu halten. Sie sperrte ihre Hunde immer ein, wenn sie sich anmeldeten, denn Rojatti, der sie mit seinen dunklen Locken an ihren Sohn erinnerte, stand Panik in den Augen, als einmal ein Hund bellend um die Hausecke pfeilte. Sogar bei Autos zuckte er zusammen. *Angst und immer Angst ist in Rojatti und das hat ihn verbraucht.* Sie hoffte, dass sie bei diesem Treffen nicht wieder nach dem Doktor schicken musste. *Rojatti, der Partisane, war epileptisch gewesen vor Überanstrengung und kürzlich ist es so fürchterlich ausgebrochen, dass er jenseits des Lebens war bei lebendigem Leib.*

Immer wenn sie bei ihr eintrafen, benahmen sie sich nicht wie die typischen jungen Männer. Sie waren höflich, sehr still, standen scheu und ängstlich unter der Türe und beobachteten zuerst die Szenerie, bevor sie eintraten oder sich setzten. Sie schauten sich verstohlen in der Gesellschaft und in den Pavillons um und oft entspannten sich ihre Blicke erst, wenn sie an die Decke des Pavillons schweiften.

Vor allem der grössere erinnerte sie – mit seinen Blätterstuckaturen in den Ecken und dem bunten Blumenmuster an der kuppelartigen Decke – an ihre heimatlichen Kirchen. Sie waren verwundert, in diesem Gartenpavillon eine solch schöne Verzierung vorzufinden. Sie bestaunten auch den gemalten Früchtekorb an der Seitenwand, aus dem ein Blumenkranz hing, von bunten Schmetterlingen umringt.

Obwohl sie hungrig waren, assen sie aus Anstand ihren Teller nie ganz leer. Aber wenn sie schweigend gegessen und ein Glas Wein getrunken hatten, lösten sich ihre Zungen langsam. Erinnerungen stiegen wie Luftblasen im Wasser an die Oberfläche, einzeln, abgehackt, unfassbar, und verpufften in der Luft. Einen seiner Brüder, so erzählte Rojatti, hätten die Deutschen verschleppt, und er habe nie mehr etwas von ihm gehört.

Elisabeth hatte zur Gesellschaft der Internierten auch Schweizer eingeladen, Mitglieder von «Heer und Haus», einer Organisation, die General Guisan zur geistigen Landesverteidigung ins Leben gerufen hatte. Denn sie fand, es reiche nicht, Vorträge zu halten oder gedruckte Broschüren zu verteilen. Hier, im Gespräch mit diesen Menschen, wurde der Krieg fassbar. Und mehr als Worte beeindruckte die «Heer-und-Haus»-Mitglieder das blosse Beisammensein mit diesen vom Krieg Gebrandmarkten.

Das Feuer lodert unterdessen munter, sie hat noch ein paar Scheiter nachgelegt, doch ihre Finger fühlen sich nach wie vor klamm und zu ungelenk an, um zu schreiben. Sie stellt das Spielzeug wieder auf den Sekretär – sie muss sich etwas bewegen. Ihre kleine Schere auf der Ablage hat Rost an der Klinge angesetzt, so dass sie mehr nagt als schneidet. Sie steht auf und geht zu einem Schrank, der mit seinen sechzig Schubladen fast bis zur Decke reicht, wie ein riesiger Setzkasten. Stempel, Blätter, Schnüre, Stoffe, alles, was sie irgendeinmal brauchen könnte, lagert darin. Um den Überblick zu behalten, hat sie jede Schublade beschriftet, an jedem hölzernen Knauf zum Öffnen hängt eine Postetikette. Die meisten kennt sie auswendig. Sie weiss genau, die Scheren liegen in der mittleren Reihe links. Sie nimmt drei grössere Scheren heraus, auch sie haben Rostflecken, und legt sie auf den Sekretär.

Mit dem Kerzenständer tritt sie auf den dunklen Gang hinaus. Die Fenster auf beiden Seiten des Ganges bieten keinen Ausblick ins Grüne, in der Nacht sind es nur schwarze Löcher. Sie weiss, nach fünf Schritten steht die niedere Kommode auf der linken

Seite, der Teppich ist kürzer als der Gang, Besonders aufpassen muss sie auf den Treppenabsatz. Um die Windung der Wendeltreppe zu betonen, ist die oberste Stufe rund in den Gang geschnitten. Gefährlich. Ihre Schritte hallen auf der zugigen Wendeltreppe.

Sie biegt im Parterre in den Salon, tastet sich den weissen Wänden entlang, an den grossen Vorhängen vorbei, und sucht im Buffet die Silberputztücher, mit denen sie ihre Scheren putzen kann. Manchmal beobachtet sie Grittli bei der Sisyphus-Arbeit, das Silberbesteck zu polieren. Ihren Kampf gegen den schwarzen Film an ihrem Besteck und dem silbernen Teegeschirr hat Grittli längst verloren. Beim Öffnen einer Schublade klirrt es wie verstimmte Glocken, sie findet nur Besteck; das Stücklein Kreide, das sie hineingelegt hat, ist verschwunden. Sie hat gelesen, Kreide könne die Bildung des Silbersulfids, die schwarze Verfärbung des Bestecks, etwas verlangsamen. Sie nimmt eine Gabel hervor mit langen Zacken und sieht die Internierten wieder vor sich, auch ihnen servierte sie das Essen mit Silberbesteck, das sie mehr oder weniger elegant handhabten.

Um die Internierten einzuladen, hatte sie meist Max Huggler geschickt, und manchmal machte sie selber Botengänge, um ihnen nützliche Kleinigkeiten vorbeizubringen. Lebensmittel, eine Schere oder ein Stück Fell für ein schmerzendes Gelenk, die Lagerbedingungen fand sie empörend. *Die Internierten sind wie Gefangene gehalten und reisen nur mit allerlei kleinen Betrügereien, haben Examen zu bestehen, sind hungrig, weil nur 9 Mahlzeitencoupons für den Monat.*

Wenn sie in Gruppen durch die Strasse marschierten, um in Riggisberg die Messe zu besuchen, vorbei an den einfachen Bauernhäusern mit den grossen Kastanien auf den Vorplätzen, begegneten ihnen skeptische Blicke. Die Frauen drehten sich ab, die Kinder dagegen schauten unverhohlen in die Gesichter der Männer und suchten den Krieg darin. Wenn die Internierten durchs Dorf marschierten, war es, als ob der Krieg in die heile Welt winkte. In eine ländliche Idylle, die von aussen so grün und satt erschien. Wer Land bebaute, hatte etwas zu essen und konnte etwas verkaufen, mit Glück sogar unter der Hand zu einem guten Preis. Die Internierten dagegen trugen den Schrecken mit sich, der Europa verwüstete. *Wahre Teufel sind die Deutschen, Menschen wie Vieh, wie Material zu handhaben.*

Der Krieg hatte zwar auch Riggisberg ein Jahr zuvor bedrohlich gestreift. In der Geisterstunde vom 12. auf den 13. Juni 1943 flogen hundert englische Bomber über den Jura Richtung Turin. Es war eine stürmische Gewitternacht, einige Bomber kamen vom Kurs ab und wollten den gefährlichen Gewitterwolken ausweichen und aufsteigen. So warfen sie ihren Ballast – ihre Bomben – ab, im Gebiet von Riggisberg.

200 Bomben gingen auf einer Strecke von einem Kilometer nieder, eine 500 Kilogramm schwere Brisanzbombe schlug in der Moosmatt nur fünfzig Meter neben einem Bauernhaus ein. Der Ort machte seinem Namen alle Ehre, die Bombe versank im weichen Torfboden, bevor sie detonierte. Es wurden Häuser beschädigt, aber keine Menschen kamen zu Schaden, und alle hielten es für ein Wunder, dass bei diesem Bombenhagel, den brennenden Feldern und Häusern, den geborstenen Fensterscheiben und abgedeckten Dächern niemand ums Leben kam. Nach den Bomben auf die Industriestadt Turin wurde Mussolini im Juli 1943 abgesetzt; kurze Zeit später kamen die Internierten aus Italien.

Selten führten sie Gespräche im Dorf, denn Italienisch sprachen nur wenige. Umso erfreuter waren sie, wenn sie in ihrer Landessprache angesprochen wurden. *Schwatzen Sie Italienisch mit den Leuten oder stehen Sie bei der Messe, aber seien Sie nicht zimperlich, wenn die Leute ernst, mürrisch oder bös antworten, als ob man Feinde wäre – sie tauen sehr bald auf, wenn Zeit ist, dass ihre Augen sich festsaugen bis in unser hinterstes Herz und Gehirn, wie Blutegel und Halt bekommen. Sie sprechen unfreundlich aber stärken sich doch an uns und entspannen ihre Züge. Sie kommen auch den Staub von ihren Schuhriemen schütteln und durch Riggisberg durch stolzieren und das ist auch in Ordnung.*

Sie legt die Gabel wieder in die Schublade, ausgerichtet zu den anderen. Tücher findet sie keine. Sie geht durch den Gang zurück, die Haustür mit den vergitterten Fenstern ist immer noch angelehnt, die Hunde sind noch nicht zurück. Sie betritt die Küche und leuchtet mit der Kerze um sich. Auf dem senfgelben Küchenschrank liegen die kupfernen Pfannen der Grösse nach aufgereiht. Der riesige rote Holzherd mit den schwarzen Ofenklappen thront mitten in der Küche. Grittli hievt jeweils die Pfannen ins Feuerloch, mit verschieden grossen Ringen kann sie die Höhe und damit auch die Hitze regulieren. In einem Schrank mit Glastüren ist das Alltagsgeschirr eingeräumt. Aus dem Hahn tropft es in den Schüttstein aus Granit, der fast so gross ist wie ein Brunnentrog. Von den Silberputztüchern findet sie auch hier keine Spur, dafür lockt die Konfitüre im Gestell. Sie holt einen Löffel und klaubt sich etwas von Grittlis Eingemachten aus dem Topf.

Die Internierten stiessen mit ihrer mürrischen Haltung oft auf Unverständnis. Sollten sie doch froh sein, in der Schweiz in Sicherheit zu sein! Elisabeth aber verstand ihre Launen. Sie wusste, das Misstrauen schwand, wenn sie arbeiten durften und so auch besseren Kontakt zu den Leuten fanden. Sie wollte deshalb das Übel an der Wurzel packen und lud verschiedene Bundesräte ein.

Die Internierten bat sie, ihre angefertigten Spielsachen mitzubringen. Sie machte im Salon eine kleine Ausstellung, und ihre damals noch kleine Enkelin Barbara hielt sie an, mit den Sachen zu spielen, sie zu präsentieren, nachdem sie ihr eingebläut hatte, wie man Bundesräte ansprach und sich ihnen gegenüber zu benehmen hatte. Mehrere Mitglieder der Regierung erschienen tatsächlich, waren aber doch erstaunt, diese Kinderzimmerauslegeordnung vorzufinden. Elisabeth forderte bei einem Glas Wein die Erlaubnis für die Internierten, deren Spielsachen verkaufen zu dürfen, beispielsweise an Basaren, um ihnen damit ein kleines Sackgeld zu ermöglichen, ihr Selbstvertrauen wieder zu stärken und sie zu beschäftigen.

Die Abende mit den italienischen Internierten verliefen den Umständen entsprechend manchmal auch fröhlich. Viele begannen Karten zu spielen, einige sangen melancholische Volkslieder. Doch Elisabeth wusste, ihre Bemühungen wurden zwar geschätzt, doch ausrichten konnte sie damit wenig. *Rümligen bedeutet ihnen vermutlich nicht viel, aber die Aussicht von 2–3 Tagen mehr Freiheit und Einsamkeit.* Auch die Bestrebungen der Schweiz, dachte sie, waren nur Tropfen auf den heissen Stein inmitten dieses Krieges. *Vergeudetes, missbrauchtes Menschenmaterial sind diese schweren Männer und von kleinen Insektenstaaten wie der Schweiz nicht zu heben, wir sind wie die Zwerge in Gullivers Reisen.*

Ein Klecks Konfitüre klebt noch am Löffel, bevor sie mit ihrer Beute die Treppe hochgeht. Sie weiss, wo sie weitersuchen muss, steigt in den zweiten Stock und öffnet ein Schränkchen im Gang. *Erste Hilfe bei Unfällen bis zur Ankunft des Arztes,* steht als Überschrift rot auf einer Tafel an der Innenseite der Türe. Seit je verströmt die Hausapotheke hier ihren Duft nach Salben und Alkohol; die Ratschläge, die sie beim Durchlesen manchmal erheitern, sind leicht vergilbt, sogar hier im dunklen Schrank. Es steht beispielsweise, bei einer Ohnmacht müsse der Person ein angebrannter Federkiel unter die Nase gehalten werden. Dieser bestialische Gestank soll wohl Tote erwecken. Sie hat es noch nie ausprobiert, doch wenn der Schmied die heissen Eisen den Pferden an die Hufe setzt und das Horn anbrennt, dann liegt dieser beissende Geruch noch Stunden später in der Luft und setzt sich in den Kleidern und Haaren fest.

Neben den Arzneifläschchen findet sie die Silberputztücher. Sie nimmt ein hellblaues mit einem bestickten Rand. Auf dem Rückweg fällt der Kerzenschein auf die Ahnenbilder, sie hält die Kerze höher, einige der Männer sind mit Brustpanzer oder Waffen gemalt.

Krieg und Politik gehörten in ihrer Familie von jeher zum täglichen Brot. Ihr Vater, Ludwig von Tscharner, Generalstabs- und Genieoffizier, arbeitete während des Ersten Weltkriegs im Stabsbüro und befuhr getarnt *als angeblicher Botanik-Professor in zweispänniger Kutsche das Tessin, und ist im Gestein wohl herumgekrochen*, um allfällige Truppenbewegungen auf der anderen Seite zu erkunden.

Ihr Papa hatte die Aufnahme von Internierten bereits im Ersten Weltkrieg propagiert, *da er gescheit genug war einzusehen als*

Generalstabsoffizier, dass Heldentum die Schweiz kaum durchkriegen würde im Krieg. Er verfasste einen Rapport von seiner Reise, beschrieb, die Schweiz sei im Kriegsfall nicht zu halten, sie solle stattdessen Kranke und Verwundete aller Kriegsparteien aufnehmen, *welche ihnen nur im Weg waren als Gefangene und so beiden Seiten genehm zu sein.* Gute Dienste auf beiden Seiten, das konnte die Neutralität sichern. *1913 kam der Rapport mit dem Internierten-Wesen zur Ausführung und Papa galt als Schweizer Rotkreuzler, wovon er nichts verstanden hatte als nur, es zum Nutzen im Notfall zu gebrauchen.*

Ihr Vater hatte sich strategisch mit diesen Fragen beschäftigt, sie interessierten mehr die Menschen und deren Schicksal, das sie verbessern wollte. Als Freund von General Wille hatte ihr Vater seine Pflicht gegenüber dem Militär oder der Gesellschaft immer höher gestellt als das Wohlergehen seiner Familie. Im Haus am Münsterplatz hütete er beispielsweise eine grosse Truhe mit geheimen Dokumenten wie den grössten Schatz. Bei einem Brand, so seine Weisung, müsse als Erstes diese Kiste gerettet werden, bevor die Menschen evakuiert würden.

Zum Glück verschwand sie viel unspektakulärer aus dem Haus: 1909 plagten den Vater Nierensteine, er konnte nicht mehr reiten. Und er musste die Truhe abgeben: *Weil ein Oberst auf einem Ross sitzen muss.* Wie er zu Pferd sass, schien weniger eine Rolle zu spielen, Elisabeth taxierte die Reitkünste ihres Vaters als eher bescheiden. Das Militär aber hatte in der Familie einen hohen Stellenwert, waren die von Tscharner doch auch Generäle in Norditalien gewesen. Diese Tradition lebte auch in ihr weiter.

Während des Zweiten Weltkrieges beherbergte Elisabeth Truppen der Schweizer Armee in Rümligen. *Das Militär empfange ich aus Erbarmen, diesen Mühseligen und Beladenen Er-*

quickung zu geben für kurze Zeit. Im Gegensatz zu den Internierten ärgerte sie sich oft über die Offiziere, die mit ihren Stiefeln überall herumtrampelten und skurrile Übungen durchführten. *Infanterie-Truppen mit rührend hässlichen kleinen Soldaten und herrschenden Offizieren überfluten das Land, ohne Sang und Klang und ohne Glanz: Ohne Schwung, pflichtgetreu und müde und schwer in den Füssen, die in genagelten Schuhen stecken.... Man macht dumme Kinderspiele mit ihnen im Hof und übt ihre Muskeln auch im Handgranaten werfen und zum Nahkampf, wo einer den anderen aufhebt, vielleicht ihm den Arm ausrenkt, um ihn zu entwaffnen – alles nach einem Büchlein, in das einer seine Nase steckt. Heute ist Ausmarsch und das Geflügel in Frieden.*

Das Arbeitszimmer ist jetzt viel wärmer als der Gang. Wenn sie nahe ans Fenster steht, sind die Bäume als grosse, schwarze Umrisse erkennbar, die Tiere schlafen noch im Stall. Sie liebt diese Stunden, bevor alles wieder zum Leben erwacht, schaut gerne in die dunklen Baumgestalten und horcht auf die ersten Geräusche. *Ich liebe die Bäume, als ob es Lebewesen wie Menschen seien mit Seelen. Ich liebe die Tiere zarter, als ich die Menschen liebe.*

Das kleine Spielzeugkarussell in ihren Händen, die Bilder an den Wänden – ihre Gedanken schweifen in die Vergangenheit –, sie lässt sich gerne treiben, Zeit zum Nachdenken hat sie mehr als genug in diesen frühen Morgenstunden. Sie setzt sich an den Sekretär, nimmt die rostigen Scheren aus der Schublade und reibt sie am Tuch. Im Nu verfärbt es sich mit braunen Flecken, die Scheren dagegen werden nicht blanker. Je mehr sie das Tuch auf die Klinge presst, umso stärker schmerzt der Arm. Sie schiebt die Scheren mürrisch beiseite, sie muss sie wohl doch den Hausierern zum Schleifen mitgeben.

Neben dem Sekretär steht ein anderer Haufen Arbeit – ein Weidenkorb, gefüllt mit Briefen, wild durcheinander, wie die Antwortkarten einer Glückslotterie. *Ich bekomme viele Briefe von Leuten, die ich seit Jahren nicht mehr sah, aus der Ferne, als ob ich eine im Alpenklubverzeichnis angegebene Schutzhütte wäre.* Elisabeth bezweifelt, ob sie die ersuchte Hilfe leisten kann. *Es sind Klagen in den Wind, aber ich bin nicht der Wind, ich nehme es mir zu Herzen.* Sie ist zwar angetan von den Anliegen der Schreibenden, fühlt sich *aber meist in Verlegenheit bei meiner Dummheit.*

Heute spielt sie nicht die Glücksfee, indem sie beliebig einen Brief herauszieht, ihn beantwortet und darauf den erhaltenen Brief ins Feuer wirft, wie eine kleine Belohnung. Sie geniesst dann das kurze Aufflammen samt dem kleinen Hitzeschub. Briefe sind stabile Worte, doch sie sollen genauso ehrlich und flüchtig sein. *Unsere Gedanken fliegen wie Schwalben oder irren wie Dohlen in Schwärmen oder hängen wie Herbstnebel in der Welt herum und sind besser als Briefe.* Sie verbrennt alle Briefe, wenn sie beantwortet sind, und bittet auch immer wieder, ihre Briefe wegzuwerfen. *Zum Zerreissen nach flüchtiger Einsicht.*

Huggler, lieber

An diesem Montag 1952 will sie nicht nur einen Brief beantworten, sondern ein Kapitel beenden: das Kapitel der Freundschaft mit Max Huggler. Mit den Erinnerungen an den Krieg ist sein Bild, seine Präsenz, wieder stärker geworden. Sie wird ihm schreiben, dass sie ihn nicht mehr treffen kann und will, muss einen Schlussstrich unter die über zehnjährige Freundschaft ziehen, die 1940 begann. Die vielen Besuche und unzähligen Stunden, die sie mit ihm verbracht hat, haben ein Ende.

Sie nimmt von ihrem besten, weissen Briefpapier und stempelt auberginefarben das Tscharner-Wappen mit dem Greif. *Huggler, lieber*, beginnt sie und mit dem Stift in der Hand lässt sie ihren Gedanken freien Lauf: *So in der Nacht zwischen 3 und 4 Uhr gegen Morgen lese ich Ihren Brief und schreibe zurück, nachdem ich rostige Scheren zu putzen versuchte ohne Erfolg, weil meine rechte Hand kraftlos blieb und bleiben wird.* Sie kann nicht weiterschreiben. Die Erinnerungen sind stärker. Das Zusammentreffen auf der Kirchenfeldbrücke 1940.

Seit dem Tod ihres Sohnes war sie ein Jahr lang kaum in die Stadt gegangen. Ihre neue Hülle, ihre pechschwarz gefärbten Kleider ermöglichten ihr nun, wieder auf die Strasse zu treten, Leuten zu begegnen. Der Hut verdeckte ihre müden Augen, der lange, schwarze Mantel verschaffte ihr Distanz, er wirkte bedrohlich oder zumindest abschreckend. Die Schnürstiefel mit den Absätzen verliehen trotzdem einen Hauch von Eleganz.

In diesem neuen Kostüm marschierte sie an diesem Wintermorgen von der Junkerngasse über die Nydeggbrücke, beugte sich beim Bärengraben über den abgewetzten breiten Sandsteinrand. Der Wärter war daran, den halb gefrorenen Kot auf einen Schubkarren zu laden und die Steinquader mit dem Reisigbesen zu wischen. Ein Bär sass mit dem Rücken zur Tür in seinem Nachtrevier, rieb den dicken Pelz an den Gitterstäben, die schepperten. Die Bären hier schliefen im Winter nicht, sie machten alles lediglich noch etwas bedächtiger. Bald würde er sich mit tollpatschigem Drehen die eine oder andere Karotte erbetteln.

Sie wanderte den Muristalden hoch, blieb immer wieder stehen, um über die rauchenden Kamine der Altstadt zu blicken. Erst wenige Menschen waren unterwegs, hastig, ohne von ihr Notiz zu nehmen. Einige Autos fuhren auf der schneebedeckten Strasse stadtwärts. Durch den englischen Garten, mit Blick auf das Münster, führte ihr Weg Richtung Kirchenfeldbrücke.

Auf der Brücke traf sie die ersten Sonnenstrahlen, sie schaute hinab auf die Kiesbänke bei der Aareschwelle und das Wasser, das sich durchzwängte. Im Weitergehen kreuzte ein Herr ihren Weg, zog den Hut und begrüsste sie mit Namen. Ihre Blicke begegneten sich, und sie blieb stehen. Sie erkannte den Patienten, den sie wenige Wochen zuvor in Locarno im Sanatorium kennengelernt hatte.

Sie litt damals an einem Magengeschwür und ihre Tochter hatte ihr Frau Doktor Taslakova, eine rumänische Ärtzin, empfohlen, die in einer Klinik in Locarno arbeitete und homöopathische Medizin anwandte. Das Magengeschwür verschwand, Elisabeth war fasziniert von der Ärztin und es entstand eine langjährige Freundschaft.

Der Zufall wollte es, dass auch Max Huggler im Sanatorium weilte. Nach einer langen Grippe war er sehr schwach und hatte Mühe zu atmen, so dass man eine Tuberkulose vermutete. Doch stellte sich dies als Fehldiagnose heraus, er kam schnell wieder zu Kräften. Sie begegnete ihm damals ab und zu im Gang, wo sie einige Worte wechselten.

Seine spitze Nase, das feine Lächeln mit dem markanten Mund und die neugierigen Augen, ja, das war Huggler, der Direktor der Kunsthalle, der vor ihr stand. Die Kunsthalle hatte sie erst einmal besucht, bei einer Weihnachtsausstellung der Berner Künstler. Beim Treffen auf der Brücke lud Huggler sie in die aktuelle Ausstellung des Malers Victor Surbeck ein, und er anerbot sich, sie persönlich durch die Ausstellung zu führen.

Bereits eine Woche später betrat sie sein Büro mit Blick auf die Aare. An der Wand hing ein Holzschnitt mit seinem Porträt. Von Ernst Ludwig Kirchner, sagte er. Zusammen wanderten sie dann durch die Ausstellung, und sie erwiderte seine Einladung mit einem Abendessen in Rümligen. So lernte sie diesen besonderen Mann kennen, er wurde zum wichtigen Freund.

In Rümligen und auch in Amsoldingen machte Huggler ausgedehnte Märsche. Diese Leidenschaft für lange Spaziergänge teilte sie mit ihm. Im Sommer stieg er manchmal von Amsoldingen durch das Stockentäli aufs Stockhorn – zusammen mit Freunden oder mit ihrer Tochter Louise. Die Bergtour begleitete sie nur in Gedanken, doch am See oder im Park war sie jeweils dabei. *Ach Huggler, lieber Freund, wenn Sie mich auf gutem Weg spazieren führten, so glaube ich doch, Sie gaben mir auch ab und zu Kraft, Ferien zu machen, Abstecher neben dem Weg zu geniessen.* Dazu plätscherten ihre angeregten Gespräche. Sie merkte, die Arbeit in der

Kunsthalle und später im Kunstmuseum bedeutete ihm alles. Er war ein Weltenbürger, lebte in Graubünden, in Rom, schien alle bedeutenden Künstler, aber auch Kunsthistoriker, -sammler und -händler zu kennen. Während des Krieges lud sie ihn jeweils für mehrere Tage ein, *für sich, für mich oder für Rümligen frei zu halten.* Und er, der Sohn eines Polizeiwachtmeisters, der ursprünglich Pfarrer werden wollte, kannte sich so herrlich aus in Fragen des Glaubens und der Religion! Ihr Geist erwachte dank Huggler wieder zu tollen Sprüngen. Und ihre Bitte, Weisheit mitzubringen, für die Nächte in Rümligen, die sie durchdiskutierten, erfüllte er vollumfänglich. Sie nannte ihn *Engel des Lichts, ein tröstlicher Gedanke, dass es Sie gibt,* und ergänzte: *Wie gern wollte ich, dass nichts von dieser Wunderblume verdirbt, die vielleicht in ihrem Geist ist.*

Er war der Erste, dem sie die Geschichte ihres Sohns erzählte und ihm immer wieder darüber schrieb. Leicht fiel es ihr nicht, denn kaum hatte sie etwas preisgegeben, bereute sie es sofort und sie entschuldigte sich für ihre Erzählungen, für ihre Gefühle, die hervortraten.

Einmal schickte sie ihm eine Karte des Münsterportals mit dem Titel «Die Hölle», ein Bild dieser verrenkten, gequälten Leiber, der Sünder ihrer Kindheit. Jetzt war sie es, die gesündigt hatte. Als Mädchen hätte sie nie gedacht, wie nahe die Hölle dem Leben manchmal ist. Sie beschrieb Huggler damals die vergangene Nacht.

Für die Nacht sind gestern geblieben im Haus
Aasgeier = Gedanken, die Angst machen und draufloshadern
Dankbarkeit für die Geduld eines Andern
Einkehr und Einsehn eigener Schuld …
Trauer um Unwiederbringlichkeit

Dann Versöhnung Engel
aufrichtigen Dank
in dieser Höllenstimmung
von gestern.

Ein Muhen, wie ein langgezogenes heiseres Schiffshorn, durchbricht die Stille. Ist es die «Alpenrose»? Sie versucht immer, ihre Kühe auch an ihren Lauten zu erkennen. Doch meist kann sie ihre Vermutung nicht überprüfen. Denn kaum ist das erste Muh verklungen, setzen die anderen im Chor ein, bald auch die Rinder und Kälber, Schweine und das Geflügel. Mit einem Ruck, wenn der Meisterknecht die Stalltüre öffnet, beginnt das Stimmenkonzert. Alle wollen jetzt und sofort gefüttert werden. Das Crescendo kann der Knecht nur mit seiner Heugabel wieder zum Diminuendo verwandeln, je weiter er mit der Gabel durch den Stallgang vorrückt, je mehr Kühe mit ihren grossen, rauen Zungen die duftenden Halme ins Maul schieben. Ein letztes Quieken, und auch die Schweine geben Ruhe hinter dem vollen Trog.

Nicht jeder Besuch von Huggler wühlte sie so auf. Sie sass auch gerne mit ihm in Amsoldingen, bei Sonnenschein auf den Korbstühlen vor dem Schloss, und schaute zum See hinunter, der hinter den Bäumen und Büschen, wenn sie Laub tragen, nur zu erahnen ist. Der Pächter des angrenzenden Bauernguts mäht die Wiese, doch die Bäume um den See wachsen unbändig, ebenso die Seerosen im Wasser. Leichter Nebel steigt oft vom Gewässer auf, Raubvögel ziehen ihre Bahnen. Eine weite Fernsicht gibt es dort nicht. Wenn das Auge in diese Runde schweift, stoppt die Wand des Stockhorns abrupt den Blick, statt in die Weite geht es in die Höhe. Zuerst durch den Wald – schier endlos, wie Huggler den Aufstieg beschrieb – kurz über grüne, weiche Alpweiden, und zum Schluss steht schier unbezwingbar die quadratische Felsnase des Stockhorns da. Dieser Mahnfinger, der von Amsoldingen her gesehen wie eine Trutzburg aufragt. Diese Wand kann bedrohlich näherrücken oder versöhnlich Schutz bieten. Wie die Reduit-Bauten des Krieges, die Elisabeth im Fels zu erkennen glaubt. Amsoldingen, sagte sie einst zu Huggler, sei eine *Wagner-Landschaft*.

Huggler ermöglichte ihr, wieder zu leben. Sie war in der Zwischenkriegszeit öfter krank geworden, musste sich den Blinddarm operieren lassen, hatte Gallensteine und eine üble Gelbsucht. Und kaum waren diese Krankheiten ausgestanden, begann die schlimmste Zeit ihres Lebens: der Schmerz, die Schuldgefühle, ihr Versagen beim Tod ihres Sohnes. Es brachte sie schier um den Verstand. Besonders in den Nächten wälzte sie sich im Bett, ging stundenlang im Zimmer auf und ab, streifte durch den Park. Immer wieder lief sie zum Grab, und sie weinte bis in die Morgenstunden. Richtigen Schlaf fand sie seither nie wieder.

Gegen aussen rüstete sie sich mit ihrer schwarzen Kleidung, sie hatte alle Mäntel, Röcke schwarz einfärben lassen, in den Schränken alle schwarzen Hüte zusammengetragen, und dem Schneider in Bern erteilte sie die Anweisung, künftig nur noch schwarze Röcke zu nähen. Nur das Hemd unter dem Rock blieb weiss – wie ihr Gesicht, das sie fortan unter einer Schicht Puder versteckte. Sie formte so ihre Maske, ihre Schutzmauer: *Man wählt besser eine äussere Form und hält sich dran.* Wurde sie auf den Tod ihres Sohnes angesprochen, sagte sie kalt, er habe nichts Gescheiteres zu tun gewusst. Die Losung der von Tscharner, die ihr Vater unermüdlich wiederholt hatte, verfolgte sie gnadenlos: «Tenebo – Ich werde halten.» Ihre Vorfahren hatten sich damit bis zum bitteren Ende in der Schlacht von Marignano gehalten, die militärische Kriegsstrategie, keine Niederlage zu akzeptieren, hatte die Familie auch in friedlicheren Zeiten geprägt, und auch sie musste sich nun dieser Losung beugen, durfte die Contenance nie verlieren. Ihre Schutzmauer war eine Maskerade. *Gewissenhaft muss man sich verstellen im Leben, damit man aussieht, wie man sein will, oder damit man in den Rahmen passt.* Das hiess aber auch, dass sie kaum von dieser Rolle abweichen durfte. *Die Form wird für mich zur Religion.*

Sie konnte sich so allmählich wieder in der Gesellschaft bewegen, unternahm auch wieder kleine Reisen, von welchen sie Huggler stets eine Karte schickte: *Es ist seit meines Sohnes Tod meine erste Vergnügungsreise, meine erste Ferienreise freiwillig ohne Zweck,* schrieb sie ihm Anfang der 40er-Jahre aus dem Kiental.

Plötzlich schiebt sich das Scheppern eines herunterfallenden Deckels einer Milchkanne ins Bewusstsein. Mit den Erinnerungen ist es wie mit dem Halbschlaf. Tauchen sie auf, werden sie wieder lebendig, Elisabeth bewegt sich in ihnen wie im Traum. Dringen Geräusche oder Gerüche zu ihnen vor, schreckt sie hoch wie aus dem Schlaf. Sie schaut aus dem Fenster, ist umgeben von Grün, als ob sie mitten in einer Pflanze leben würde. Deshalb liegt ihr Rümligen so am Herzen. Jetzt brennen die Stalllaternen auf dem Hof gegenüber. Die Kühe werden gemolken, bald wird das Pferd angespannt und die Milch in die Käserei gebracht – doch sie will sich durch den Tagesanbruch nicht ablenken lassen, will an Huggler denken, noch einmal ihre Erinnerungen sammeln, bevor sie mit dem Brief fortfährt.

Max Huggler hatte sie Einblick hinter ihre Fassade gewährt, ihm offenbarte sie ihr Inneres, und er nahm sie mit in seine Welt. Eine Welt, die sie nie alleine hätte erkunden können. Sie wagte nun öfters den Weg in die Kunsthalle, denn sie liebte es, alleine vor einem Bild zu stehen, es zu betrachten und dabei auch sich selbst. Zu merken, was inwendig passiert. Sie fühlte sich wieder als das kleine Mädchen, das stundenlang im Jüngsten Gericht des Münsterportals versank und wo sich die Grenzen zwischen Bild und ihr auflösten. Genau dieses Gefühl hatte sie in ihrer Jugend dazu bewogen, Künstlerin werden zu wollen. Wenn sie malte, geschah dasselbe.

Jetzt hatte sie einen Ansprechpartner gefunden: *Ich war in der Ausstellung und bei meinem schlechten Geschmack fand ich diese viel angenehmer und befreiender vom Alltag als Schweizer Malerei. Ich fand sie gut gehängt nach Gesetzen eines instinktiven Gleichgewichts, das ich in der Kunsthalle immer vermisst hatte bis jetzt, da der Eingang immer mächtig wirkte.* Die asiatische Kunst, oft nur feine Pinselstriche mit transparenter Tusche auf fasrigem Papier, liess sie aufatmen, die Ausstellung hatte eine unbekannte Leichtigkeit. Sie streifte durch die Bilderwelten, wusste Huggler in seinem Büro, störte ihn aber nicht bei der Arbeit.

1941 lud Huggler sie ans Kunsthallen-Fest ein. Als er sie durch die grosse Gästeschar führte, genoss sie das Aufsehen, das sie auslöste. Gleichzeitig war es ihr unangenehm, sie schämte sich für ihre eigene Aufgekratztheit, denn fröhlich, dachte sie, könne und wolle sie nach dem Tod ihres Sohnes nie wieder sein. Das Fest erinnerte sie an ein Maskenspiel in einem Theaterstück von Shakespeare, *und so etwas hatte dieses Kunstgesellschaftsfest heraufbeschworen. Es ging alles verkehrt und alle trugen Glück und Leichtsinn davon, besser Lebensfreude davon heim. Eine Art Begeisterung. ... Man muss froh sein, dass alles anständig zum Ausklingen kam. Vorbei.*

Die Ausgelassenheit beunruhigte sie. Sie war neugierig, wollte entdecken, was ihr bisher verborgen blieb, sie genoss Hugglers Welt mit den exzentrischen Künstlern und Künstlerinnen, diesen Diskurs über Unfassbares, Unmessbares. Keine dicken Mauern und dunklen Bilder, sondern offene Geister und weite Horizonte. Je besser es ihr jedoch gefiel, je wohler sie sich fühlte, desto stärker plagte sie anschliessend ihr schlechtes Gewissen.

Auch nach einem von Fest von Fritz Jean Begert, seines Zeichens Reformpädagoge in Habkern und dann in Ringoldswil, schwor sie sich, sich nie mehr so treiben zu lassen. *Sehen Sie, lieber Huggler, Sie sind für mich etwas vom Sonntag der Seele und nach dem Begert-Fest, dem Schöngeistler-Fest, das Sie und mich so stark und lang belustig hat, war ich nicht ganz überzeugt, dass es recht gewesen war.* Sie versuchte, ihre Begeisterung und gleichzeitige Reue zu fassen, unterschied so fortan zwischen Schönheit und Kunst. Schönheit, das war Teufelswerk, Kunst dagegen kam von einem guten Stern und schadete nicht. So stellte sie sich selber die Aufgabe, ihre guten und schlechten Gefühle zu ordnen und zu sortieren: *Kunst kann sein wie Brot, wie Erde echt und stark und vorhanden. Schönheit ist nur ein Scheinen, ein Abglanz, das etwas aufleuchten lässt, eine Täuschung, ein Teufelswerk und das kommt und geht und ist schwerer zu erwerben als Kunst, weil es in kein Rezept und keine Formel zu bringen ist. Es ist wie das Leben, das kommt und geht und erlöscht.*

Huggler schickte ihr einmal eine Ansichtskarte, als er in diesem speziellen Ort oberhalb von Ascona weilte, der damaligen Künstlermetropole auf dem Monte Verità. Sie wurde neugierig. *Lieber*

Huggler, ich hoffe, Sie erzählen mir einmal von Ascona, dem Zauberhügel, wo die Erde die Menschen mit Kräften zur Kunst, zur Liebe, zur Sünde, zur Reinheit stärkt, kurz zu all ihren Veranlagungen stärkt und steigert. Huggler lud sie ein, ihn zu begleiten – der Hügel gehörte dem deutsche Bankier und Kunstliebhaber Baron Eduard von der Heydt, der 1927 dort ein Hotel im Bauhaus-Stil errichten liess – und er konnte ihr sogar Achtung für dieses moderne Bienenhaus abringen.

Die Zimmer und Gänge waren wie ein Museum geschmückt mit den Werken grosser Künstler. Sie lernte den Monte Verità kennen, einen Ort, der seit Anfang des Jahrhunderts ein Magnet der Avantgarde war, der Reformer, Anthroposophen oder Psychoanalytiker anzog. Selbst Lenin soll dort geweilt haben und während des Zweiten Weltkriegs kamen Künstler und Intellektuelle aus der ganzen Welt, solche, die auch Elisabeth in ihren Bann zogen.

Huggler war befreundet mit dem Kunstsammler von der Heydt, und dieser präsentierte ihr Maler und Dichter, richtige und solche, die es gerne gewesen wären. Diese besondern Düfte der Gäste hat sie immer noch in der Nase; auch die der Herren, die nicht nach Zigarrenrauch, sondern so unergründlich und dezent wie die Welt rochen, woher sie kamen.

Ihr fiel auf, dass die Erwachsenen mit den Kindern ganz selbstverständlich sprachen, sie fragten, ob sie gut geschlafen hätten, sich nach ihren Beschäftigungen und Interessen erkundigten, sogar ernsthaft an der Meinung der Kinder interessiert sein wollten. Etwas, das ihr nie in den Sinn gekommen wäre, das sie auch bei anderen Familien in Bern nie erlebte. Kinder hatten möglichst gut erzogen zu sein, das hiess unauffällig, wie Schatten, den Erwachsenen zu folgen oder unsichtbar in ihren Zimmern zu verweilen. Im Monte Verità war das ganz anders, da gehörten sie lautstark dazu.

Nach dem Krieg wurde von der Heydt angeklagt, ein Mittelsmann für die Finanzierung von deutschen Spionen gewesen zu sein. Elisabeth hörte, das Verfahren habe mit einem Freispruch geendet, doch schon vorher hatte sie Huggler nicht mehr nach Ascona begleitet.

Sie hört ein feines Klopfen an der Scheibe. Sie weiss genau, woher es kommt. Sie nennt ihn Hans Huckebein, er hat auch gewisse Ähnlichkeiten mit dem Unglücksraben von Wilhelm Busch. Seine Taten sind ihm zwar noch nicht zum Verhängnis geworden wie dem Vogel in der Bildergeschichte, an Übermut fehlt es ihm aber auch nicht. Was genau er an den Fensterrahmen herumpickt, weiss sie nicht, ob es der Fensterkitt ist oder Würmer im Holz. Früher meinte sie immer, er klopfe ihr, bis sie merkte, dass er auch auf der Fensterbank sitzt, wenn sie nicht im Zimmer ist.

Hans Huckebein ist eine elegante Krähe, von vielen Revierkämpfen gezeichnet, Elisabeth kann ihn gut von anderen Krähen unterscheiden und sieht ihn auch immer mit einem eigenartig kämpferischen Krächzen losziehen, wenn ein Mäusebussard oder ein Milan sich seinem Lieblingsbaum nähert. Huckebein ist schon Jahre in der Nähe des Schlosses, zusammen mit einem anderen Raben, der weit weniger vorwitzig ist. Während er alle anderen Krähen, Elstern und Raubvögel aus Rümligen zu vertreiben versucht, lernte er schnell, sich mit den Hühner und Pfauen zu arrangieren, da diese hier sozusagen ein Wohnrecht haben und, noch weit wichtiger, gefüttert werden. Er schafft es regelmässig, wenn Grittli die Körner streut, zwischen den Hühnern herumzupicken; dass er noch nicht gackert, grenzt an ein Wunder. Alles Schimpfen von Grittli hilft nichts, er lässt sich nicht von den Körnern verscheuchen. Hans Huckebein steckt bei Wilhelm Busch den Schnabel zu tief ins Likörglas, verheddert sich anschliessend in der Strickarbeit der Tante und erhängt sich, er erntet in der Geschichte seine verdiente Strafe. *Die Bosheit war sein Hauptpläsier, drum, spricht die Tante, hängt er hier.* Diese Bilder schaute sie als Kind so gerne an und die Zeilen las sie mit Schmunzeln, auch wenn das Buch nicht zur empfohlenen Lektüre gehörte. Natürlich zählt es auch nicht zur hohen Kunst, die Huggler umgibt.

Ihre Freundschaft zu ihm blieb nicht unbemerkt, gab auch zu Gerede Anlass. Mehr als tout Berne schien davon zu wissen, was Elisabeth erstaunte, da alle Besuche mit der üblichen Diskretion stattfanden. Doch als ihre Tochter 1946 in der Psychiatrischen Klinik weilte, berichtete sie ihr von einer Teerunde an einem Nachmittag, wo sie aus Neugierde eine ihrer Mitpatientinnen fragte, ob sie Madame de Meuron kenne. Sie wollte wissen, ob ihre Mutter als schwarzgekleidete eigensinnige Aristokratin vielleicht schon bis nach Genf die Runde gemacht habe. Doch die Antwort hätte sie nie erwartet. *Eine französischsprechende Dame, deren Namen meine Tochter nicht weiss, soll vor 15 Personen, sämtlich verrückt, gesagt haben, als meine Tochter frug: Est-ce que vous connaissez Mme de Meuron ... Ah oui, je sais, c'est la maîtresse de Huggler ...* Elisabeth, selber zuerst entsetzt über das Gerede, beruhigte Huggler, diese Aussage habe keine Bedeutung. *Es sind Verrückte und Melancholiker aller Stufen.* Auch wenn sie es vielleicht bedauern mochte, aber die Freundschaft mit Huggler war nie eine Liebesbeziehung.

Sie versuchte viel eher, Schritt zu halten mit der Welt der Kunst, mit der Welt von Huggler, die sich ihr immer mehr öffnete wie ein Universum. Als dieser jedoch 1944 das Angebot bekam, von der Kunsthalle hinüber ins Kunstmuseum zu wechseln, riet sie ihm ab. Sie wusste, er stieg dort in eine andere Sphäre. Sie fürchtete, ihn zu verlieren, und warnte ihn: *Kunst hat ein Gift, Kunst ernährt die Seele nicht, Opfer verkommen wie Rauschgiftsüchtige.* Und sie behielt Recht. Bald verstand sie Hugglers Ausstellungen nicht mehr und schüttelte den Kopf, als sie die Fotografie von Huggler mit einem Chagall-Bild in der Zeitung sah. *Wie kann ich dieses Chagall-Bild verstehen? Ist der Pferdekopf zu dunklem Herrenkleid gehörig?* Sie war hin- und hergerissen. Einerseits angezogen von diesen neuen Farben und Formen, andererseits überfordert durch deren Wirkung. Zum ersten Mal fühlte sie sich richtig alt. Die Bilder von Chagall ängstigten sie. Sollten Bilder nicht das Schöne zeigen? Musste die Kunst nicht erbaulich sein? Wenn ihr auch die Ahnen-Bilder als Kind Furcht einflössten, vermittelten sie doch auch Respekt und Ehrfurcht und wiesen ihr aus der Vergangenheit den Weg. Welche Aufgabe hatte diese moderne Kunst? *Das Chagall-Bild, das ich unfähig bin zu würdigen ohne Ihre Hilfe, ist leider die eine Seite des Lebens. Diese Seite hat man mich und Generationen meiner Sippe gelehrt mit Kopf-Abwenden zu begegnen.* Die Bilder von Klee verunsicherten sie ebenso. *Vielen Dank für das Kleebüchlein. Ich bin ganz erschreckt, aber meine Enkelin wird das gerade richtig finden, wenn sie wieder einmal zu mir kommt.*

Dieses Unverständnis trennt sie nun von ihrem Freund, reisst Gräben auf, in denen sie zu versinken droht. Mit dem Weggang aus der kleinen Kunsthalle in das grosse Kunstmuseum hat er auch sie verlassen, hat sie in ihrer kleinen Welt stehen gelassen. Sie kann nicht akzeptieren, wenn jemand einen Schritt in eine Richtung macht, die sie missbilligt, da fühlt sie sich jedes Mal hintergangen, wird richtiggehend wütend. Sei es bei Freunden, sei es bei ihren Kindern. Sie weiss, dass sie Recht hat, und kann nicht verstehen, warum es die anderen nicht einsehen wollen.

Huggler hat nicht auf sie gehört, er geht seinen Weg unbeirrt weiter. Neben dem erfolgreichen Direktor fühlt sie sich als alte Frau, unfähig zu verstehen, sie schämt sich vor ihm. *Ohne Erfolg ist mein Schicksal und mit Erfolg ist Ihr Schicksal, lieber Huggler, denn zu etwas gebracht haben Sie es.* Jetzt, da sie diesen Entscheid zu Papier bringen will, fällt ihr die Trennung schwer, denn sie verliert viel.

Es dämmert langsam, sie hört von weitem die beschlagenen Hufe des Pferdes, hört den Wagen knarren und quietschen, das Pferdegeschirr klingeln und die aufgeladenen Milchkannen aneinander stossen, als der Knecht das Fuhrwerk wendet, um in die Käserei zu fahren. Mitten in den vertrauten Geräuschen gibt es plötzlich einen dumpfen Knall. Hufgetrappel, Autobremsen, Holzsplittern, Wiehern und ein gellender Schrei des Kutschers wild durcheinander. Sie springt auf – die Vergangenheit ist weggewischt – und schaut zum Fenster hinaus, Leute rennen im trüben Licht des Morgens herum, auch Grittli ist auf dem Weg Richtung Stall.

Elisabeth eilt durch den Gang, schlüpft im Entrée in ihre Gummistiefel, rennt über den Kiesplatz, kommt zügig voran, die Hühner, Perlhühner und Truten versperren noch nicht wie üblich mit ihrer Pickerei den Weg, Sie versucht, schon im Laufen zu erkennen, was passiert ist. Vor ihr an der Strasse sieht sie das Pferd mit blutüberströmter Brust, die Augen verdreht, ihr weisser Rand tritt hervor. Schaumflocken und Speichel tropfen von der Trense, der Kutscher hält im Schock die Zügel und murmelt vor sich hin. Der Pächter vom Nachbarhaus hat bereits den Dorfmetzger alarmiert; das Pferd muss notgeschlachtet werden, es kann sich nur noch mühsam eingespannt zwischen der Gabeldeichsel auf den Beinen halten.

Das Fuhrwerk ist – offenbar unbeleuchtet – auf die Strasse abgebogen, ein heranfahrendes Auto hat es nicht bemerkt und ist ungebremst in das Pferd gefahren. Autos sind hier eine Rarität, so dass der Meisterknecht nie vor der Ausfahrt stoppt. Grittli hält sich die Hände vor den Mund und macht rechtsumkehrt, wieder dem Haus zu. Elisabeth tritt zum Pferd, legt ihre Hand auf eine unverletzte Stelle am Hals und spricht dem Tier zu. Keine verständlichen Worte, einfach etwas in beruhigendem Ton.

Der Metzger kommt, das Pferd wird vorsichtig ausgespannt und erschossen. Der Knall scheint auch sie zu treffen, sie schwankt leicht. Der letzte Blick dieses Pferdes hatte etwas Verzweifeltes, Vorwurfsvolles gar. Warum hat sie den Knecht nicht zu mehr Vorsicht gemahnt, so plötzlich hat sie nun diese gute Stute verloren.

Sie bittet den Pächter, die Milchkannen, die immer noch auf dem Fuhrwerk stehen, mit dem anderen Wagen in die Käserei mitzunehmen. Um die Bilder des Todes zu verscheuchen, muss sie allein sein, sie spediert den Knecht in die Küche zum Frühstück, er soll hier etwas zur Ruhe kommen und anschliessend, wenn das Pferd abtransportiert ist, die Strasse fegen, damit keine Blutspuren übrig bleiben. Vor dem Mittagessen, weist sie ihn an, müsse er auch noch den Brügiwagen gründlich kontrollieren, ob er beim

Unfall Schaden genommen hat. Elisabeth weiss, sie muss mit klaren Aufträgen die Gefühle ordnen und in den Alltag zurückkehren; ohne Hast und Eile, aber mit Bestimmtheit.

Im Brief an Huggler bemerkt sie: *Es ging auch sehr gut, aber man musste dabei sein.*

Immer wieder schaut sie von ihrem Briefpapier auf und betrachtet von oben das tote Pferd, wie es auf einer Plane des Metzgers vor dem Stall liegt, zerteilt und aufgeladen wird. Sie hat im Stall seine Geburt überwacht, jetzt kontrolliert sie seinen Tod. In diesem Moment ahnt sie, dass die Zeit der Pferde, ihrer Pferde, einmal vorbei sein könnte, verdrängt von den Motorfahrzeugen. Sie setzt sich nahe ans Feuer, türmt ein grobes Holzscheit auf die Glut, will aus der Gegenwart wieder in die Vergangenheit tauchen, flüchten.

Huggler lotste sie auch durch den Krieg, ihm verdankte sie viele politische Auseinandersetzungen, die sie sonst nicht hätte führen können. Huggler hatte sie auch kurz nach Kriegsbeginn gebeten, «Heer und Haus» eine ihrer Liegenschaften zu vermieten: der Organisation, die den Auftrag von General Guisan erhielt, die geistige Landesverteidigung in der Bevölkerung zu unterstützen.

Bevor sie ihre Entscheidung traf, reiste sie an eine Veranstaltung von «Heer und Haus» in Thun. *Den Armee-Film ‹Alarm› habe ich diesen Morgen in Thun gesehen zusammen mit Soldaten und Baby-Leutnants mit reinen Herzen und gehetzten Hauptleuten mit Sorgen. Es ist ein lieblicher Film und ich hatte einen grossartigen Film erwartet. Die Landschaft ist lieblich, die Truppe ist jung, das Wetter ist schön, die Gesichter sind sauber von innen heraus, es ist Sonntag in diesem Film, und wenn er zu End ist, hätte man noch viel mehr davon wollen, so erfreulich war es trotz Verheerung des Jungwuchses im Wald und der gefährlichen Ge-*

schütze.... Heer und Haus haben wirklich einen Sinn, sie geben Erbauung, sind vielleicht geistige Blutspender.

Sie quartierte die Organisation in einer ihrer Stadtwohnungen ein, an der Spitalgasse 38, und wählte sorgfältig alte Möbel aus. Sie durften nicht zu bequem sein, damit sich die Herren nicht zu wohl fühlten, und auch nicht zu kostbar, da sie mit einigen Schäden rechnete. Und wirklich: Auf ihren Rundgängen an der Spitalgasse bereute sie ihr Zuvorkommen. Die schweren Stiefel der Männer hatten Spuren auf dem Parkett hinterlassen, die Stühle waren teils ruiniert und einige ihrer Bilder waren verschwunden. Beispielsweise suchte sie vergeblich nach dem gemalten Tell, den sie in diese Wohnung ausgeliehen hatte.

Sie war enttäuscht von der Organisation. Und ja, das war auch Hugglers Schuld! *Weil Sie ihn wollten als Sinnbild für dieses Heer und Haus, das eine Gesinnungs-Elite zu sein hatte und nur zum Brockenhaus der Armee-Menschenbestände und Arbeitslosen-Fürsorge-Angliederung wurde.* Wie so oft genügte ein kleiner Anlass für einen grossen Streit. *Meine ‹rapports› mit Heer und Haus ... sind so schlecht ... Die Fehler sind bei mir und bei Heer und Haus. Es ist ein wahrer Hass entbrannt und es sind sowieso spiessige Kröten im Himmler- und Nazi-Stil.*

Huggler verliess dann «Heer und Haus», als er 1944 von der Berner Kunsthalle ins Kunstmuseum Bern wechselte. Die Organisation aber blieb in Elisabeths Liegenschaft, und je länger der Krieg dauerte, desto mehr versöhnte sie sich wieder mit ihr. Vor allem, da die Verantwortlichen sich nun gewissenhaft um die Internierten kümmerten. Und nach dem Ende des Kriegs bilanzierte sie: *Also hat das verfehlte Heer und Haus ... Früchte vieler Art gebracht.*

Sie wirft einen Blick in den Hof. Das Pferd ist verschwunden, der Metzger abgefahren, der Knecht hat die Schlachtabfälle zusammengewischt und auf den Miststock geworfen. Hans Huckebein rupft genüsslich Fleisch aus den Fellresten. Das Leben geht weiter.

Der Krieg mit seinen Schrecken, Unsicherheiten und Wirren schien ihr manchmal wie ein riesiger Spiegel ihres Inneren. Oder wie ein Schiff im Sturm, hin- und hergeworfen, oft ohne Glauben an die nächste Zukunft. Aufbruch und Niedergang in einem. Ähnlich wie wenn sie versuchte, ein neues Leben zu beginnen, und gleichzeitig ihr Scheitern schon spürt. *Alles ist so sehr wenig, taumeln im Wirbelwind – Wirbelsturm des Weltgeschehens, ohne Boden unter den Füssen fassen zu dürfen.* Wie würde sich der Krieg entwickeln? *Jetzt, wo man sich fragt, ob Frankreich, dieses mit der Schweiz verbundene Land, sich zurückfinden kann. Solche Rasse ist keine Königsrasse, die Deutschen sind viel leichter und einfacher zur Kenntnis zu nehmen für uns Hirtenvolk und eine grosse Gefahr für uns, wenn Frankreichs Menschen nicht Gegengewicht machen können.*

Frankreich war gefallen und sie wusste nicht, ob sie die deutschen Nationalsozialisten fürchten oder bewundern sollte. Sie lernte bereits von klein auf, dass einige Menschen von der Geburt her besser sind als andere. Warum sonst hätte sie nie mit den Stadtkindern spielen dürfen? So oft schaute sie auf den Münsterplatz, auf die Kinder, die sich Schneeballschlachten lieferten oder dort spielten. Sie durfte nur mit auserwählten Mädchen anderer patrizischer Familien spielen. Auch als Erwachsene empfand sie die Unterschiede in der Gesellschaft. *Umgang mit allerlei artfremden Leuten haben mich abgenützt und aufgebraucht, und geistige Abscheu hat mich krank gemacht.* Waren die Arier vielleicht die neuen Aristokraten? Es gab so viele Meinungen, so viele politische Strömungen, die sich während des Krieges prononcierten, miteinander rangen und sich behaupten wollten.

Dank Huggler hatte sie die Einladungen in Rümligen weitergeführt. Er machte ihr nach diesem letzten grossen Empfang – der mit dem Schuss im Kellergewölbe geendet hatte – Mut und gab ihr die Kraft, wieder interessante Persönlichkeiten aus dem In- und Ausland einzuladen. Ihre Familie hatte gute Bande – zur Berner Gesellschaft wie auch zu adligen Familien in Deutschland, Frankreich, Italien, Spanien und Holland. Ihr Vater hatte oft ranghohe Militärs eingeladen und nach seinem Tod führte sie diese Tradition weiter. Es mutete zwar ungewöhnlich an, dass eine Frau Gastgeberin von Diplomaten, Politikern, Richtern oder Offizieren war, aber vielleicht war gerade dies mit ein Grund, weshalb die Geladenen so zahlreich in Rümligen erschienen.

Elisabeth servierte ausschliesslich Speisen von ihrem Landwirtschaftsbetrieb, Schweins- oder Rindsbraten, Gemüse und Kartoffeln. Vorab liess sie eine Suppe servieren und zur Nachspeise selbst gebackene Meringues mit Schlagsahne. Die Gäste lockten also keine besonderen kulinarischen Delikatessen. Aber sie wählte die Zusammensetzung der Gäste immer mit grösster Sorgfalt aus: Wer könnte wen interessieren, wer sollte einmal mit wem reden, was waren die grossen Themen der Weltpolitik, was waren die Sorgen der Wirtschaft, welche persönlichen Tragödien spielten sich in der Gesellschaft ab. Sie hatte überall den Überblick. Und ihre Neugierde und ihre Interessen waren derart ausgeprägt, dass sie sich die richtigen Informationen immer beschaffen konnte. Zudem hatte sie die Gabe, praktisch nichts zu vergessen und sich immer an alles erinnern zu können. Haargenau. Sie kombinierte und gab die Informationen zur richtigen Zeit der richtigen Person weiter. Zudem schien sie harmlos als Frau, die keine Ämter innehatte und keinen Mann, der sie für seine Zwecke einspannen konnte. Sie hatte auch keine Liebhaber, denen sie Geheimnisse kopflos anvertraut hätte.

So wurde sie an diesen informellen Treffen zu einer Drehscheibe für allerlei Informationen. *Ich bin ein Zentrum, wo nichts drin ist, aber doch Zentrum, wie der Nordpol, der ein Pol ist, und nichts ist, das man sieht.* Möglichst alle Meinungen und Strömungen zu kennen, war ihre Herausforderung.

Grittli klopft an die Türe und öffnet sie behutsam, sie trägt wie immer ihre weisse Schürze mit den geklöppelten Spitzenrändern. Bleicher als sonst erzählt sie, dem Meisterknecht gehe es besser, er habe sogar etwas gegessen. Sie erkundigt sich, ob sie das Morgenessen zubereiten solle. Elisabeth winkt dankend ab, ihr ist nicht nach Essen zumute. Grittli insistiert, ein Kaffee oder Tee täte ihr doch sicher gut, sie sei wohl schon lange auf den Beinen. Doch Elisabeth will später frühstücken, sie will nicht aufstehen und die Gedanken beim Frühstück von der Zeitung wegtragen lassen. Grittli schliesst kopfschüttelnd die Türe.

Elisabeth nimmt aus dem Sekretär ihr sorgfältig gehütetes Gästebuch mit den robusten, geschöpften weissen Seiten und dem blau-grau gestreiften Stoffeinband, der mit feinen weissen Linien durchzogen ist. Immer zwei Visitenkarten hat sie säuberlich auf jede Seite geklebt. Ein Erinnerungsbuch ihrer Gäste. Diese übergeben beim Eintreten Stock, Hut, Handschuhe und Mantel den Händen der Angestellten, und ihr Kärtchen legen sie in eine Silberschale neben dem Eingang.

Die schönsten oder wichtigsten klebt sie in ihr Buch. Einige handgeschrieben, einige weiss mit geschwungener Schrift gedruckt, einige mit gestanzten Blumen am Rand, andere üppig mit farbigen Blumen verziert oder spartanisch mit modernem Linienmuster. Einige Karten haben einen breiten schwarzen Rand, andere Gäste haben einen persönlichen Gruss oder Dank vermerkt. Sie blättert in den Seiten. Kein Zufall, klebt die Visitenkarte von Giuseppe Motta ganz vorne. *Dr. Giuseppe Motta, Presidente della Confederazione Svizzera* steht in kursiver Schrift auf weissem Karton.

Bundesrat Motta hatte zwanzig Jahre lang die Aussenpolitik der Schweiz bis 1940 geprägt und war deshalb ein besonders wichtiger Gast. Er hatte die Schweiz in den Völkerbund gebracht, liess dabei aber den Status der Neutralität absichern und setzte sich auch für den Beitritt von Deutschland ein. Elisabeth faszinierten seine Diskurse über die Neutralität, die ihm wichtig war, ohne dass er die Interessen der Schweiz, vorab die wirtschaftlichen, zurückbinden liess. Ob mit Italiens Faschisten oder den deutschen Nationalsozialisten, die wirtschaftlichen Beziehungen sollten bei aller Distanz erhalten bleiben. Mit dem St. Galler Bundesrat Arthur Hoffmann hatte bereits ihr Vater eine Art Freundschaft gepflegt, auch den lud sie weiter nach Rümligen ein. Und natürlich waren immer ausreichend Berner Geschlechter eingeladen; abwechslungsweise die von Büren, Freudenreich, Wattenwyl, von Erlach, Tscharner, Ernst, Fischer, de Gingins, de Goumoëns, Stettler, von Herrenschwand, Frisching, Durheim, Kirchberger, Steiger, Lentulus, von Willading, de Sacconay, Stapfer, Stürler oder Wyttenbach. Viele von ihnen vertraten als Diplomaten die Schweiz im Ausland, einige waren Gerichtsvollzieher oder Offiziere.

Interessant waren auch die ausländischen Gäste, zum Beispiel Prinz Friedrich von Hessen, der in einem kurzen Intermezzo König von Finnland war. Oder Felix Jussupow, der dann nach Paris emigrierte, nachdem ihm vorgeworfen worden war, der Drahtzieher im Mord am legendären Rasputin in Russland gewesen zu sein. Dieser Wanderprediger soll die Bluterkrankheit des Zarensohns geheilt haben, wurde aber während des Ersten Weltkrieges für die Rückschläge Russlands verantwortlich gemacht und ermordet.

Jussupow hatte mit seiner Frau Irina Rümligen besucht, und deren Sohn machte vor allem ihrer Tochter Louise Eindruck, sie geriet jeweils richtig aus dem Häuschen, wenn Jussupows einen Besuch ankündigten. Auch ausländische Botschafter kamen. Bereits früher im Vertmont in Bern hatte sie die empfangen, und auch ihre Tochter, die nun dort wohnt, führt diese Tradition weiter. Der italienische Botschafter hatte Louise während des Krieges zwei englische Cocker-Spaniels geschenkt, Ming und Sung, sehr zum Ärger ihres Mannes Maximilian. Denn dieser goutierte die Verbindungen zu den Faschisten und Nationalsozialisten gar nicht. Aber nach dem Krieg bemerkte er, diese Hunde seien das Beste, was vom Faschismus übrig geblieben sei.

Eine besondere Freundschaft verband Elisabeth mit der Familie Köcher. Der deutsche Gesandte Otto Carl Köcher, ein behäbiger Bayer, konnte sein Lachen damals kaum zurückhalten, als er mit seiner Frau nach Rümligen zum Abendessen geladen war. Sein Chauffeur trug einen Korb mit einem weissen Pelzbündel die Auffahrt hoch. Bäri, ihr Bernhardiner-Mischling, sprang bellend hinzu. Eine zierliche weisse Schnauze lugte aus dem Korb, ein Windhund-Welpe.

Köcher schenkte ihr Alya, ihre erste Barsoi-Hündin, verbunden mit der Auflage, sollte sie Junge bekommen, wolle er wieder einen Hund zurück. Der Krieg war in vollem Gange, als Alya tatsächlich Junge warf und sie Köcher eines davon schenkte. Ihr Schwiegersohn, der Offizier Maximilian von Stockar, konnte toben wie er wollte, sie verkehrte weiter mit Köchers. Zwar hörte sie einmal, Köcher habe sich an einem Putschversuch von Ulrich Wille junior, dem Sohn des Generals, beteiligt, um General Guisan abzusetzen, doch Gerüchte gab es zuhauf. Ihr lag das Wohlergehen des Hundes zu sehr am Herzen, als dass sie den Kontakt abgebrochen hätte.

Zum Glück, denn das letzte Mal, als sie Köchers kurz nach Kriegsende besuchte, schienen sie ihr nervös, durcheinander. Sie wollten nicht recht von ihrer Rückkehr nach Deutschland sprechen. Der junge Barsoi begrüsste sie stürmisch, reagierte dagegen kaum auf seinen Herrn. Sie anerbot sich, das Tier vorübergehend aufzunehmen. *Sein Hund ist in mein Schlafzimmer zurückgekommen, wo er geboren war. Warum fürchtet sich Köcher so sehr nach Deutschland zurück? Als dicker schwerer Bayer sollte er mutig sein, und wenn er mutig ist und nicht über die Grenze will, dann war er mehr als Diplomat in der Schweiz, dann war er aktiv von der Partei. Langsam wird sein ganz verblödeter Hund wieder gescheit. Er war still und leblos und gleichgültig, ich dachte ihn töten zu lassen.* Köchers, so hörte sie später, verliessen die Schweiz nach dem Krieg doch noch. Otto Carl wurde an der Grenze von der amerikanischen Besatzungsmacht mit dem Vorwurf verhaftet, er habe Goldbestände der deutschen Gesandtschaft bei Kriegsende beiseitegeschafft. In der Haft nahm er sich dann das Leben. Und sie hatte geglaubt, dass Köcher kein aktiver Nazi war; nun zweifelte sie daran. *Es ist alles nicht so sauber wie die Bundesräte und sie und ich dachten und das geringe Volk war vielleicht näher bei der Wahrheit als wir.*

Sie fürchtete sich auch davor, herauszufinden, welche Rolle der deutsche Diplomat Freiherr Sigismund von Bibra wirklich gespielt hatte. Dieser verliess zwar 1943 die Schweiz, arbeitete aber vorher aktiv für die NSDAP, was sie zwar wusste, sie aber Anfang der 40er Jahre dennoch nicht davon abhielt, mit ihm befreundet zu sein. Er war Landesgruppenleiter in der Schweiz und rekrutierte seine deutschen Landsleute. Ihr Schwiegersohn Maximilian von Stockar warf ihr wiederholt vor, sie verkehre mit dem gefürchtetsten Nazi in der Schweiz.

Bibra war dann nach dem Krieg in Spanien interniert worden, und sie erwartete, dass ihre Kontakte eventuell ein Nachspiel haben könnten. *Ich erwartete mich ohne genannt zu werden in der Zeitung zu finden bei Bibra-Geschichten, es kann noch kommen, aber ich habe mich in Hagel und Sturm und Blitz zu bewähren.* Bibra war einer ihrer Mieter an der Junkerngasse 5, sie hatte ihm den Schlüssel für Keller und Gartenzugang überlassen und erinnerte sich an den Streit, den sie mit einem anderen Mieter deswegen hatte: einem Italiener, der im Institut für Geistiges Eigentum arbeitete. Er wollte Bibra nicht im Haus haben. Sie aber blieb hart, auch weil sie sich nichts vorschreiben lassen wollte. Bibra erhielt den Schlüssel, und der andere Mieter zog aus.

Oft übernahm Elisabeth Vermittlungsdienste, die sie aber nie ganz durchschaute. Eine Bekannte, die 1943 in Frankreich Geld holen und dieses mit einem *Passeport diplomatique und Laisser-passer allemand* nach Bern bringen wollte, blieb stecken und suchte via Rümligen die Hilfe von Bibra. *Es war Heiliger Abend 9¼ und sie telephonierte höchst aufgeregt ins stille Rümligen. Alors quoi? Vous avez un locataire? Ne pourriez-vous pas?* Und so telefonierte sie am folgenden Tag Bibra und sagte, er solle etwas unternehmen. Alle sprachen umständlich und verschlüsselt, so dass sie nie genau wusste, worum es eigentlich ging.

Wirklich überzeugen konnten sie jedoch weder Faschisten noch Nationalsozialisten. Sie hörte Vorträge von «Heer und Haus», las die sogenannten Wehrbriefe und unterstützte die geistige Landesverteidigung. Von Churchill war sie sowohl fasziniert als auch enttäuscht. *Churchill wirkt im Buch anders als in der Zeitung. Worum es geht, ist so abstossend wie ein Haufen Blechbüchsen, aber er ist wunderbar als Verfechter, wie er wahr ist und unehrlich an ganz anderen Orten als wir. Man denkt, er wäre ein Diktator besser als Hitler und Mussolini und dabei erreicht er praktisch fast nichts. Er hat keine Stosskraft.*

Der Krieg, aber vor allem die Verfolgung der Juden, liess ihre Sympathie für die Nazis dann vollends schwinden. Eine junge Jüdin fand Anfang der 40er Jahre bei der Pfarrersfamilie in Amsoldingen Unterschlupf. Elisabeth suchte als Ersatz für Grittli, die in Rümligen ihren kranken Vater pflegte, eine Putzhilfe. Sie fragte daher bei der Pfarrersfamilie an. *In Amsoldingen nehme ich zur Hilfe für meine schlechten Fingerbeeri die junge Jüdin vom Pfarrhaus, die dort mit ihrem Kind aufgenommen wurde. Diese hält sich auch bewunderungswürdig. ...* Die junge Frau arbeitete still und lächelte in einer grossen Traurigkeit. Diese Haltung beeindruckte sie. Die Verfolgung solcher Menschen, das konnte nicht richtig sein. Sie kannte viele elegante Juden, gebildet, ausserordentlich höflich, alles Eigenschaften, die sie schätzte. Warum sollten diese Menschen an den Missständen Deutschlands schuld sein, wie es die Nazis predigten? Und wieso sollte diese Religion, die gar nicht so weit vom Christentum weg lag, so gefährlich sein? Ihr Vater hatte einen Koran besessen, beherrschte Arabisch und hatte immer wieder auf die gemeinsamen Wurzeln von Juden, Moslems und Christen verwiesen. Die Judenverfolgung, das konnte nicht richtig sein.

In heissen August 1944 war sie wenige Tage nach ihrem Geburtstag nach Bern gefahren. In der Wochenschau sah sie, wie die Menschen in Frankreich de Gaulle zujubelten. War nun der Krieg bald zu Ende? Die Bilder stimmten sie nicht zuversichtlich. *Im Kino Bubenberg sah ich gestern neben einer versteinerten, in unangenehmer klassischer Tugendsüchtigkeit sich ergehenden kinderlosen Italienerin (Frau des Generals Bianchi) die Befreiung von Paris im Sommer. Es ist jämmerlich, kläglich und hysterisch, was man da sieht. De Gaulle geht gut, gross und schlenkernd wie ein Wüstenkamel oder Wüstendromedar oder ein Mehari. Das ist sehr schön, sein ruhiger, lässiger Gang. Ich dachte an die Leute zur Zeit Karls des Grossen.*

Diesmal ist das Klopfen lauter, die Türe wird mit einem Ruck aufgestossen. Diesmal will sich Grittli nicht nur nach ihrem Morgenessen erkundigen. Die Frage, ob sie immer noch keinen Hunger habe, gleicht eher einer Feststellung. Denn nun kommt der Vorwurf, der Pegelstand im Konfitüretopf sei dermassen gesunken, dass Madame wohl noch eine Weile keinen Hunger verspüre. Aus unerfindlichen Gründen kann es Grittli nicht verputzen, wenn ihre Hausherrin ab und zu etwas nascht. Dabei reichen die Konfitürevorräte bestimmt bis zum nächsten Sommer, und Grittli beginnt ja bereits im Frühjahr aus dem Holunder, der im Park blüht, Gelee einzukochen. Zugegeben, letzte Nacht hat sie dreimal einen Suppenlöffel gefüllt. Aber das kommt immer wieder vor, auch in den Nächten, in denen sie Kriminalromane verschlingt, die selten die Nacht überleben. Zur Stärkung muss sie ab und zu einen Löffel Konfitüre holen.

Grittli fügt noch an, der Meisterknecht habe gesagt, es werde immer gefährlicher mit den Pferden auf der Strasse, er hätte heute noch Glück gehabt im Unglück, weil keinem Menschen etwas passiert sei. Elisabeth wird wütend: Dass jemand von Glück sprechen kann, wenn ein Pferd stirbt! Wie konnte er nur so etwas sagen! Grittli versucht zu erklären, dass die Pferde immer wieder ausbrechen, wenn ein Traktor vorbeifährt, und samt dem Fuhrwerk in den Strassengraben ausweichen, was sehr gefährlich für alle sei. Sie werde es sich überlegen, sagt Elisabeth, sie will nicht mehr weiterdiskutieren, weil sie spürt, dass sich ein Streit anbahnt. Sie wünscht das Frühstück um neun Uhr.

Als die Tür wieder geschlossen ist, denkt sie an diese kleinen grünen Jeeps, die sie oft auf dem Waffenplatz in Thun herumfahren sieht. Auf Bildern der amerikanischen Armee tragen sie weisse Sterne auf der Motorhaube; ein solches Gefährt könnte vielleicht ganz praktisch sein, auch um die Milch in die Käserei zu fahren. Sie hat von diesen Auktionen mit ausgemustertem Armeematerial gehört, vielleicht sollte sie sich nach einem solchen Gefährt umsehen. Sie setzt sich wieder hinter ihren Brief, der ausser einem Anfang und dem Bericht des heutigen Unfalls noch wenig enthält.

Ohne Huggler wird sie ihr gesellschaftliches und politisches Engagement reduzieren, es wird ihr an Kraft fehlen, weiterhin eine illustre Gästeschar einzuladen. Aber es ist auch eine andere, ruhigere Zeit hereingebrochen. Die Zwischenkriegsjahre hatten mit so vielen Möglichkeiten gelockt und die Kriegsjahre liessen offen, wie Europa künftig aussehen wird. Sie war während dieser Jahre froh gewesen um die Diskussionen mit Max Huggler, sie konnte ihm unverblümt ihre Meinung sagen, die er konterte, ohne sie zu verurteilen. Er kannte ihre Zerrissenheit zwischen Tradition und Moderne, zwischen Konservatismus und Freiheit.

Noch lieber als über Politik diskutierte sie mit ihm jedoch über Bücher. *Rilke, Plato, Rousseau, die in Ihrem Brief herumgeistern, kommen mir vor als über meinem Geistesgrad, jetzt aber bin ich froh, dass diese existieren, wenn mein geistig gedachter Arm diese auch nie mehr vom zu hohen Bücherbrett herunterholen kann.*

Wenn sie müde war oder Zerstreuung wollte, las sie lieber Kriminalromane. Gefallen hatte sie beispielsweise an Friedrich Dürrenmatt, der oft zu Diskussionen mit Huggler Anlass gab, wenn auch weniger des Inhalts der Bücher wegen. *Warum er wohl so hässlich sein muss dieser Dürrenmatt? – und doch begnadet ist? Dürrenmatt bleibt uns eine Art Künder; wenn nur der Allmächtige in seiner Allweisheit ihn uns netter ausgestattet hätte.*

Elisabeth schreckte auch nicht vor der Lektüre von Churchills Gesamtwerk in Englisch zurück, und sie stöberte regelmässig in den Buchhandlungen bei den Neuerscheinungen.

In Huggler sah sie immer wieder Gösta Berling aus dem gleichnamigen Roman von Selma Lagerlöf. Sie zitierte das Buch, weil auch sie bereits in ihrer Jugend damit konfrontiert wurde, als sie ihren Geliebten nicht heiraten durfte.

Ihr Geliebter verglich sie damals mit der Anna, und sie setzte nun Huggler mit dem abgesetzten Pfarrer gleich, der zum Anführer der Kavallerie im schwedischen Ekeby und durch verschiedene Episoden zu einem geläuterten Menschen wurde. Irgendwie glich dieser Gösta Berling Huggler, schien ihr. Auch er war in der Mitte eines weiten Weges, dessen Ausgang sie nicht voraussah. Überhaupt fand sie es bemerkenswert, wie oft sie in verschiedensten Abschnitten ihres Lebens mit ganz unterschiedlichen Personen aus diesem Buch Parallelen ziehen konnte. Ein Buch, das sie wohl zeitlebens begleiten wird.

Noch mehr ans Herz legte sie Huggler den Roman «L'homme à cheval» von Drieux la Rochelle, eine Geschichte eines erfundenen bolivianischen Diktators im 19. Jahrhundert. Ihr gefiel die Unterscheidung zwischen einem «Mann der Tat» und einem «Mann des Traums». Vor allem der «Mann des Traums» faszinierte sie: *In diesem Briefumschlag eine Lektüre l'homme à Cheval von Drieux la Rochelle, die Sie lesen sollten, da eine Figur die gleiche seltsame Rolle hat wie Sie, ... und wie es vielleicht noch einige dieser seltsamen Geschöpfe gibt. Die Folge der Geschichte schicke ich bald, sie wird grausam und schön.* Sie legte diesen Seiten auch ein in Kriegszeiten verbotenes Geschenk bei: *Lieber Huggler per Express die verbotene Frucht eines Stücks Züpfe aus Mehl eines ländlichen Freundes und Eier und Milch und Butter von Rümligen für Sie und Ihre Mutter (Die Bundesräte verbieten Züpfenbacken).*

Das erste Buch, das Huggler ihr schenkte, waren Gedichte von Rilke. *Es hat eine erlösende Wirkung, zu blättern in diesem Büchlein ... Gelitten muss dieser Rilke haben, bis er all diese Gefühle und Gedanken so weit zu kostbarem altem Wein gemacht hatte aus oder in den Kellern seiner Seele. Entschuldigen Sie, dass ich ohne Ehrfurcht spreche, es kommt, weil, was er schreibt, mir so selbstverständlich vorkommt.*

Huggler schickte ihr immer wieder Bücher. Und oft war es eines der Bücher, das sie selber in den Buchhandlungen in den Händen hielt, aber sich nicht zum Kauf überwinden konnte.

Ernsthafte Auseinandersetzungen wechselten sich mit gegenseitigen Neckereien ab. *Der Name A M Cetto muss wohl angenommen sein, er ist zu schön. Vielleicht hätten Sie beizeiten auch Ihren Namen umschreiben sollen, jetzt, wo Sie bekannt sind, ist es zu spät. Man nimmt die gleichen Buchstaben in anderer Reihenfolge, etwa Huxlermag oder Haxlermug oder Mughaxler.*

Einmal erhielt Elisabeth Besuch vom Landarzt Dr. Zehnder mit seiner Gattin und dem Pfarrer mit Gemahlin. Sie tranken in der Bibliothek Tee, als die Gespräche erlahmten und sie ein noch ungeöffnetes Päcklein von Huggler auf einer Ablage sah. Als Auflockerung, vielleicht auch, um etwas aufzuschneiden, sagte sie: *Hier ist sicher das Neuste drin, das mir Huggler schickt und ich noch nicht auspacken konnte.* So machte sie die Gesellschaft neugierig. Gespannt beobachteten alle, wie sie das Papier löste, und sie erstarrte. Statt eines Kunstkatalogs oder eines intellektuellen Werks kam ein Kinderbuch hervor. «*Hahn, Ente und Huhn*» war der Titel und passte genau auf die Situation, die sich beim Eintreffen der Gäste ereignet hatte:

Der Meisterknecht hatte Grittli und schliesslich noch die Madame geholt, um einen schwer beladenen Karren quer durch den Hof zu ziehen. Hinter ihrem Rücken waren die Gäste bereits eingetroffen. Sie war bei der Begrüssung noch ausser Atem und musste sich verstohlen den Schweiss von der Stirne tupfen. Und nun schauten die Gäste auf diesen gezeichneten Hahn, die Ente und das Huhn, die zusammen ein Gefährt zogen, und mussten sich das Lachen verkneifen. *Ich bin sprachlos, bis der Dr. Zehnder begeistert sagt, es sei ungeheuer interessant, er kenne den Künstler und hätte ihn zeichnen sehen und habe immer den Wunsch gehabt, ein Werk von ihm zu sehn.* Wieder einmal rettete Dr. Zehnder die Lage, wenn auch dieses Mal in einer harmlosen Situation.

Als sie ihren toten Sohn fand, war er es, der als Arzt sofort kam und half, den Toten auf eine Bank zu betten. Damals zog sie spontan die Uhr aus der Veston-Tasche ihres Sohnes und drückte sie dem Arzt in die Hand. Seit dieser Stunde besteht ein Band zwischen ihnen, das nach der Blamage mit dem Bilderbuch gehalten hat. *Somit war mir das Buch sehr kostbar und der einfache Mann gab sich alle Mühe mich einzuführen in diese köstliche Welt des Künstlers.*

Damit auch sie Huggler ab und zu mit Neuerscheinungen überraschen konnte, hatte sie die Zeitschrift «Sie und Er» abonniert und interessierte sich da vor allem für die Literatur-Seiten. Aber zuallererst blätterte sie immer im hinteren Teil des Heftes und las das Horoskop. Sie wird auch künftig zuerst das Sternzeichen Waage lesen, das Sternzeichen Hugglers, auch wenn sie ihn nicht mehr sehen und ihm kaum mehr schreiben wird.

Sie findet besonders die Waage häufig treffend, oft wurde man gewarnt vor Krankheiten oder dazu aufgefordert, Kräfte zu sparen, was sich genau mit ihren Ratschlägen an ihren Freund traf. *Ihr Horoskop ist ungemütlich geheimnisvoll, gewisse Hindernisse lassen sich jetzt beseitigen. – Nicht egoistisch sein. Für Sie muss es falsch sein, man ist nie egoistisch genug und opfert sich immer aus verdrehtem innern eingeschriebenem Gesetz. Ich schliesse jetzt mit der Bitte, sich zu schonen körperlich.* Huggler war immer wieder krank, eine Folge auch der schlechten Ernährung während des Krieges, wie Elisabeth fand. *Da die Nahrung der letzten Jahre auch ungewohnt ist, wie alle Frauen es längst wissen, aber Männer wenig Ahnung davon haben, was ihrem Körper alles abgeht: Eier, Milch, Fleisch, Butter, Fett, Haber, sind alle zusammen nicht nur auf einen Viertel reduziert, sondern vielleicht auf die Hälfte oder mehr. Also schonen Sie sich und bremsen Sie im Kräfteverbrauch.* Die Lebensmittelknappheit war denn auch der Grund, weshalb sie Huggler damals keinen ihrer Welpen anvertraute. Sie fürchtete, er würde in den Hungerjahren noch weniger zu sich schauen oder seine Nahrungsmittel dem Hund verfüttern. Sie aber mit ihrer eigenen Landwirtschaft konnte Mensch und Tier genügend ernähren.

Jetzt sind die Hühner an der Reihe. Der Hahn gehört eher zur ruhigen Sorte, er kräht erst, wenn Grittli die Tür aufsperrt und ihn weckt. Dann flattert alles Geflügel heraus, nur die Truthähne lassen sich Zeit und zuckeln majestätisch mit ihren Schlabberhälsen Richtung Körner. Sie wissen, dass sie nur einmal links und rechts ihren Hals ausfahren und ihr Federkleid aufplustern müssen, um die Hühner mit ihrem nervösen Gegacker zu verscheuchen. Sie fühlen sich als Könige unter dem Federvieh, obwohl die Perlhühner mit ihren weissen Tupfen auf dem schwarzen Federkleid viel schöner sind. Doch mit ihren gedrungenen Körpern können sie mit den Truten nicht mithalten. Wenn die Hühnerschar Pech hat, lassen sich die beiden Pfaue herab und machen sich über die Körner her. Sie verbringen die Nacht auf den Bäumen, so gut getarnt, dass Elisabeth auch bei genauem Absuchen der Äste ihren Schlafplatz oft nicht findet. Doch heute hat sie wohl das Töten des Pferdes verscheucht; sie lassen sich nirgends blicken.

Während sie die Deutung der Sterne für Huggler immer zu interpretieren wusste, waren ihr die eigenen Horoskope oft ein Rätsel. *Meines ist, als ob ich in den Dschungel auf Tigerjagd ginge: Noch etwas Vorsicht – aber bereit sein. Es kann ja auch Glücksbereitschaft gemeint sein.* Sie wurde im Sternzeichen des Löwen geboren, als ob das Schicksal ihren Charakter unterstreichen wollte. Schon ihr Vater hatte den Übernamen «Löwe» getragen, nicht nur seiner breiten Schultern wegen, auch seine Art trug dazu bei: Lange konnte er gemütlich sein, ruhen, «löie», doch wenn er abrupt aufstand und brüllte, bebte die Erde. Wohl nicht zufällig zierte das Tscharner-Wappen ihrer Vorfahren aus dem Bündnerland eine Kreatur halb Löwe, halb Adler – ein Greif.

Sie stempelte dieses Wappen immer öfter als Zierde auf ihre Briefe. *Il est absolument un symbole du personnage que j'ai vécu ma vie durant: animée des meilleures intensions avec les ailes sans savoir voler et animée des meilleures intensions avec des griffes au lieu de mains et un bec au milieu du visage, en plus des jambes impratiques pour la marche et été une créature qui se mêle de tout avec entrain ... c'est parfaitement mon portrait cette bête héraldique.* Ein Löwe mit Schnabel, Krallen und Flügeln, eine Kombination, die in ihren Augen nicht funktionieren konnte. Eine *eingeschriebene Gebrauchsanweisung, die nicht zu verwirklichen war.*

Da sie mit ihrem Horoskop selten klarkam, machte sie weitere Versuche, ihre Person zu ergründen. Sie hätte gerne mehr über sich gewusst und liess mit leiser Hoffnung auf mehr Einsicht ein graphologisches Gutachten erstellen – um künftig ihr Schicksal vielleicht etwas beinflussen zu können. *Zur Zeit, wo ich mir im Wirrwarr des Lebens Mühe gab, meinen Weg zu finden, verschaffte ich mir eine gute graphologische Deutung meiner Möglichkeiten, diese war unerfreulich und seltsamerweise war dabei AUSDRUCKSGEHEMMT.* Dieses Verdikt liess sie ratlos zurück, denn sie liebte die Sprache, sie liebte es auch, Gefühle und ihr Denken mit Worten in Briefen zu stabilisieren. Verbrachte sie doch ihre meiste Zeit damit, Briefe zu schreiben.

Gleichzeitig aber merkte sie, ihre Gedanken wurden selten verstanden, soviel sie auch schrieb, auch schienen sie ihr auf Papier nicht klarer als in ihrem Kopf. Vielleicht trug ihre Zweisprachigkeit zur Unklarheit bei? *Ich spiele mit Worten, Begriffen, wenn ich Eisenbahn fahre … Zweisprachig, wie ich bin, ist schlecht für die Ausdrucksmöglichkeiten und Schönheit der Sprache, aber eine Hilfe beim Denken.* Die deutsche und die französische Sprache stammten aus zwei verschiedenen Welten. Das Wort Schuld beispielsweise konnte sie nicht richtig auf Französisch übersetzen, péché hiess es im Vaterunser, notre faute oder culpabilité in der Umgangssprache, débatte im juristischen Sinne. Ebenso das Wort Liebe. Oft wurde in der Bibel von charité gesprochen, sonst von amour … *Die französische Sprache kommt mir aber viel schöner vor als die deutsche, die so ehrlich und schwer ist, aber mehr architektonisch nüchtern. Ein Steinbaukasten, mit dem man alles zusammensetzen kann, was man auszusprechen hat, während die französische Sprache fertige Worte wie Behälter hat, die man schlecht auf das Mass unserer Gedanken zurechtschneidern kann, und so immer etwas Distanz zwischen den Menschen bleibt, weil alles nie genau gesagt ist und viel Spielraum bleibt.*

Huggler, da war sie sich sicher, hat sie immer zu verstehen versucht. Manchmal sogar verstanden. Doch jetzt ist es vorbei. Barbara hat kürzlich gefragt, wo eigentlich Max Huggler geblieben sei. Sie und auch ihre Tochter Louise mochten ihn sehr gerne. Sie wolle ihn nicht mehr sehen, war Elisabeths kurze Antwort.

Jetzt muss sie es Huggler schreiben. Vielleicht treffen sich ihre Wege noch einmal im Leben, doch im Moment fühlt sie sich ausserstande dazu. Seit sie 1944 die Treppe hinunter gestürzt ist und ihren Arm gebrochen hat, fühlt sie sich schwach. Der Arzt erkannte den Bruch zuerst nicht, ihr Arm hing wochenlang wie gelähmt herunter, es war zu schmerzhaft, ihn zu bewegen. Er heilte zwar anschliessend wieder einigermassen, nachdem ihn ein anderer Arzt eingeschient hatte. Doch oft plagen sie seither Schmerzen.

Meine Kräfte laufen aus wie Wasser aus einem rinnenden Fass, und niemand scheint es zu merken. Dies schreibt sie nun auf das Blatt; es ist der offensichtlichste Grund, Huggler nicht mehr zu sehen. Ihr fehlt die Kraft dazu.

Zudem trennt sie zu viel. Sie fühlt sich ausgeschlossen von seiner Welt, oder besser: eingeschlossen in sich selber. *Ich gehe sehr einsame Wege und häute mich wie die Schlangen oder mache Bilanz und Strich drunter und werfe Ballast über Bord. Ich muss mit mir selber allein sein in meinem Denken, den Mut haben zu sehn, hinzuschauen, was sich mir offenbart von den Toten, von den Lebenden, von den Dingen dieser Welt – von den Menschen. Sie sind zu jung, um dazu gekommen zu sein … ‹Sich selbst› ist ein unerbittlicher Ritter und ein Gesellschafter, dessen man überdrüssig wurde seit langem, aber ganz ausweichen soll man ihm nicht.* Sie versteht Huggler nicht mehr, wenn sie ein Bild von ihm in der Zeitung sieht, wenn sie über ihn liest, wenn Leute von ihm erzählen. *Sie verachten und verspotten so viel, seit Sie von mir weg sind, oder besser gesagt, seit ich wegen meiner Erschöpfung Ihnen unmerklich Tür und Fenster gegen Sie schloss. Ich möchte nicht, dass Sie glauben, es sei Gleichgültigkeit oder Laune gewesen – es war das Richtige für Sie und mich. Glauben Sie ja nicht, dass ich an Ihnen nörgle und einen gefallenen Engel weniger achte als einen nicht gefallenen Engel. Im Gegenteil, der gefallene interessiert mich, der andere nicht.*

Alle Gedanken an Huggler und Gefühle für ihn muss sie wegwerfen, wie welke Blumensträusse, die einst dufteten und in allen Farben blühten. Den wichtigsten Grund bringt sie aber nicht zu Papier. Sie glaubt, dass Huggler Louise unterstützt und bestärkt hat, ihren eigenen Weg zu gehen, sich von ihr zu lösen. Sie glaubt, dass er auf Louises Seite steht. Sie fühlt sich, auch wenn sie es nie zugeben würde, verraten. *Übers Jahr schreiben Sie mir wieder – nicht vorher.* Sie kann Huggler nicht mehr die gleiche Bewunderung und Sympathie entgegenbringen wie früher. Als eine Art Entschuldigung fügt sie hinzu: *Habe ich Sie, lieber Huggler, jetzt genug spazieren geführt von einem Entsetzen ins andere? Entsetzen über mein ungebildetes brutales Altfrauen-Denken? Wieviel Uhr es ist, schreibe ich nicht, es ist morgen geworden.*

Die Sonne scheint durch das Fenster, sie hört Grittli fuhrwerken, das Morgenessen steht sicher bereits auf dem Tisch. Im Haus lassen sich Unordnung, Kälte und Feuchtigkeit knapp nur bekämpfen, die Landschaft dagegen scheint ihr schön, schöner denn je, von Schnee und Regen herausgeputzt.

Wie soll sie nun unterschreiben? Ihre Unterschrift hat schon einige Metamorphosen hinter sich. *Elisabeth de Meuron, das ist meine rechtsgültige Unterschrift. Von Meuron von Tscharner ist nur eine nette Garnitur für mein altes Gestell.* Sie will sich von ihrer jahrelangen und wortlangen Elisabeth von Meuron von Tscharner, oder de Meuron de Tscharner, trennen.

Ihre alte Freundin EvM-T, die, wo sie kann, instinktiv am liebsten so unterschreibt, weil ich meiner Person unendlich überdrüssig geworden bin. Von selber kam es einfach so.

Sie klebt den Brief zu, steht auf, beugt sich über das Cheminée und kratzt mit dem Haken die Reste der Glut zu einem Häufchen zusammen. Dann steigt sie die Treppe hinab, um ihren fahlen Geschmack im Mund mit einem Kaffee und einem Konfitürenbrot zu vertreiben. Die Zeitung wird ihre Gedanken wieder aufscheuchen und sie im Heute setzen lassen.

Rouler des oeufs

Je älter sie wird, desto schneller drehen sich die Jahre. Noch hat Elisabeth nicht alle guten Wünsche für das Jahr 1959 verdankt, und heute steht schon der Ostergottesdienst an.

Ostern feiert sie lieber als Weihnachten. In den langen und dunklen Tagen vor Weihnachten tauchen oft ihre Erinnerungen auf – da braucht sie viel Ruhe. *Vor Weihnachten besuchen mich im Geist die Menschen, mit denen mich ein Funke des Lebens verbindet, weil eine Stille und Einkehr von selber ohne meinen Willen kommt. Zu Weihnachten kommen von selbst die présences der Toten unsichtbar um mich herum.* Auch der Tod ihres Sohnes jährt sich immer um den Jahreswechsel. *Weihnacht allein mit seinen Toten im stillen Haus ist das Beste.* In dieser ruhigen Zeit liebt sie Rümligen umso mehr. Ihre Gedanken bekommen dann Raum, breiten sich aus und werden nicht gestört. *Mein Wohnsitz, ganz vernachlässigt in Schmutz und Unordnung, hat trotzdem einen grossen Comfort und Luxus für die Bedürfnisse der Seele.*

Sie macht kaum noch Einladungen an Silvester, so wie früher jedes Jahr. Die Zeiten der rauschenden Partys sind vorbei. An Weihnachten besucht sie im Berner Morillon ihre Verwandten, die Familie von Tscharner, sie bringt Geschenke mit und verbringt den Weihnachtsabend unter einem grossen, mit alten Kugeln und Bienenwachskerzen geschmückten Tannenbaum. *Mein Vetter Tscharner in Morillon ist fast wie ein Bruder für mich.* Diese Stunden sind das Floss, das sie vor dem Versinken in der Vergangenheit schützt. *Quelle belle fête nous avons eu à Noël, un vrai hâvre de grâce de tranquillité de sécurité sur cette terre ou tout es fugitif et rien n'est assuré. On est à la merci du Destin …*

An Ostern dagegen schüttelt sie die Geister ab, alles erwacht, beginnt zu blühen, es ist Frühling. Sie erinnert sich an eine Osterpredigt vor vielen Jahren, als der Pfarrer die Bedeutung von Ostern erklärte, die weit zurückreicht. Früheren Generationen sei diese noch geläufig gewesen. *Sie wussten um das Geheimnis der Dinge. Das Ei ist ein Neuanfang. Wenn du ein Osterei annimmst und nicht verweigerst, dann bekennst du, dass du neues Leben willst.*

Bevor sie sich für den Kirchgang umzieht, will sie noch in Ruhe durch den Stall gehen. Normalerweise schaut sie am Nachmittag bei den Schweinen vorbei und treibt sie bei schönem Wetter in den Park. Den jungen Knechten und dem Meisterknecht redet sie nicht in ihr Werk. Heute aber packt sie die dreizackige Gabel und schaufelt den Kühen noch etwas zusätzliches Heu in die Krüpfe – schliesslich sollen auch sie etwas zu feiern haben. In einer mit einem Bretterverschlag abgetrennten Ecke frisst die Ziege ihr Heu – sie hat gelesen, eine Ziege im Stall fördere die Gesundheit der Kühe und der Pferde, was sie nun ausprobieren will.

Vor zwei Jahren lieh sie bei Monika Meyer-Holzapfel, Professorin und Direktorin des Berner Tierparks Dälhölzli, einer guten Bekannten von ihr, einen Geissbock aus und ging mit ihm täglich im Park spazieren. Ein wilder Kerl war das, den Elisabeth oft nur mit Mühe führen konnte. Einmal war er so erbost darüber, dass sie am Strick zerrte, statt ihn herumspringen zu lassen, dass er sich kurzerhand umdrehte, den Kopf senkte und scharf mit dem rechten Huf scharrte. Über diese Theatralik musste sie laut lachen, doch nur kurz, denn schon kam er voller Wucht angerannt und katapultierte sie auf den Miststock. Trotz der glücklicherweise schadlosen Landung gab sie den Bock dankend dem Tierpark zurück und kaufte eine Ziege.

Die Kühe sind mit einem Strick angebunden. Wenn sie über die kräftigen Nacken streicht, spürt sie die kleinen Knoten, die in einer Schlinge stecken und so das Seil um den Hals fixieren. Das ist praktisch, da es die Tiere immer pressant haben, um nach draussen zu kommen. Es genügt ein Druck mit dem Daumen auf diesen kleinen Knoten, und die Schlaufe um den Hals löst sich. Besonders im Frühjahr sind die Kühe furchtbar ungeduldig. Sobald sie täglich auf die Weide gehen können, nehmen sie es gelassener. Doch sie hat den Meisterknecht angewiesen, wie ein Verkehrspolizist jedes Tier einzeln rückwärts aus dem Stand zu begleiten, damit es nicht versucht, sich auf halbem Weg zu drehen. Tiere laufen von Natur aus höchst ungern rückwärts, aber der Schorrgraben mit dem Kuhmist ist rutschig, so dass sie umfallen könnten, wenn sie mit ihren Klauen auf den Steinen eine Pirouette drehen.

Die Simmentaler Kühe und der Stier teilen sich die Weide, so gibt es jedes Jahr wieder junge Kälblein. Die kleinen Muneli begleitet Elisabeth, bevor sie zu gross werden, selber zum Schlachthof. *Das Töten ist nichts, aber der Weg zum Schlachthof!* Die Tiere ängstigen sich, wenn sie in die Bänne hinter dem Traktor geladen werden, und kaum sind sie auf dem Areal des grossen Backsteingebäudes in Bern, riechen sie den Tod. Zumindest eine vertraute Person mit einem vertrauten Geruch will sie ihnen in den letzten Minuten noch geben.

Sie kann auch nicht alle Kühe behalten. Wenn sie eine verkaufen muss, schaut sie immer genau, an wen.

Dem Gemeindepräsidenten von Rümligen, Paul Messerli, hat sie kürzlich eine junge Kuh verkauft. Erst gestern hat sie einen unangemeldeten Besuch gemacht und ist, bevor sie nach der Bäuerin rief, zuerst schnurstracks in den Stall gegangen. Die Kuh stand zufrieden und rund zwischen den anderen.

Paul Messerli ist immer ihre erste Wahl, um eine Kuh zu verkaufen, sie schätzt diese Familie seit vielen Jahren. Pauls Vater kannte sie schon als kleiner Junge. Als er kürzlich unerwartet verstarb, musste sie zu ihrem Erstaunen weinen. Etwas, das sie glaubte, verlernt zu haben. Es war 1958, nur wenige Tage nach ihrem 76. Geburtstag. *Nun hatte ich Lust zu weinen, alleine bei den Blumen im Esszimmer, denn sein Tod kam so bald nach seinem Geschenk an mich.* Pauls Vater war ihr wichtig, *er lehrte mich sich anzupassen – und Achtung vor dem Andersartigen zu haben.*

Paul hat Trudi, eine Lehrerin aus Hasle bei Burgdorf, geheiratet. Elisabeth war zuerst skeptisch, ob sie auch einen Bauernhof richtig führen könne, doch sie macht es vorbildlich. *Ihr könnt viel voneinander lernen, auch wenn jeder von euch es besser wissen will als der andere.*

Es freut sie, dass Trudi nach zwei Töchtern auch einen Sohn bekommen hat, das sei das Wichtigste für eine Bauernfamilie, fand sie. Als Trudi schwanger wurde, versprach sie ihr bei einem Knaben eine Torte der Confiserie Tschirren in Bern, bei einem Mädchen eine Torte des ansässigen Becks. Sie hielt Wort und versäumte es nicht, die Torten bei allen vier Kindern zu spendieren.

Elisabeth setzt sich auf einen Strohballen. Dieser ist etwas niedrig, aber mit ihren 76 Jahren ist sie ganz zufrieden, dass sie sich auch so noch bequem hinsetzen kann. Sie denkt an Messerlis, diese Bauernfamilie, die sie bewundert und so oft in Anspruch nimmt.

Elisabeth telefoniert oft mit Trudi, auch wenn sie Paul braucht, aber meist kann ihr auch Trudi weiterhelfen. Wenn sie um die Mittagszeit den Hörer wieder an seinen Platz hängt, dann denkt sie an die junge Bauersfrau, die alle Hände voll zu tun hat, kochen muss, um die vielen Münder satt zu bekommen. Paul hat ihr erzählt, seine Frau habe eine extra lange Telefonschnur, damit sie telefonieren und gleichzeitig in der Küche in den Töpfen rühren könne – und sie weiss, Paul hat ihr dies erzählt, da sie Trudi oft in Bedrängnis bringt mit ihren Telefonaten gegen Mittag. Sie nimmt sich deshalb vor, ihre Anliegen Messerlis vermehrt schriftlich zu überbringen. Trudi nimmt für sie auch die Anmeldungen entgegen, wenn sie Einladungen macht. Weil auch sie in der Gemeinde engagiert ist, weiss sie immer über alles Bescheid, genauso gut wie ihr Mann – auch in Fragen rund um Elisabeths zweiten Landwirtschaftsbetrieb, den sie verpachtet hat und dem sie manchmal nicht mehr gewachsen ist.

Neben ihr am Boden liegt ein Büschel Haare, ineinanderverknäuelt. Sie tritt es mit dem Stiefel auseinander und sieht plötzlich kleine, feine Knöchelchen. Einen winzigen, spitzigen Schädel schält sie hervor. Ein Eulengewöll mit dem Skelett einer Maus liegt zu ihren Füssen. Sie schaut ins Dach hinauf, entdeckt im Dunkeln aber nur die Spinnweben, dicht und gross wie festgefahrene graue Wolken. Sie braucht Messerlis in allen Lebenslagen. Sie sollte in ihrem Umgang mit ihnen etwas sorgfältiger und rücksichtsvoller sein. Doch dies gelingt ihr allen Vorsätzen zum Trotz nur selten.

Lieber Paul, um Trudi und Dich nicht allzu viel mit meinem Pächter-Elend zu belasten durch meine aufgeregten verwirrten Telefonate, schrieb sie einmal und legte Trudi als kleine Entschuldigung Fotos bei. *Nun schicke ich da in geringen Rähmli 3 Fotos von mir um 2 auszuwählen, eine für Erdgeschoss, eine für 1. Stock, wenn es euch nicht langweilt, mich an der Wand irgendwo hängen zu haben in einem Kinderstübli oder so einem Ort. Eine sollte man mir zurückgeben.* Messerlis wissen ihre Bilder zu schätzen.

Elisabeth hasst es zwar, fotografiert zu werden, doch immer wieder gibt es Situationen, in denen sie nicht darum herumkommt. Ab und zu gefallen ihr die Fotos sogar, nur hat sie niemanden, dem sie die gelungenen Bilder schenken kann. *Grittli verabscheut Fotos von mir und sagt es mir äusserst verletzend. Meine Enkelinnen wollen auch keine, aber dürfen es nicht sagen, ich gebe sie euch, sind doch nette Helgeli.*

Trudi wiederum versäumt es nie, ihr am Geburtstag Blumen zu schicken, oft Gladiolen, *welche ich ansehe mit Staunen und Andacht und wage sie nicht anzurühren, seit ich sie in den schönen Blumenständer ins Wasser tat und sich diese Blumen von selber so aufstellen und ordnen – Blumen sprechen eine Sprache, welche wir Menschen nicht besitzen.*

Ob bei Fragen der Landwirtschaft, bei Problemen mit dem Pächter, auch Paul steht ihr immer wieder zur Seite. Der Kavallerie-Offizier und Dragoner, Präsident des Kavallerie-Reitvereins Gürbetal, kennt sich bei den Tieren, aber auch beim Saatgut und der Waldwirtschaft aus. Und er ist der einzige Bauern-Offizier, den sie kennt. Wenn sie sich heute im Stall umsieht, weiss sie, dass sie ohne Messerlis ihre Landwirtschaft nicht mehr führen könnte – die Familie ist ihr nebst den Angestellten und dem Meisterknecht eine grosse Hilfe.

Eigentlich ist Paul Offizier gegen ihren Willen. Sie hat ihm nämlich abgeraten, diesen Grad anzustreben, er verderbe seinen Charakter. Doch bei allem Respekt liess sich Messerli damals nicht von ihr beirren. Er bewarb sich als junger Unteroffizier – und musste sich prompt bei Max von Stockar, ihrem ehemaligen Schwiegersohn, vorstellen. Max war als Schuloffizier verantwortlich für die Auswahl der Offiziersanwärter. Sie schärfte Max ein, Paul werde zu Hause gebraucht und der Offiziersgrad schade ihm. Sie war grundsätzlich dagegen, dass Bauern in den Offiziersstand gehoben werden. Max sagte Paul, Elisabeth akzeptiere seine Bewerbung nicht. Messerli blieb aber dabei, und auch Max setzte sich ohne grosse Bedenken oder vielleicht gar mit einer gewissen Genugtuung über ihre Anweisungen hinweg. Messerli meisterte die Ausbildung mit Bravour.

Heute ist sie stolz auf ihren Offizier. Er ist gar zu einem wichtigen Begleiter geworden; gerne stellt sie den Bauernoffizier Bundesräten oder hohen Militärs vor. Sie muss auf ihrem Strohballen schmunzeln, wenn sie an diesen Ausflug zurückdenkt.

1954 erhielt sie eine Einladung zur Premiere des Films «Ueli der Knecht» in Bern. Sie rief Paul an und sagte, es eile, er müsse nicht die Sonntagsbchleidig anziehen, sie würden nur rasch nach Bern ins Kino gehen – dort sei es ja dunkel. Er zog sich aber trotzdem noch um, zum Glück, denn auch einige Bundesräte besuchten die Vorstellung. Weil der Ueli im Film die Mistgabel nicht richtig in die Hand nahm, fiel der Film bei Elisabeth durch. Sie kommentierte auch Uelis linkische Bewegungen mit der Sense, sagte, diesen Burschen würde sie nicht als Knecht anstellen. Sie merkte erst, wie laut sie sprach, als ihre Bemerkung lautes Lachen im Saale erntete. Paul aber nickte ihr verschwörerisch zu.

Zu ihren Geburtstagsfesten lud sie Messerlis immer ein, und einmal, als Trudi zum zweiten Mal im selben Rock erschien, fragte sie, ob sie nur dieses eine Kleid habe. Sie erkundigte sich auch, ob alle in der Familie ein Goldvreneli besässen. Trudi wie auch die Töchter besassen eines, Paul und ihr Sohn aber nicht. Am nächsten Tag kam sie mit zwei Goldvreneli vorbei, mit der Bemerkung, alle müssten eines haben.

Sie erinnert sich immer daran, welche Kleider die Leute vor ein oder zwei Jahren trugen, erkennt jede Frisur, jedes Paar Schuhe wieder, kann sämtliche Ereignisse wie Bilder jederzeit vor ihr inneres Auge holen. So fällt ihr dieses oder jenes auf – sei es an der Kleidung oder der Haushaltführung oder im Stall. Ihre Bemerkungen dazu sind oft schneller gesagt als durchdacht. Messerlis lassen sich davon glücklicherweise wenig beeindrucken.

Sie steht auf, wischt sich die Halme vom Rock.

Die Kühe kauen zufrieden das Heu, während die Schweine ihren üblichen Tumult veranstalten, wenn sie ihre Schotten-Suppe in den Trog geschüttet bekommen. Diese Tiere stinken im Stall, aber wenn sie mit ihnen durch die Allee spaziert, freut sie sich über ihre Ringelschwänzchen, mit denen sie wie Hunde zu wedeln beginnen, wenn sie etwas am Boden aufspüren. Der Wald scheint jeweils jede Nuancierung an Grün zu tragen, und es ist still auf dem Feldweg, der in der Mitte den hellgrünen Streifen trägt, der von den Rädern der Fuhrwerke verschont bleibt. Ausser Vogelstimmen ist nichts zu hören. Die Häuser und Strassen im Tal tragen ihre Geräusche nicht hoch, und die Bauernhäuser unter dem Schloss sind durch den waldigen Vorhang verdeckt.

In diese Ruhe passt auch der Hügel mit seinen Gräbern. Ihre geliebten toten Hunde leisten dort ihrem Sohn neben seinem moosigen Grab Gesellschaft. Am auffälligsten ist der mächtige Steinsarg eines aufgehobenen Friedhofgrabs, dem sie die Tafeln abmontieren liess und in den Wald transportierte, um darin ihren Lieblingshund zu begraben.

Doch wenn sie mit den Schweinen unterwegs ist, biegt sie nie ab zum kleinen Hügel im Wald, der sie an eine keltische Grabstätte erinnert. Mit den Schweinen bleibt sie auf dem Weg und schaut mit einem Rütlein, dass diese nicht im Dickicht verschwinden.

Den Zuchteber sucht sie immer selber aus, weiss genau, wo sie die besten findet, und gilt mittlerweile als Expertin. Ihre Reise führt immer ins Berner Seeland, dorthin, wo sich früher Sumpf und Moor zwischen Bieler-, Neuenburger- und Murtensee ausbreiteten. Die Berner Patrizier hatten den Kampf gegen die vielen Überschwemmungen begonnen, und der moderne Bundesstaat und die Kantone machten das Moorland dann in einem gemeinsamen Effort urbar. Seit der Jura-Gewässerkorrektion bebauen Sträflinge den Boden, das frühere Hoheitsgebiet der Torfstecher.

Um ein männliches Zuchtschwein zu kaufen, war ich in Witzwil, wo 800 Zuchtschweine gehalten werden und man mir alles zeigen wollte. 800 Zuchtschweine und über 200 Verbrecher und ein trostloses Niemandsland der Verzweiflung, von dem es heisst, es sei so menschlich gut gehalten. Schöne Verbrecher sah ich im Vorbeigehen.

Sie versucht bei ihren Besuchen in der Strafanstalt herauszufinden, ob sie – ohne Sträflingskleidung – Gut und Böse, Häftlinge und Wärter unterscheiden könnte. Sieht man den Verbrechern etwas an? Was unterscheidet sie von den Angestellten in der Landwirtschaft, erkennt man das Böse? Eine Frage, die sie seit ihrer Kindheit nicht loslässt – und die ihr besonders in der Strafanstalt Witzwil immer wieder zu denken gibt. Töten Menschen

Menschen, dann sind es Mörder. Sie aber kauft ihre Schweine, um sie zu metzgen und zu essen. Manchmal erschrickt sie über ihre eigenen Gedanken: *Schlachthof und Tiere, das darf man nicht zu Ende denken, denn: Tiere sind andersartig und doch das Gleiche wie Menschen. Sie haben ihre eingeschriebenen Gesetze. Fleisch essen ist Kannibalismus. Es gibt da Stufen, aber es ist das gleiche Prinzip.*

Ihre Schweine, so hofft sie zumindest, führen ein angenehmes Leben. Das Fleisch der Sauen verkauft sie dem Metzger. Das Fleisch der Eber dagegen verwertet sie selber oder verschenkt es: *C'est la viande d'un mâle qui n'est pas permise pour la boucherie sans qu'on ai fait les mâles eunuques, – mais nous le mangeons toujours seulement si vous remarquez une odeur qui vous déplaît ne vous effragez pas, c'est d'autant plus fortifiant comme calories.* Kommt beim Essen in der Gesellschaft Kritik am strengen Geschmack des Fleisches auf, kontert sie, sie lasse die Ferkel nicht kastrieren, sie sei für die Erhaltung der Männlichkeit.

So erfolgreich sie Schweine züchtet – mit den Schafen hat sie eine weniger glückliche Hand. Für die Schafherde in Amsoldingen suchte sie einmal einen stattlichen Widder und ging deshalb in Ryffenmatt im Schwarzenburgischen auf den Viehmarkt. Möglichst früh wollte sie mit ihrem Meisterknecht dort sein, bereits wenn die Bauern ihre Tiere ausluden. Die Schafe wurden in Gruppen in Gitter getrieben, einzelne Widder in kleine Käfige. Es roch streng nach Schafbock, Mist und Angst der Tiere. Die Zuchttiere sagten ihr gar nicht zu. Sie standen stumpf da, senkten den Kopf und hatten ihr zu wenig Pfiff im Blick.

Bevor sie heimkehrte, drehte sie noch eine Runde bei den Schlachttieren und da sah sie ihn, dieses königliche Exemplar. *Es war ein grosser Widder, der die Vorderpfote langsam hob und senkte, als ob er dressiert sei und abstamme von den Modellen des Agnus Dei mit der Fahne, die nach Amsoldingen passen würde.* Mit ihrem Kauf kehrte sie nach Amsoldingen zurück, doch dort biss er kurzerhand einen jüngeren Hammel zu Tode und zeigte auch ihr gegenüber keinerlei Respekt. *Sein ruhiger Blick, den er nicht von mir abwandte, ist etwas Neues für mich. Es hat weder Demut noch Liebe noch Bitte noch Ungeduld, eher Spott und Beobachtung, aber das kennen Tiere kaum, es wird nur abwartende Überlegenheit sein.*

Sie steht bei ihrem morgendlichen Rundgang bei ihren Pferden. Zwei Stuten, in Rümligen geboren, die selber wieder fohlen werden, damit ihr die PS auf dem Hof nicht ausgehen. Sie hält ihren Meisterknecht, aber auch ihren Pächter an, das Land mit Pferden zu bebauen. Die grossen Traktoren sind ihr suspekt. Zerdrücken sie nicht den guten Boden? Kippen sie nicht um, wenn das Feld am Hang liegt? Auch der Lärm und Gestank behagen ihr nicht. Sie hält lieber zu ihren Pferden. Wie lange noch?

Ab und zu schaut sie beim Rosshändler vorbei. Einmal fiel ihr ein altes Mietpferd auf, gross und wohl einst wohlgenährt, behäbig, beim Händler aber bedenklich abgemagert. Der Händler klagte, er werde es nicht los, und er wolle es nicht weiter durchfüttern. Er warte noch eine Woche, und wenn es niemand kaufe, werde er es metzgen, alte Pferde gäben gutes Fleisch; im Gegensatz zu anderen Tieren würde das Pferdefleisch im Alter sogar besser. Das Fleisch von Fohlen sei eine Delikatesse, doch ein drei- oder achtjähriges Pferd sei fast ungeniessbar, zäh und sehnig. Erst im Alter des Pferdes werde das Fleisch wieder zarter. So könne er einen guten Schlachtpreis erwirken. Nach diesem Vortrag kaufte Elisabeth die Mähre auf der Stelle. Mit einem Handschlag, wie üblich. Sie zahlte etwas über den Metzgpreis.

Am Halfter und Hanfseil führte sie die Stute eigenhändig nach Rümligen in den Stall, die schwarze Frau im langen Rock mit dem riesigen Pferd, das brav neben ihr hertrottete. Der Knecht musste einen Stand mehr einstreuen. Sie band es vorne am Ring unter der Futterkrüpfe fest, ein aufgehängtes, bewegliches Brett trennte es von den anderen beiden Pferden. Kühe und Pferde stehen im gleichen Stall, nur die Fohlen müssen zur Entwöhnung abgetrennt von ihren Müttern in einer Boxe stehen – dass sie schon nach wenigen Monaten ihre Mütter nicht mehr erkennen, erstaunt und erschreckt sie.

Nach dem Rundgang draussen geht sie zurück in ihr Schlafzimmer. Der grosse, weisse Krug mit den blassblauen Blumen steht neben der Waschschüssel, die zum Krug passt, bereit. Das von Grittli heiss eingefüllte Wasser ist immer noch lauwarm. Sie hält sich im Alltag an ihre alten Gewohnheiten, wäscht sich mit Krug und Schüssel und benutzt auch das – zugegeben feudale – Plumpsklo mit Spülung. Dabei stünden ihr drei moderne Badezimmer zur Verfügung. Drei grosse, helle Räume mit je einer weissen Keramikbadewanne, zwei Lavabos und einer Toilette. Ein Badezimmer ist mit schwarzen Plättchen bis zur halben Höhe gekachelt, die Wände sind dezent lachsfarben gestrichen, das zweite ist mit hellblauen Kacheln versehen, das dritte mit gelben. Der Boden ist dank Terracotta-Platten wasserfest. Zu allen Schlafgemächern hat Elisabeth mit dem Geld aus dem Verkauf ihres Elternhauses am Münsterplatz separate Badezimmer für ihre Gäste herrichten lassen. Die Badewannen nutzt sie meist nur, um ihre Geranien zu überwintern oder Palmen aufzupäppeln, die ein

Hagelsturm zerzaust hat. Doch ab und zu gönnt sie sich im Winter ein heisses Bad.

Heute wäscht sie sich mit einem Stück Seife, das immer wieder aus der Hand springen will, und einem rauen Waschlappen, dessen Ränder ausgefranst sind. Das Frottiertuch kratzt angenehm auf der Haut. Die blaue Crème-Dose ist für allerlei gut: Hat ein Hund eine eingerissene Klaue, haben die Enkelinnen spröde Lippen, immer kommt sie zum Einsatz, ebenfalls für ihre Morgentoilette. Unter den weissen Puder kommt immer diese weisse Crème.

Sie zieht sich eine weisse Bluse an, eine mit kurzem Kragen, dann den schwarzen Rock und eine silberne Brosche. Heute wählt sie einen kleinen schwarzen Hut. Vor dem Spiegel lauscht sie, ob Grittli schon mit dem Zmorgen-Geschirr hantiert. Am Sonntag ist sie mit den Knechten die Einzige, die früh auf den Beinen ist. Sie wartet gerne in dieser Stille, wenn sogar die Hunde noch dösen.

Sie sollte öfter einen morgendlichen Gang durch den Stall machen, den Tag mit ihren geliebten Tieren, mit handfesten, bodenständigen Sachen beginnen. Im Stall ist sie mitten im Leben, dort sieht sie, wie die Jungen zur Welt kommen, wie sich die Tiere paaren, vor aller Augen. Der Schleier, die Diskretion, die so oft von ihren Mitmenschen über die Dinge gelegt wird, all die Ereignisse, die in der guten Gesellschaft nicht benannt werden dürfen, fallen hier weg. Es gibt keine Samthandschuhe, um etwas anzufassen, keine Tabus, kein Vertuschen und Verstecken. Neues Leben begegnet ihr hier direkt, so direkt wie der Tod. Auch der läuft nicht im Verborgenen ab, sondern ist da, wo er hinfällt und zuschlägt.

Wenn immer eine Kuh kalbt, eine Hündin unruhig wird, bevor sie ihre Welpen wirft, die Fäärli-Moore ferkelt, sie will dabei sein. Um dieses Wunder und diese winzigen hilflosen Geschöpfe zu betrachten, die neu zu leben beginnen. Aber auch beim Tod schaut sie nicht weg – muss ausharren. Sie kann ihre Augen nicht lösen, kann sich nicht abwenden, muss so nahe am Tod, so nahe am neuen Leben sein wie nur möglich. So spürt sie auch ihr Leben.

Das Mietpferd, das sie aus Erbarmen gekauft hat, leistete gute Arbeit, es war so gross und stark, dass es Wagen alleine ziehen konnte, welchen sonst beide Stuten vorgespannt worden wären. Doch es begann, sein linkes Hinterbein zu entlasten. Als es immer stärker lahmte und auch auf der Weide nur noch mit gesenktem Kopf stand, da musste sie es erlösen. Sie bringt ihre Pferde, wenns Zeit ist, zum Pferdemetzger nach Bern und nicht in den Schlachthof. Doch dieses Pferd war zu gross und zu schwer für ihre Bänne, so bestellte sie den Metzger nach Rümligen, samt Lastwagen, damit er das Tier abtransportiere. Am Morgen ging sie in den Stall, sprach dem Pferd zu, auf Französisch, betete leise, für dieses ihr so liebe Ungetüm.

Im Hof erschoss der Metzger dann das Tier, es fiel sofort zu Boden und legte den Kopf ruhig auf die Seite. Doch plötzlich versuchte es wieder aufzustehen, strampelte mit den Beinen. «Zuckungen», sagte der Metzger, «das geht schnell vorbei.» Doch das Pferd ergab sich nicht. *5 Männer warteten starr vor Entsetzen, um das Pferd aufzuladen, gut 20 Minuten lang.* Als der Spuk endlich vorbei war, *kam ein junger Pächter mit stockender Stimme sagen, der Metzger habe ihm gesagt: Weil mir das Pferd so lieb gewesen sei, hätte es nicht leicht sterben können. Der junge Pächter war am Weinen – verstört waren alle, welche dabei gewesen waren.* Ihre Anwesenheit hatte ein kurzes Sterben verhindert.

Elisabeth setzt sich an den gedeckten Frühstückstisch, Grittli hat Schlüsselblumen auf den Tisch gestellt. Mit einer Bauersfrau ist sie daran, das Mittagessen für die Ostergesellschaft vorzubereiten. Die Eier sind bereits gefärbt, für den Kümmelkuchen hat sie den Teig aus der Kühle geholt, er wandert nun in den Ofen, bald wird es wunderbar duften. Der grosse Topf mit Wasser steht auf dem alten Herd über dem Feuer. Das Wasser hat während der Predigt genug Zeit, die Hamme aufzuwärmen. Elisabeth genehmigt sich ein Stück Züpfe mit frischer Butter und Zwetschgenkonfitüre, aus Zwetschgen von ihrer Hofstatt. Sie rührt anderthalb Löffel Nescafé ins Wasser aus der Thermoskanne, das noch heiss genug ist, um das Pulver zu lösen. Ein Schluck Milch und ein Löffel Zucker mildern den bitteren Kaffeegeschmack.

Früher kam immer Teresa an den Frühstückstisch, ihrer Lieblingshündin war es erlaubt, ins Esszimmer zu kommen. Manchmal warf sie ihr eine Brotkante hin, aber nur, wenn sie nicht danach bettelte. Teresa war richtig geübt darin, möglichst unbeteiligt zum Fenster hinauszuschauen, so stiegen die Chancen auf eine Leckerei.

Kurz nach dem verstörenden Erlebnis mit dem Pferd konnte sie auch den Tod ihrer liebsten Hündin nicht verhindern. Da sie immer wieder entwischte, wenn sie läufig war, hatte sie den berechtigten Verdacht, sie könnte Junge bekommen. Noch mehr Hunde in Rümligen würde sie aber nicht mehr verkraften. So brachte sie Teresa zum Tierarzt, er gab ihr eine Spritze. Bald darauf plagten das Tier furchtbare Krämpfe, nur zwischendurch *zog sie mit Haushälterin und Hundemeute mit wedelndem Schwanz hoch in der Luft etwas mühsam und schwach auf den Beinen durch den Hof.* Die Anfälle wurden immer häufiger und heftiger, so dass sie den Tierarzt holte, als der sich beim Nachbarhof um eine kranke Kuh kümmern musste.

Der Tierarzt kam verkünden, es sei «Eclampsie», er spricht französisch und die Hündin sei verloren, weil sie nicht hätte gebären können, und müsse an Blutvergiftung der toten Jungen sterben, hätte ich ihn früher geholt, hätte man sie retten können. Eclampsie, das war Elisabeth ein Begriff, da diese Krämpfe auch bei schwangeren Frauen vorkamen. *Diese Krankheit war zur Zeit, als meine Kinder zur Welt kamen, sehr in Mode für die Grossmütter darüber zu sprechen und man sagte, es käme von den Nieren, diese Krämpfe.* Die Frauen verloren oft das Bewusstsein und häufig mussten die Kinder mit einem Kaiserschnitt geholt werden. Teresa konnte ihre Jungen nicht gebären, der Tierarzt bot ihr an, die Hündin einzuschläfern. Doch Elisabeth willigte nicht ein. Er gab der Hündin zwei winzige Tabletten und bat Elisabeth, sich wieder zu melden.

Die ganze Nacht legte sie der Hündin die Hände auf, *dass meine Kraft in sie ströme und unendlich hilflose Trauer um die gelähmte Kreatur*, sie betete und freute sich, wenn die Hündin sich wieder regte und sich leckte. Es war ein tapferes Tier. *Wir Menschen haben an ihr herumgepfuscht, aber wer weiss, ich hoffe immer noch.* Sie wollte sie nicht aufgeben und konnte sie nicht loslassen. So musste sie zusehen, wie das Tier Todesqualen litt, dennoch konnte sie ihre Hündin nicht erlösen. Ein Zwang liess Elisabeth bei ihr bleiben, beten und immer wieder hoffen, dass sie diesmal stärker war als der Tod. Diesmal wollte sie sich dem Tod entgegenstellen. Doch sie verlor den Kampf, gegen Morgen war die Hündin tot.

Damit starb auch ein Stücklein von ihr – zumindest in der Vorstellung nahm sie denselben Weg. Sie stellte sich vor, dass Teresa ihre Fürsprecherin am Himmelstor wäre. *Teresa, die Fromme, könnte eingehen zu Gott und mich kommen holen und vor Gottes Angesicht bitten für mich und das wäre eine schöne Legende, weil sie sagen würde, sie bleibe nicht im Himmel und gehe wieder, wenn man mich nicht wolle.*

Sie nimmt ihren Stock und setzt ihren Hut auf, bald läuten die Kirchenglocken von Thurnen den Gottesdienst ein, an Ostern mit Abendmahl. Erst kürzlich hat ihr der Pfarrer gesagt, dass sie drei Mal am Weinkelch nippen soll: *Dass die Kirchenunterweisung lehrt 3 Schlucke zu nehmen, Vater, Sohn, Heiliger Geist, und ich habe das nie gewusst.* Sie schreitet im Schatten der hohen Bäume die Kurven der Strasse entlang zügig abwärts gegen das Dorf. Die Kirche steht wie ein Schiff, bereit zum Auslaufen, gegen das Gürbetal. Die Sicht ist breiter als vom Schloss aus, der weisse Kirchturm mit dem geschindelten Dach läuft oben in eine feine Spitze. Sie erinnert an die Kirche in Gerzensee, dort steht die Kirche längs an den Hang gebettet, während sie hier in Thurnen fast schon vorwitzig rechtwinklig vom Hang absteht und von dort in den nur erahnbaren Thunersee sticht.

Sie liebt diese Kirche, wenn auch durch den Umbau die Freude am Kirchgang einen herben Dämpfer erlitten hat: Ihre Stühle wurden verpflanzt. Jetzt stehen die drei Herrenstühle mit den

Frisching-Wappen unter dem Taufstein, und an ihren früheren Plätzen stehen Bänke mit eingebauten Hörgeräten. Ausgerechnet! Ihre eigenen Erfahrungen haben sie der Technik gegenüber sehr skeptisch werden lassen, Töne elektrisch zu verstärken, mit Lautsprechern oder anderen Hilfsmitteln. Sie lobt sich ihre Hörrohre, die sie aus Deutschland kommen lässt. Immer wieder neue, *wenn sie so oft verloren gehen.* Sie sind robust, nur ab und zu verheddert sich der Schliessmechanismus, denn ihr Hörrohr lässt sich wie ein Periskop zusammenschieben, damit es in die Manteltasche passt.

Wenn mit der Zeit die Beulen das Hörrohr verklemmen, dass es sich nicht mehr zusammenstecken lässt, bringt sie es Christian Ammann in der Junkerngasse.

Sie betritt die noch fast leere Kirche, nickt hier und da jemandem zu und denkt dabei an die Spengler in der Junkerngasse, Vater und Sohn. Diese biegen ihr das Hörrohr immer wieder in die richtige Form. Als sie das letzte Mal in die Werkstatt trat, klopfte sie mit ihrem Stock tüchtig auf den Boden, statt an der Türe zu klingeln. Darob erschrank die Enkelin, die Ammann auf dem Schoss gesessen war, so fest, dass sie vor Schreck unter den Schreibtisch kroch und nicht mehr hervorkam, bis sie das Geschäft wieder verlassen hatte.

Der Sigrist hat ihr im Vorbeigehen ein Kirchengesangbuch in die Hand gedrückt, sie schreitet damit langsam durch das Kirchenschiff.

Einmal musste ihr Ammann alle Schlüssel sämtlicher Liegenschaften sortieren. Sie hatte ihm eine Güetsibüchse gebracht mit Kommodenschlüsseln, Türschlüsseln, Kellerschlüsseln darin, alles Kraut und Rüben durcheinander. Nun hängt an jedem Schlüssel fein säuberlich eine Etikette mit der Wohnungsnummer, der Bezeichnung des Möbels oder der Türe, zu welchem oder welcher er passt. Es war eine Herkulesarbeit im Kleinen, die sie Ammanns Sohn Peter aufbrummte. Sie gab ihm dafür ein Trinkgeld, kramte aus ihrer Geldbörse zuerst eine Zehnernote hervor, das war zu wenig, dann tauchte eine Fünfzigernote auf, das war zu viel, zum Glück zog sie beim dritten Versuch noch eine Zwanzigernote hervor, das war gerade richtig.

Vor kurzem musste der junge Ammann ihr einen Wasserhahn reparieren, der in einer ihrer Wohnungen zuoberst an der Junkerngasse tropfte. Sie begleitete Peter in die Wohnung und geriet beim Treppensteigen ausser Atem. So rannte Peter wieder nach unten, um ein Taburettli zu holen, da oben keine Möbel standen. Sie stellte fest: *Es rinnt fürchterlich viel Wasser durch die Decke durch ins Haus Junkerngasse 5* und bat den jungen Ammann, auch diesen Schaden zusammen mit dem Dachdecker zu beheben.

Bevor sie zusammen die Treppen wieder hinunterstiegen, erinnerte sich Elisabeth plötzlich an ein Spiel ihrer Kindheit, das ihr in unbeobachteten Momenten viel Spass bereitet hatte: auf dem Hosenboden – oder in ihrem Fall auf dem Rock – die Steintreppen hinunterzurutschen. Es rutschte sich leicht auf dieser steilen Treppe mit ihren ausgetretenen, speckig runden Steinstufen. Also setzte sie sich ohne zu überlegen hin. Peter, der meinte, ihr sei nicht wohl, wollte sie stützen und setzte sich zu ihr, doch da rutschte sie los, Peter hinterher, zusammen sausten sie immer schneller die gewichste Treppe hinunter, sie juchzte und lachte. Erst als sie unten den schwarzen Rock zurechtstrich, sah sie Peter mit offenem Mund und grossen Augen neben ihr. Sie lachte und sagte, das sei doch ein göttliches Vergnügen, wobei er mit seinen groben Überhosen weniger schnell sei als sie.

Als sie an ihrem neuen Platz in der Kirche angekommen ist, hängt sie den Mantel an den Knauf der Abtrennung ihres alten Stuhls. Mit ihren Spenglern in Bern ist sie ganz zufrieden, aber nur, wenn diese nicht eigenmächtig handeln. *Bei so hohen Stundenlöhnen heutzutage gehen solche Zustände nicht, in meiner Abwesenheit arbeiten zu lassen, ohne von mir instruiert zu sein.* Sie kehrt aber immer wieder zu Ammann und seinen Hörrohr-Reparaturkünsten zurück, denn ein Hörrohr ist genau das, was sie braucht. *Meine Schwerhörigkeit ist gar nicht so stark,* wie die Leute gemeinhin meinen.

Trotzdem liess sie sich von ihren Mietern, jungen Studenten, einmal überreden, ein Hörgerät zu testen. Sie besuchte ein Brillengeschäft und liess sich verschiedene Modelle zeigen. Mit einem Auge schielte sie auf die Preisschilder, und ihr Atem stockte: 450 bis 800 Franken waren angeschrieben, je nach Modell. Sie liess sich einen Apparat montieren, doch sie war gar nicht überzeugt: *Die Leute im Brillengeschäft waren ja nicht sehr geschickt in der Handhabung dieser Apparate, sind hastig und eifrig im Jahrmarkt-Style, nicht recht wissenschaftlich, wahrscheinlich übermüdet oder finanziell nervös.* Doch das Anprobieren war bei weitem nicht das Schlimmste. Sie erschrak über die schrillen Worte des Verkäufers. *Mit meinem Hörrohr war seine Stimme gut und angenehm, mit dem Apparat unerträglich und unhörbar.* Auch die eigene Stimme war *verstärkt wie eine Posaune.* Sie fühlte sich auch ausserstande, mit ihren Händen dieses Gerät einstellen zu können, diese feinen Knöpfe zu bedienen. Sie befürchtete, mit einem solchen Gerät würden ihr die Menschen samt Kind und Kegel verleiden. *Ich war erst erlöst, als ich einsah; Hände weg von diesen Sachen, und die Welt ist wieder so schön wie vorher.*

Ebenso weigerte sie sich, in der neuen Kirche bei den Hörapparaten zu sitzen. Denn auch ohne diese Hilfe tönte die Kirche nach der Renovation anders. *Beim letzten Gebet, in der Seele erbost über den Klang der Predigt und den Klang des Gesanges, sehe ich eine Schalldose auf dem Kanzelpult des Pfarrers! Alle Kirchgänger waren sehr mitgenommen und der Pfarrer hatte nichts gemerkt, aber nachmittags für die Konfirmation wurde die Vorrichtung ‹abgestellt›.*

Seit der Pfarrer wieder ohne Mikrophon und Lautsprecher predigt, findet sie die Kirche akzeptabel, und sie setzt sich weiterhin auf ihren Stuhl, auch wenn sie sich vor dem Umbau ernsthaft überlegt hatte, ihre Wappen abzumontieren und die Kirche nie wieder zu betreten. Die Wappen hatte ihr Bruder, künstlerisch begabt, restauriert. Er malte den stolzen schwarzen Widder, der kämpferisch ein Bein hebt, nach, ebenso die sechs Zacken, die das Tier umrahmen, und die geschmückte Krone. Doch sie hat sich belehren lassen müssen, dass diese Wappen gar nicht ihr gehören. *Es gehört scheints nicht mir, nicht einmal die kleinen Wappen darf ich abnehmen, ohne Diebstahl zu begehen.* Einen Diebstahl hatte sie in der ersten Wut durchaus in Betracht gezogen. *Ich stehle die 3 Frischingwappen und gebe den Herrenbank auf, ich war aufgebracht, ohne zu begreifen, was los war.*

Doch jetzt hat sie sich an ihren neuen Platz gewöhnt, sie sitzt am liebsten in Begleitung. Früher nahm sie ihre Enkelinnen mit, die als Kinder in den Stühlen versanken und kaum über die Holzwand, die Begrenzung zur Kirche, hinausgucken konnten. Besonders ungeduldig wurden die Enkelinnen, wenn sie nach der Predigt ihren obligatorischen Schwatz mit dem Pfarrer hielt.

Hinter ihrem Stuhl öffnet sich die Wand mit einem bunten Glasfenster, die Morgensonne scheint hinein, direkt ins Kirchenschiff. Sie verfolgt die Strahlen bis zur Orgel, die wie zum Dank Musik zurückschickt.

Religion ist es nicht, es ist Ästhetik. Die Sonntagspredigt gehört zu ihrem Leben wie die Stallbesuche. In diesen Stunden beschäftigen sie all die Fragen, die sie nie wird beantworten können, die aber im Allerlei des Alltags untergehen und sich nur in der Predigt Raum ergattern können. Auch wenn Elisabeth nicht sonderlich religiös ist. *Ich gestehe, dass ich die Hälfte meines Lebens streng gläubig und christlich war – aber jetzt nicht mehr.* Ihre Erziehung hatte ihre Seele *in ordentliche christliche Falten gebügelt,* doch ihr Leben hat die Falten zerknittert.

Nach dem Zweiten Weltkrieg dachte sie, das Christentum habe ausgedient, es konnte den Kriegsgräueln nichts entgegensetzen oder förderte sie sogar. *Das Christentum hat seit Jahrhunderten Unkraut und Intoleranz gezüchtet … Kurz, ich bin zur Heidin und Ketzerin geworden, gehe jedoch in Demut zum Abendmahl, um dem Pfarrer zu helfen und Gott zu danken.* Vielleicht brauchte es einfach einen anderen Glauben? *Ich warte lebendig oder tot auf eine neue Religion, da das Chrtistentum eine krampfhafte Sache geworden ist der Menschen, die guten Willens sind.*

Die Frage nach Gott und dem Teufel hat sich aber noch längst nicht erledigt. *Meine eigene Seele kann ich nicht ganz genügend sättigen.* So hört sie sich gerne die Predigt an und erörtert anschliessend mit dem Pfarrer das eine oder andere. *Religiös und fromm und kirchlich bin ich ja auch nicht mehr, aber ich muss einen Begriff von einem Zentrum haben und der Begriff Gott ist das Brauchbarste.* Unglücklich findet sie die Abschaffung des Teufels und der Hölle in ihrem reformierten Glauben, denn zum Verständnis des Lebens findet sie ihn hilfreich: *Der Teufel … ob man den nicht wieder in seine Begriffe aufnehmen wird, um Gott von der Zwiespältigkeit und von der Verantwortung zu befreien, von dem, was passiert, im Geistigen und im Materiellen?*

Sie geniesst das Ritual der Predigt. Die Gebete, die Orgel, die Lieder. *Herrlichen Unsinn singt man auf Deutsch oder Französisch in den Kirchenliedern und man hat diese trotzdem so gern als Wiegenlieder, so gern als Trostlieder und besonders als Marschlieder.* Nicht selten nickt sie ein. Letzte Woche wurde der alte Pfarrer beerdigt, der ihr nahestand. *Aber ich schlief ein trotzdem.*

In der Kirche in Thurnen hat sie auf einer der farbigen Fensterscheiben die Jungfrau Maria mit Jesus gefunden, in Blau, zurückhaltend. Beinahe verschwindet sie im Schein des Jesuleins, fand sie. Jede Kirche, die Elisabeth besucht, durchforscht sie nach Marienbildern. Diese Frau wird so unterschiedlich dargestellt, hat so unterschiedliche Rollen. Am besten gefiel ihr das Maria-Mosaik in der Hauptkuppel der Hagia Sophia in Istanbul. Dort ist Maria grösser als die Könige zu beiden Seiten, ihr Schein heller, ihr Blick bestimmt nach vorne gerichtet, und Jesus in ihren Armen hat trotz seines zarten Alters bereits ein ernstes Männergesicht. *Die Madonna ist keine bescheidene Mädchen- oder Kindfrau, aber eine gedankenschwere Riesenfrau (vielleicht die Menschheit).*

Gott wähnt sie weniger in der Kirche als vielmehr im Stall. Wenn sie zuschaut, wie neues Leben geboren wird, dann sieht sie in diesen Tieren Gott. Die Tiere sind Gott näher als die Menschen, ist sie überzeugt. *Ein Hund ist eine geistige Stütze, weil man mit einem Tier Gott gegenüber ist, falls man das Tier nicht dressiert und verbildet hat nach Menschenmoral. Das Tier versteht wenig von unsern Kleinlichkeiten, aber das ruhig-abwartende im Tiergesicht ist eine Nahrung für uns an Höheres zu denken.*

Sie glaubt auch, das Göttliche stecke in jedem einzelnen Menschen. *Als Menschen sind wir vielleicht nur Teile von Gott oder vom Teufel oder Gott und der Teufel sind eins?* So oft in ihrem Leben ist Gut und Böse ganz nahe beieinander. Untrennbar schier. Die Liebe zu ihrem Sohn und der Schmerz über seinen Tod. Die Faszination für das Militär und Offiziere und der Schrecken des Krieges. Die Liebe zu einem Mann und die Unmöglichkeit, ihn zu heiraten. Der gute Wille für die Ehe, die Unfähigkeit, sie zu leben. Das sogenannt Böse oder der Schrecken wohnt scheinbar ebenfalls in Gott. *Ich glaube, das Chaos ist von Gott gewollt, weil aus dem Kompost die Fruchtbarkeit kommt.* Es muss ein Gott sein, der nicht richtet, so wie sie als Kind noch glaubte, wie es im Jüngsten Gericht des Münsters zelebriert wird. *Eigentlich glaube ich, Gott ist in allen Lebewesen und er denkt nicht daran, ob etwas Sünde benannt sein soll oder nicht, sondern lässt leben, was stark ist, und untergehn, was nichts mehr wert war. ... Das Leben ist vielleicht Gott?* So erklärt sich Elisabeth auch die Vernichtung der Juden. Schicksal ist auch, was ihr widerfuhr und widerfährt, sie fühlt sich unfähig, wirklich zu lenken, gar Gegensteuer geben zu können. Doch sie ist überzeugt, sie wird wiedergeboren, um mit anderen Karten und anderen Chancen von vorne zu beginnen.

In der Kirche haben ihre Gedanken Auslauf, nichts hält sie gefangen. Die Worte des Pfarrers schweben durch den Raum, ohne dass sie davon Kenntnis zu nehmen braucht. Sie kann immer sagen, sie habe es nicht verstanden. Auch als Kind hat sie sich nie über lange Predigten beklagt. Ihre Fantasie genügte, die längsten Stunden in der Kirche mit Hirngespinsten zu füllen. Auch jetzt sind sie ihr mehr Meditation, ein Versinken in ihren Gedanken.

Sie denkt an ihren Stallrundgang zurück. Das Leben auf dem Land hat eigene Gesetzmässigkeiten. Es ist handfest, spürbar, wirklich. Was sie macht, hat sichtbare Folgen, was sie unterlässt, ebenfalls. Der Tag hat geregelte Abläufe, auch sonntags müssen die Kühe gefüttert, muss der Stall gemistet werden.

Ihr Leben in der Stadt dagegen ist von klaren Umgangsformen, Formalitäten und Verhaltensregeln geprägt. Das Leben findet in Gesprächen, Urkunden, Verträgen, Büchern, auf Papier statt, die Lauben schützen vor Regen, die geheizten Wohnungen vor Kälte, die Tischdecken sind weiss, das Silberbesteck ist poliert, so ist das ganze Leben. Saubere Kleider, gehobene Gespräche, geputzte Strassen.

Sie kennt beide Welten. Als Kind waren die Ausflüge aufs Land eine ersehnte Unterbrechung ihrer schönen, ruhigen, aber auch kühlen, erstarrten und oft leeren Stunden. Wenn sie heute jede Woche für ihre Einkäufe nach Bern fährt, dort übernachtet, dann sind es Ausbrüche in die feine Welt der guten Gerüche und Schokoladetorten. Sie hat Gefallen an beiden Welten, doch Gemeinsamkeiten haben sie wenig, viel Verständnis bringen weder die Bauern für die Städter noch die Städter für die Landbevölkerung auf. Die gegenseitige Skepsis und Verachtung ist offensichtlich.

In Rümligen und Amsoldingen ist sie die Gutsbesitzerin, hat sich in der Landwirtschaft einen Namen gemacht. Keinem Bauern käme es in den Sinn, sie zu belehren oder einen Kuhhandel zu machen. Sie weiss nicht nur, wie man eine Sense hält oder mit einer Gabel hantiert, sie macht dem Knecht auch schon mal vor, wie der Mist geladen und aufgetischt werden muss, damit es eine «Gattig» macht. Auf dem Land verschwinden sogar die Grenzen zwischen Tier und Mensch manchmal. *Hier, wo kein Unterschied besteht, da der alte Holzhändler sich gleich sorgt um die alte Frau, die in Belp an Krebs schon Tage im Sterben liegt, wie um das Rind, das kalbern soll und nicht kalbt. Natürlich ist diese Kalbersache eine Quelle des Geldes, um den Spital der sterbenden Frau zu bezahlen – aber gewisse Anzeichen zeigen doch ein gewisses Ineinandergehen der Fürsorge für beide: sterbendes Weib und werdendes Tierleben. Wir leben wie die Wilden.*

Sie ist in beiden Welten zu Hause, in der Stadt gibt sie die aristokratische Städterin, niemand vermutet die Schweinezüchterin in ihr. Aber vielleicht ist sie dadurch auch beiden Welten fremd.

Das Ausgangsspiel erklingt von der Orgel, die Kirchenglocken schlagen die volle Stunde, das Knarren der Kirchenbänke vertreibt ihre Musse. Mäntel werden zugeknöpft, hier ein Husten, da ein Räuspern, Hüte werden ein letztes Mal draussen vor der Kirche zum Gruss gezogen, bevor alle nach Hause eilen, dem Osterfest entgegen.

Sie stellt sich noch einen Moment neben den Pfarrer, dankt ihm, wünscht frohe Ostern und verabschiedet sich mit dem Hinweis, sie erwarte bald ihre Gäste. Sie geht durchs Dorf, bevor sie die Steigung gegen das Schloss in Angriff nimmt.

Sogar heute begegnen ihr diese Städter, die immer häufiger in schweren, geschnürten Schuhen und Wanderstöcken auf das Land schwärmen. Mit grossem Misstrauen beobachtet sie die

Mode dieser Leute, die sich aufführen, wie wenn sie hier zu Hause wären. Wenn sie am Sonntag in der Kirche sitzt, hört sie oft Wandervögel-Gruppen vorbeigehen. Sie lachen, singen und haben auch schon aus Neugierde die Kirchentüre geöffnet und mit überraschtem Gesicht auf die versammelte Gemeinde gestarrt, bevor sie die Türe schnell wieder zuzogen. Die Städter stecken ungeniert ihre Nase überall hinein, beäugen alles, neugierig wie die Guschti, die im Frühling zum ersten Mal auf die Weide gelassen werden. Die Wanderer ärgern Elisabeth. *Publikum aus der Stadt hat hier nichts zu suchen. ... Papiere, Schachteln und so Zeug, Spuren des Publikums, muss ich auflesen, wenn niemand zusieht, das Publikum kennt ja keine Achtung mehr.* Und die Kinder rennen durch die Wiesen, und die Gruppen machen Feuer an den unmöglichsten Orten. *Tagwerke auf dem Land sind länger und härter als in der Stadt und am Sonntag erholt sich jeder, so gut er kann, mit Ruhe, obwohl Arbeit in Ställen auch sonntags ist. Der Zuzug aus der Stadt ist eine Plage als unnützes Getue anstatt zu Hause in ihrem Komfort ihre Heime zu pflegen.* – Müssiggänger aus der Stadt sollten nicht ermuntert werden, den Frieden des Sonntags auf dem Land zu stören. Besonders erbost hat sie ein Artikel in der Zeitung «Der Bund», der sich über ihre Schilder «Privatbesitzung» lustig gemacht hatte und sie aufforderte, die Wanderroute quer durch ihren Besitz des Schlosses Rümligen zu führen. Sie hat einen Brief aufgesetzt für den Autor, ein Mitglied des Vereins Berner Wanderwege: *Ihre Kriegserklärung gegen das Privat-Eigentum würden Sie, geehrter Herr, von selber dämpfen, wenn Sie etwas von Landbesitz verstehen würden, wie viel Kosten und Mühe damit verbunden ist.*

Wenn ihr die Stadtmenschen hier begegnen, bringen sie etwas Unangenehmes mit: den Hauch ihrer Kindheit, den Duft der

Strenge, die Distanziertheit. Alles, was sie hier abstreifte, hält ihr diese Gesellschaft wieder unter die Nase. Sie will das hier nicht haben, sie reagiert aggressiv, die Stadt wird ihr hier auf dem Land zur Bedrohung. Ihr genügt, wenn sie dosiert eine Nacht oder einen Tag in der Stadt verbringen kann. Immer muss sie rasch wieder zurück, vor den dicken Steinmauern flüchten, zu ihren Tieren, zu den Bäumen, zurück ins Leben. Denn hier gehört sie hin. *Ich bin eine Barbarin, erdgebunden, grob, ehrlich, ich muss es verstecken aus Einfachheit wegen Ärgernis in einer disziplinierten Zeit.*

Eines ihrer Schilder hat sie schon passiert, die das Betreten ihres Grundstücks verbieten. Sie ist sich nicht reuig, dass sie jeden Weg, der zum Schloss führt, mit diesen Schildern hat sperren lassen. Den Gemeindepräsidenten persönlich hat sie darum gebeten, kein öffentliches Wegrecht durch ihr Areal zu bewilligen, um Rümligen abgeschottet zu halten. Sie fühlt sich beobachtet, wenn die Wanderer unverblümt stehen bleiben, die Kinder zu sich rufen und mit dem Finger auf sie zeigen, ja richtig anglotzen wie ein seltenes Tier. In der Stadt geschieht dies vielleicht auch, doch viel diskreter, dort hat es sie noch nie gestört.

Sie versucht immer wieder, ihre Hunde im Griff zu haben, ein Ding der Unmöglichkeit. Jeden Sonntag sperrt sie die Meute im Haus oder in der Scheune ein, aber die finden meist wieder einen Weg hinaus, wenn sie das Haus betritt oder jemand die Türe nur anlehnt. Ihre Hunde sind keine Schosshunde. Sie bellen, sie beissen auch zu, besonders, wenn sie in der Meute unterwegs sind. Einem Mädchen biss einer der Hunde ins Gesicht, es blieb eine wüste Narbe. An jedem Geburtstag und zu Weihnachten schickt sie diesem Mädchen Geschenke, wertvollere als diejenigen ihrer Patenkinder. Sie lebt mit der Angst, Sonntagsspaziergänger könnten angegriffen werden. Die schlimmste Hündin ist zwar unterdessen tot.

Sie verlangsamt ihren Schritt, die Steigung ist in den letzten Kurven am grössten. Schon jetzt, im noch frischen Frühling, ist sie froh über den Schatten der Bäume. Hat sie ihre Hunde heute eingesperrt? Sie ist sich plötzlich nicht mehr sicher. Hoffentlich hat Grittli gehandelt, sie mit Brot hereingelockt und die Türe hinter den Tieren verriegelt. Heute käme ihr eine Hunderauferei ungelegen. Sie wird sie auch einsperren, wenn sie mit den Gästen im Garten ist.

Diese eine Hündin war so böse geworden, dass sie gelegentlich sogar nach ihr schnappte. Vielleicht war sie krank, war von Schmerzen geplagt, jedenfalls biss sie fast zufällig zu. Sie wollte den Tierarzt bestellen, den Hund einschläfern lassen. Doch der weigerte sich, die Hündin zu behandeln, er fürchtete sich vor ihr. Sie fragte ihre Enkelin Sibylle, die sich als Jägerin mit Schusswaffen auskennt. Doch die weigerte sich, in einem geschlossenen Raum zu schiessen. So blieb ihr nichts anderes übrig, als sich an Barbara zu wenden, die mitten im Medizinstudium steckte. Sie wusste, Barbara kam nie nach Rümligen ohne ein Säcklein geschnittener Cervelats. Nur so wagte sie sich zum Haus.

Barbara war es auch, die sie ermahnte, weniger Hunde zu halten, da die Meute immer mehr verwilderte und sich langsam zu einem Wolfsrudel entwickelte. Nach Anweisung des Tierarztes sollte sie der Hündin eine Spritze in die Lunge verabreichen. Ganz ruhig näherte sie sich der alten Wolldecke mit dem Hund, der knurrte, aber brav ihre Cervelat-Stückli nahm und sich beruhigte. Elisabeth hatte die anderen Hunde vor die Türe gesperrt. Sie hielt den Kopf der Hündin fest, Barbara streichelte den Hals und wie der Blitz steckte sie die Nadel in die Hundebrust. Ein Aufjaulen, ein versuchter Biss nach ihrer Hand, doch schon legte sich die Hündin hin, ihr Atem wurde ruhiger, ihr Blick schweifte langsam ins Nichts. Als der Puls verebbte, lösten beide ihre Hände von der Hündin, Elisabeth schaute Barbara an und bedankte sich herzlich und erleichtert. Eines ihrer seltenen Dankesworte. Oder war es zum ersten Mal überhaupt?

Sie erwähnt das Medizinstudium zwar oft in ihren Briefen, oft sogar mit einer Portion Stolz – aber gegenüber Barbara wird sie nicht müde, sie für ihre Berufswahl zu rügen. Immer wieder sagt sie, sie wage sich in die Männerdomäne der Medizin vor, sie «touchera des hommes». Aber jetzt ist ihr dies zugute gekommen. Sie wird nie vergessen, wie souverän Barbara diese Nadel gesetzt hat.

Sie betritt den Schlosshof. Alles ist ruhig, die Hunde zum Glück eingesperrt. *Kürzlich kam ein Hund zurück mit einem tiefen Loch im Hals, von einem Sackmesser.* Ein Wanderer hatte sich gegen den Hund zur Wehr gesetzt, das verletzte Tier hatte überlebt, aber die anderen Hunde waren dadurch noch aggressiver geworden. Und genau in diesem Moment der Aufregung tauchten ihre Urenkelinnen Sibylle Louise und Christine Anna, die Töchter von Sybille, auf dem Schlosshof auf. Die Hunde erkannten sie zuerst nicht und fielen über sie her. Die modernen Hosen retteten sie. *Sie liessen sofort von ihnen ab, aber im Nu waren ihre Blue Jeans zerfetzt.* Elisabeth verscheucht dieses Bild, froh darüber, dass sie damals die Hunde noch rechtzeitig zurückpfeifen konnte.

Ihr Blick schweift über die Wiesen am Hang. Die grünen Löwenzahnblätter müssen fast kämpfen, um gegen das gelbe Meer der Blüten zu bestehen. Weisse Gänseblümchen und lila Wiesenschaumkraut geben den Matten Farbtupfer, erste Zitronenfalter und ein Schwalbenschwanz flattern zwischen den Blumen. Bienen und Fliegen summen gegen den Wind an. Die leichte Bise verrät, dass es morgen schon wieder schneien kann, auch wenn der Mai nicht mehr weit ist. Ostern dieses Jahr, 1959, ist recht früh, der Frühling ebenso.

Elisabeth sitzt im Mantel windgeschützt am Pavillon, neben ihr steht ein Korb mit gekochten Eiern, weich gebettet im Stroh. Grittli hat sie sorgfältig mit Osterkraut und alten Strümpfen umwickelt und in Zwiebelschalen braun gefärbt. Elisabeth wartet auf die ersten Gäste, Neffe Henry Tzaut und seine Frau Dieneke. *J'aime tant rire avec vous Dieneke, personne dans la guirlande ne sait rire comme vous …*

Sie bittet die beiden immer, etwas früher zu kommen als die anderen, weil sie zu dritt ausschwärmen und die gefärbten Eier überall rund um die Pavillons im Park verstecken. Elisabeth zählt sie, damit nicht allzu viele liegen bleiben. Einige Male schon ist sie im Sommer einem bestialischen Gestank gefolgt und hat ein vergessenes Osterei gefunden. Tzauts, denen sie vor Jahren in Bern eine Wohnung vermietet hat, gehen ihr immer zur Hand, wenn sie darum bittet.

Sie brauchen auch diesmal nicht mehr viele Instruktionen, um die Eier zu verstecken. Alle haben im Park ihre Lieblingsecken, aber natürlich müssen die Orte jedes Jahr etwas variieren.

Kurz nach der Ankunft des Paares sind die Eier verschwunden. Gemeinsam rücken sie noch die letzten Gedecke zurecht, und Grittli stellt einen blühenden Zweig in einer Vase auf den Tisch.

Die Gäste treffen allmählich ein, ihre Verwandten aus dem Morillon kommen: Im Gegenzug zu Weihnachten lädt sie an Ostern die Familie von Tscharner nach Rümligen ein. Diese Einladung ist ihr wichtig, auch wenn sie sich nicht mit den grossen Festen von früher vergleichen lässt. *Ich klage nicht, aber ohne es sehr ernst zu nehmen zehrt es an meinen Kräften, dass ich kein gesellschaftliches Leben führen kann wie früher und wie ich es gern hatte.* Vielleicht kommt auch Louise. Sie hat einen Besuch in der nächsten Zeit angekündet. Denn sie fährt jedes Jahr einmal mit ihrem VW von Tanger in die Schweiz. *Meine Tochter führt ein ziemlich rätselhaftes Leben in Tanger, nachdem sie vor Jahren in einer Nervenheilanstalt am Genfersee ungeheilt entlassen wurde und ihre Scheidung erzwang.*

Elisabeth sieht ihre Tochter nur noch selten. Louise war immer ihren eigenen Weg gegangen, schon als Kind, als sie noch im Haus vis-à-vis des Münsters lebten. Dort nahm sie sich auch vor, an ihrer Hochzeit auf einem roten Teppich von der Haustüre direkt ins Münster zu gehen. Und genau so heiratete sie: 1928, kurz nach ihrer Matur. Ihr Auserwählter war Maximilian von Stockar, ein Freund von Roger aus dem Zuozer Internat. Elisabeth hatte gehofft, ihre Tochter würde studieren, was ihr selber verwehrt blieb. Doch Louise hatte andere Pläne.

Damals fasste Elisabeth den Beschluss, das Landhaus Vertmont im Osten Berns zu verlassen, das sie seit ihrer Scheidung 1923 mit ihren Kindern bewohnt hatte. Sie wollte definitiv nach Rümligen ziehen. Ihre Tochter und die junge Familie sollten das Landhaus Vertmont übernehmen. Wenig später verkaufte Elisabeth ihr Elternhaus am Münsterplatz dem Kanton Bern. Es ist das einzige Haus, das sie je verkauft hat. Sie, die an jedem Bild hängt, jeder Teetasse, nicht aber an diesem stattlichen Haus ihrer Eltern, dem «Tscharnerhaus» ihrer Kindheit und ihrer Ehe. Ihre Erinnerungen gab sie damals ohne zu zögern weg.

Nach dem Aufenthalt in der Psychiatrie liess sich Louise scheiden und zog nach Genf, liess sich dort zur Sekretärin ausbilden, schloss mit gutem Zeugnis ab und bekam interessante Arbeitsstellen. Sie hatte ein neues Leben begonnen und meldete ihrer Mutter, es ginge ihr sehr gut. Doch Elisabeth traute der Sache nicht. Sie war überzeugt, dass ihre Tochter weiterhin medizinische Hilfe nötig habe. So informierte sie jeweils die Arbeitgeber und warnte sie, ihre Tochter sei psychisch labil und in einer psychiatrischen Klinik gewesen. So verlor Louise ihre Arbeitsstellen und ihre neue Lebensgrundlage meist rasch wieder. Und statt nach Bern zurückzukehren, verliess sie die Schweiz und zog weit weg von ihrer Mutter.

In Genf hatte Louise sich mit Jeanne Hersch, der angehenden Philosphie-Professorin, befreundet. Diese war es wohl, die ihrer Tochter den Floh mit Marokko ins Ohr gesetzt hatte. Tanger war bis 1956 eine sogenannt «internationale Zone», die von acht Nationen verwaltet wurde: von Frankreich, Spanien, Grossbritannien, den Niederlanden, Belgien, Portugal, Schweden und Italien, und auch die USA und Russland hatten zusätzlich eine Beteiligung. Die Stadt übte einen Sog aus auf Schriftsteller, Musiker, Aussteiger, Intellektuelle, und sie zog auch Söhne und Töchter aus besseren Familien an, die dort mit wenig Geld standesgemäss leben konnten. Ihre Tochter führte vorerst den Haushalt eines Schweden und legte bei ihm mit grossem Erfolg Gärten an. Ihre Fähigkeiten und Kentnisse sollen sich schnell herumgesprochen haben, so dass sie bald auch die Obhut vieler anderer Gärten in Tanger übernehmen und sich in der Gesellschaft einen Namen machen konnte.

Einmal im Jahr besucht die Tochter sie in Rümligen. Oft kommt es dabei zu Streitereien. Manchmal verlaufen die Gespräche jedoch auch amüsant, zum Beispiel, als Louise beim letzten Besuch die Anekdote mit ihrem Namen erzählte: Als sie sich in Tanger in einer Gesellschaft mit Louise de Meuron vorgestellt habe, sei ein Raunen durch eine Gruppe Engländer gegangen. Es war aber nicht der Ruf von Elisabeth, von Madame de Meuron, der bis nach Marokko reichte. Der Name de Meuron wurde dort durch Oberst Charles-Daniel de Meuron bekannt, der von 1789 bis 1816 als Teil der britischen Armee mit seinen Regimentern in verschiedenen Kriegen gekämpft hatte. Im Mysoren-Feldzug zum Beispiel und in Kanada, im Britisch-Amerikanischen Krieg.

In den Napoleonischen Kriegen auf der iberischen Halbinsel war das Régiment de Meuron sogar in der Nähe von Tanger, in Gibraltar, stationiert. Zuerst war Charles-Daniel mit seinem Regiment für die Holländer in Ceylon in den Krieg gezogen, bevor er die Seite wechselte und für die Engländer kämpfte. Die Offiziere des Regiments rekrutierte er vor allem aus Neuenburger, Genfer, Walliser oder Berner Familien, es gab aber auch deutsche, französische oder englische Befehlshaber. Solche stehenden Heere, geführt von Schweizern, in französischen, niederländischen oder englischen Diensten, gab es einige; bis Mitte des 19. Jahrhunderts, als der neu gegründete Bundesstaat jahrelang um ein Verbot dieser Regimenter ringen musste. In Tanger entwickelte sich aus dieser Geschichte ein Bonmot: «Louise et ses régiments» heisse es, wenn sie auftauche.

Elisabeth hatte für ihre Tochter und das Leben, das sie führte, nach wie vor keinerlei Verständnis, aber in ihrer Beziehung war zumindest etwas Ruhe eingekehrt. *Total verrückt in Tanger Marokko in einem Haus mit ummauertem Garten, empfängt zum Wohnen die Familie ihrer Tochter und will keinen Verkehr mit mir und man ist beidseits zufrieden.* Barbara besucht mit ihrer Familie Louise regelmässig in Tanger, was ihr, Elisabeth, verwehrt ist. Sie darf ihre Tochter nicht besuchen. Einmal unternahm sie dennoch diese weite Reise, doch Louise wollte sie nicht empfangen. Ihre Mutter habe in ihrem Leben in Tanger nichts zu suchen, sagte sie ihr. Louise hatte sich ihrer Obhut und Kontrolle ein für allemal entzogen.

Jetzt, in der kleinen bunten Gesellschaft und dem fröhlichen Lachen, will sie nicht daran denken. Alle haben ihre Ostereier gefunden und halten die Trophäen in den Händen. Bei ihr werden die Eier nicht getüpft, es wird nicht darum duelliert, welches Ei einen besonders starken Spitz oder ein besonders starkes Hinterteil hat. Sie hat den Brauch ihres geschiedenen Mannes aus dem Neuenburgischen übernommen: «rouler des oeufs». Rümligen eignet sich für diesen Brauch mit seiner Hanglage besonders gut.

Alle stellen sich an die grasbewachsene Böschung und rollen die Eier den Abhang hinunter. Eine Zeit lang «troolen» die Eier unbeschadet über Grasmutten und Steine, bis ein Spalt in der Schale ihren Lauf verlangsamt, und bei einer richtigen Beule bleiben sie stehen. Lachend werden die lädierten Eier zusammengelesen. Zu einem Glas Weisswein verschwinden sie dann als Vorspeise mit etwas Salz, draussen in den Pavillons, bevor sie die Gesellschaft zu Tisch bittet. Sie liebt es, wenn das Wetter mitspielt wie heute. Alle sind vergnügt und schälen ihre Eier.

Auch Enkelin Barbara ist gekommen, zusammen mit ihrem Mann und ihren Kindern. Ein glücklicher Zufall; sie lebt ja mittlerweile mit dem Diplomaten fast immer im Ausland. In Bonn, Washington, Buenos Aires …

Als Barbara ihre Hochzeit mit Anton Hegner feierte, ging sie nicht hin. Sollten die Leute sich darüber wundern, wenn sie wollten, aber einen Zürcher zu heiraten, fand sie unpassend für Barbara. Der *Winterthurer Bürgersohn* erschien ihr *sehr eingebildet im Auftreten. Un mari d'une autre éducation, très peu cultivé.* Ihm fehle die nötige Erziehung für die Berner Familien, glaubte sie. Vielleicht war Barbara ja froh, dass sie bei ihrer Feier nicht dabei war, denn manchmal schien ihr, als goutiere die Enkelin ihre Bemerkungen und ihr Auftreten nicht. Elisabeth fand es auch unfassbar, dass Barbaras Schwiegervater freiwillig auf das «von» verzichtete und dieses abgelegt hatte. Sie wollte deshalb Barbara dazu bringen, dass sie wenigstens auf ihrer Hochzeitseinladung dieses «von» wieder druckte. Doch die lachte nur und sagte, das sei nicht nötig. Wenn Elisabeth ihre Enkelin fremden Leuten vorstellt, betont sie trotzdem: «Barbara Hegner, eigentlich von Hegner.»

So vehement sie sich gegen aussen für das Adelsprädikat ausspricht, so unwichtig ist es ihr bei ihrem eigenen Namen. Sie findet ein «von» im Namen nur nötig, wenn es eine Ortsangabe ist, beispielsweise von Allmen oder von Ballmoos. Sie selber lässt es bei sich aber oft weg. *Ich nenne mich selber Elisabeth Meuron oder nannte mich vorher Elisabeth Tscharner im Gespräch.* Auch schriftlich findet sie es nicht zwingend. *Jetzt hält in der Schweiz der Zivilstand die Adeligen gleich und ich wäre Madame de Meuron von Tscharner – aber es ist kultivierter, für beide Namen entweder mit de oder mit von zu halten oder auszulassen.*

Das «von» offiziell abzulegen, wie es die Familie Hegner getan hatte, das irritierte sie dennoch. In Bern hatten sich viele Familien das «von» erst im 19. Jahrhundert zugelegt, um sich vom aufstrebenden Bürgertum abzugrenzen. Hegners machten genau das Gegenteil, sie grenzten sich von den Aristokraten ab und zählten sich nun zum Bürgertum. Anton Hegner, Barbaras Mann, wurde in Japan geboren, studierte unter anderem französische Literatur und scheute nicht davor zurück, Elisabeth ab und zu einmal zu kritisieren.

Doch mit den Jahren ist Toni in ihrer Gunst immer mehr gestiegen. *Hegner, der Fremdkörper der Familie, behauptet, ich terrorisiere ‹tout le monde›. Dieser gütige Mensch ist das hilfreichste Wesen, das ich je in der Familie hatte. Er ist anders als unsere Männer, in allem anders. Er ist so bescheiden, … dabei ist er so ehrgeizig und empfindsam. – Ein braver reicher Winterthurer, fabelhaft fleissig … aber ich weiss nicht, ob ich in Gnaden bin, weil ich Hegner so verachtet habe.* Der gesellschaftliche und auch ökonomische Erfolg der Familie Hegner, der in krassem Widerspruch zu ihren eigenen finanziellen Nöten steht, die auch ihr umfangreicher Besitz nicht verhinderte, brachte sie zur Einsicht, dass die Haltung Hegners zwar anders, aber mit Sicherheit erfolgreicher war als ihre althergebrachte Denkweise, welche sie Barbara gegenüber weiterhin gerne zelebrierte.

Heute freut sie sich, ihre Enkelin bei sich zu haben. Deren Dissertation, die sie beendete, als ihr erstes Kind schon auf der Welt war, steht in der Bibliothek, etwas versteckt zwar, aber inmitten der kostbaren und verstaubten Bücher ihrer Ahnen.

Als Tischkärtchen hat Elisabeth für dieses Osterfest kleine, runde, goldene Tortenpapiere gewählt, die wie Scherenschnitte am Rand ausgestanzte Gitterchen als Blumenmuster haben. In der Mitte hat sie mit schwarzem Filzstift den Namen in Grossbuchstaben hineingeschrieben. Auf den Tellern geben sie eine hübsche Verzierung ab. Besonders jetzt, da sie nicht mehr so oft Einladungen gibt, will sie genau bestimmen, wer in ihrer Nähe sitzt, mit wem sie die Stunden zu Tisch verbringt. Sie setzt Gäste in ihre Nähe, die ihr mit kleinen Hilfeleistungen zur Hand gehen, und solche, die sie interessieren, die sie lange nicht gesehen hat oder zum ersten Mal einlädt. An Ostern setzt sie die Verwandten jedes Mal ähnlich. Zu diesem Essen sitzen ausnahmsweise auch Männer und Frauen am gleichen Tisch. Dieneke und Henry sind immer in ihrer Nähe.

Grittli serviert Kümmelkuchen, Hamme und Eiersalat, aus den Eiern, die bereits beim Färben in Brüche gegangen sind.

Tzauts helfen ihr durch den Tag.

Am Abend, als sich die Gäste verabschiedet haben, setzt sie sich hin, um Dieneke zu danken. *J'aimerais vous remercier tout spécialement d'être venus et d'avoir aidé à la réussite de l'Atmosphère et du Programme, – et d'être restés encore un peu avec moi pour trouver l'homme de l'accord final SCHLUSSAKKORD.*

Sie lässt den Tag Revue passieren, den Kirchenbesuch, das Eiersuchen, das Essen und Beisammensein. *Je suis en paix sans être très réligieuse comme ma vie n'a pas été aussi belle que comme jeune je pensais que cela serait et était alors très réligieuse dans ce terme-là, mais on peut quand même être en paix.*

Sie hat ein Glas Wein in die Bibliothek mitgenommen, um neben einem Feuer den Abend ausklingen zu lassen. Dieser Raum hat eine besondere Ausstrahlung. Vielleicht liegt es an den goldenen Rücken der alten Bücher den Wänden entlang, die einen fast warmen Schein über das Zimmer legen. Die alten Bücher stehen in jeder Grösse auf den Tablaren, einige sind über einen halben Meter hoch und so dick, dass auch zwei Hände fast nicht reichen, um sie hervorzuholen. Aber auch ganz kleine, feine Bändchen stehen zuoberst auf dem niedrigsten Regal.

Auf einem Eckschrank stehen Teller und Zinnkrüge, über dem Schrank hängen Gemälde der von Frisching mit dicken weissen Halskrausen. Auch ein Stammbaum der von Frisching hängt an der Wand. Als Kind meinte sie immer, das Wappen trage kleine schwarze Pferdchen. Doch es sind die schwarzen Widder, dieselben wie auf den Wappen der Kirchenbänke. Besonders gefällt ihr in der Bibliothek die Tapete – dort, wo sie überhaupt zur Geltung kommt. Feine olivenfarbene Blumenmuster bilden den Hintergrund, ein sattes grünes Band geschmückt mit einem Pflanzenmotiv trennt die Tapete von der écrufarbenen Holzverschalung, die rund einen Meter der Wand ab Boden bedeckt. Wenn sie ihre Briefe mit Rändern aus Einpackpapier verziert, hat sie diese Tapete oft vor Augen, die einen so schönen Abschluss und zugleich Übergang bildet.

Vom Büchergestell aus beobachten sie viele Vogelaugen: ein Uhu, ein Falke, Wasservögel, alles Trophäen aus dem umliegenden Wald.

Verschiedene Zeitschriften sind da, die zum Stöbern einladen. Doch sie kann sich nicht entscheiden und sucht den Bücherregalen entlang weiter, bis ihr ein Buch über Forstwirtschaft in die Hände kommt, bedruckt mit dem Ex Libris von Roger, ein Buch aus seinem Studium. Sie beginnt zu lesen. Ihr scheint, heute hätten sogar diese nüchternen Ausführungen poetischen oder gar philosophischen Wert.

Bei meinem Studium über Forstwirtschaft kamen Worte wie
Assimilationsruhe
Luftruhe
Wurzelatmung
ewiger Kreislauf der Stoffe.
Mit diesen Worten kann man gut spielen.

Es war eine Abhandlung über das Klima, das der Wald schafft, weil er aus der Erde heraus allerlei in die Höhe pumpt, und eine Abhandlung, wie die Bedingungen sein müssen, damit die Walderde gut wird. Der Boden darf keinen Zugwind haben, damit die Hölzer in Wärme in Feuchtigkeit verwesen.

Über diese Zeilen kommt sie wieder ins Grübeln. Seit langem plagt sie die Frage, wie lange sie ihre Landwirtschaft noch weiter führen kann. Sie ist stolze Landwirtin, stempelt ihre geschäftlichen Briefe mit:

LANDWIRTSCHAFTSBETRIEB
SCHLOSS RÜMLIGEN
v. Meuron v. Tscharner, Elisabeth
Rümligen

Doch geeignetes Personal zu finden, bereitet ihr immer mehr Mühe, vor allem einheimische Leute. Sie stellt Fremdarbeiter ein, die sich zwar mit grossem Elan in die Arbeit stürzen, aber von der hiesigen Landwirtschaft wenig Ahnung haben. *Der Mann taugt nichts für die Landwirtschaft, viel zu klein, viel zu schlecht angezogen, überall helfen wollend, ohne die Arbeit zu kennen, total lästig. … Bei uns giesst er Blumen und ist unzuverlässig, kann keine Grasig oder Heuarbeit mitmachen, kann mehr oder weniger Holz für Schweineküche und Küche machen, aber keine ‹Schiterpige› machen, aber mit soviel Umständen, dass ich bemerkbar mache, dass es lediglich eine Tat der Barmherzigkeit ist, ihn da zu haben.* So schrieb sie 1957 dem «Bauernverband italienischer Arbeiter» mit der Bitte, ihr nur qualifizierte Leute zu empfehlen.

Auch junge Meisterknechte zu finden, wird immer schwieriger.

Ebenso zehrt der Handel mit den Tieren an ihren Kräften. *Ich verkaufe nichts mehr, will nichts mehr damit zu tun haben, ich bin zu alt für das ewige Heruntermachen der Tiere, alles meine, da geborenen Tiere.* Sie hängt so sehr an ihren Kühen, dass sie es nicht erträgt, wenn Käufer ihnen einen Makel vorwerfen. Sie erträgt es auch nicht, wenn ihre Stiere oder ihre Eber nicht prämiert und deshalb nicht zur Zucht zugelassen werden. Sie züchtet mit denjenigen Tieren, die ihr gefallen, doch fehlen ihnen so die nötigen Papiere, um sie zu einem ordentlichen Preis verkaufen zu können.

Statt Kühe, Pferde, Schweine und Geflügel zu halten, könnte sie das Bauerngut neben der Schlossstrasse auch in ein Wohnhaus mit verschiedenen Wohnungen umbauen lassen und ihr Land dem grösseren, verpachteten Betrieb, der weiter vom Schloss entfernt liegt, dazuschlagen. Denn diesen Betrieb will sie weiterführen.

Die Zukunftssorgen um Rümligen wecken die Erinnerung an das Remis im Kampf um den Uebeschisee bei Amsoldingen.

Sowohl an der Landwirtschaft wie auch am Uebeschisee hängt sie, wie wenn es Teile von ihr selbst wären.

Der naheliegende Waffenplatz in Thun hatte die Armee Ende der 40er Jahre auf die Idee gebracht, Schiessübungen auf dem Plateau in Amsoldingen durchzuführen; den hinteren, kleineren See, den Uebeschisee, wollte die Armee zu diesem Zweck kaufen, samt umliegendem Gelände. Elisabeth wehrte sich mit allen Kräften dagegen. Sie schrieb Briefe an den Verteidigungsminister, den St. Galler FDP-Bundesrat Karl Kobelt, und auch bei den Gewerbetreibenden in Thun suchte sie Unterstützung. Dort verstanden die Leute ihren Kampf *gegen diese Kaffeetanten von Bundeshausleuten und leeren Dübendorfer Flieger-Gehirnen.*

Der Uebeschisee
verträumt
und lieblich
eine Spritzpfütze
als Ziel der Flugzeuggeschosse.

Das wollte und konnte sie nicht hinnehmen. Max von Stockar, ihr ehemaliger Schwiegersohn, hatte die Idee, einen so hohen Preis zu verlangen, dass die Eidgenossenschaft diesen nicht zahlen wollte. Doch der Plan schlug fehl, *Bundesrat Kobelt gackert, dass es so sein muss, es wäre zu begrüssen, wenn ich mich zu einem Verkauf entschliessen könnte und das Expropriationsverfahren vermieden werden könnte!* Sie bat in letzter Hoffnung sogar ihren Freund Huggler um Hilfe. *Oh Huggler, mir zuliebe rotten Sie irgend Leute zusammen, die das Bundeshaus-Kaffeekränzchen erschrecken, wirklich erschrecken, dass diese in ihrer Geschäftigkeit einhalten.* Sie wusste wohl, sie konnte diesen See nicht mit ins Grab nehmen, aber solange sie lebte, wollte sie für ihn kämpfen.

Ich bin gar nicht zornig, ich stemme mich nur gegen den Tank, der mich und den Uebeschisee zu Boden geworfen hat und mich jetzt überfährt – ich halte dem See die Treue. Doch ihr Einsatz hatte nur bedingt Erfolg. Sie konnte den See zwar behalten, doch durfte die Armee ihre Schiessübungen abhalten. Immer wieder musste sie nach diesen Überflügen Fensterscheiben im Schloss Amsoldingen ersetzen, die alten Scheiben hielten dem Knall der Explosionen nicht stand. *Weder der Uebeschisee noch ich eignen sich zum Betteln, wir gehen siegreich und ohne Klagen zu Grunde, weil wir nicht anders können.*

Das Feuer im Cheminée ist heruntergebrannt, im Haus ist es wieder so still wie am Morgen. Grittli ist nach Hause gegangen, in ihr eigenes kleines Häuschen, das direkt neben dem Schloss, aber nicht auf Elisabeths Grund und Boden steht. Elisabeth steigt mit dem Kerzenhalter vorsichtig die Treppe hoch, damit die Flamme nicht auslöscht und sie im flackernden Licht keine Stufe verpasst. Wie immer wird von aussen betrachtet nur ein Fenster erleuchtet sein. Nacht für Nacht ist sie alleine im Schloss.

Dans la plus stricte intimité

Sie hört das Telefon nicht, als es kurz nach Mittag am 21. Juli 1959 läutet. Das schwarze Bakelit-Gerät der PTT hängt im Gang, die Drehscheibe knackt beim Wählen und die Glocken aus Nickel schrillen laut, aber in den weitläufigen Gängen verhallen sie dennoch manchmal ungehört. Grittli hat den Hörer in die Hand genommen und nach einem kurzen Gespräch sofort nach ihr gerufen. Als auch das nichts nützt, bittet Grittli die Diakonissin am anderen Ende, einen Moment zu warten. Sie stürzt zu Elisabeth in den Garten, die im Schatten eines Baumes liest. Nach einem kurzen Gespräch rennt diese rufend herum. Sie sucht Antonio, um sofort mit ihm nach Bern fahren zu können. Erst im Jeep wird sie ruhiger. Es ist ihr nicht nach Reden zumute, auch ihr Angestellter, der sonst gesprächige junge Italiener Antonio Esposito, schweigt. Auch er hängt Erinnerungen nach.

Er ist für sie ein Sohn geworden, sie ersetzt ihm eine Mutter.

Elisabeth überlegt, wann sie Fritz zuletzt getroffen hat. *Ich fand meinen Mann im Hof beim Weiher in Rümligen, sehr gealtert.* Manchmal besucht ihr ehemaliger Gatte Frédéric de Meuron, Fritz, wie ihn alle nennen, sie in Rümligen. Er sucht sie nicht und meldet sich nicht an, sondern setzt sich irgendwo auf eine Bank. Wenn sie ihn zufällig trifft, plaudern sie miteinander, sonst reist er wieder ab. Gerne hätte er einmal den Kunstkenner Max Huggler getroffen, doch Elisabeth wollte ihm nicht erklären, weshalb sie nicht mehr mit ihm verkehrt.

Bevor Antonio den Jeep parkiert, steigt Elisabeth aus, geht das letzte Stück des Wegs zu Fuss und begrüsst die Diakonissin, die vor wenigen Stunden in Rümligen angerufen hat. Sie hätten im Spital nicht gewusst was machen und hätten sich halt an sie gewandt. Sie bedankt sich und möchte Fritz sehen.

Die Schwester führt sie in ein kleines, dunkles Zimmer. Fritz oder Frige, wie Elisabeth ihn nannte, liegt, schon gewaschen, mit geschlossenen Augen und in einem schönen Anzug auf einer weissen Liege. Es sind nur wenige Stunden vergangen, seit er gestorben ist. Sie legt ihre Hand auf seine gefalteten Hände, der Schmerz dreht, windet sich in ihr. Wie gerne hätte sie noch einmal seine Stimme gehört, sich von ihm verabschiedet, ihm gesagt, wie gerne sie ihn immer hatte, trotz allem.

Nie wieder wird sie sich über ihn und seine Möbel ärgern können, nie mehr mit ihm streiten, aber auch nie wieder vertraut schweigend mit ihm auf der Bank im Park sitzen. In den letzten Jahren hat er sie öfter besucht. Er hat sich geweigert, trotz seines hohen Alters und seiner Gebrechen, in ein Altersheim zu ziehen, hat sein unstetes Leben weitergeführt, ist hierhin und dorthin gezogen, ohne einen Halt. Er war richtig herumvagabundiert. «Flottieren», nannte sie es.

Oft sass er – auch im Winter in den ungeheizten Räumen – im Vertmont, ohne Licht, sass einfach da und starrte vor sich hin. Vielleicht rührt diese Erleichterung, die sie trotz aller Trauer nun verspürt, daher, dass sie sich vor einem unwürdigen Ende von Fritz gefürchtet hatte. Doch als es ihm immer schechter ging, trat er ins Salem-Spital der Diakonissinnen ein und drückte den Schwestern eine Karte mit Elisabeths Adresse in die Hand – für den Notfall. Sie selber aber hatte er nicht informiert, dass er im Spital war.

Jetzt will sie ihm ein schönes, würdiges Begräbnis organisieren. Sie ordnet an, den Toten übermorgen ins Vertmont zu bringen, sie will ihn dort aufbahren, damit ihm die letzte Ehre erweisen kann, wer dies will. Dann setzt sie sich ans Totenbett und wartet. Grittli hat von Rümligen aus Maximilian von Stockar informiert, der in Begleitung eines verwandten Anwaltes plötzlich neben ihr steht – sie weiss nicht, wie lange sie neben Fritz gesessen hat, Max nimmt sie kurz in die Arme, Elisabeth hat ihn lange nicht mehr gesehen, er wirkt ruhig. Er hat Louise über den Tod ihres Vaters informiert, sie ist bereits unterwegs in die Schweiz. Jetzt müssten sie die Leidzirkulare aufsetzen und die Adressen schreiben und verschicken. Elisabeth geht alles viel zu schnell. *Mit der dummen Eile wie üblich, sollte man Todesanzeige mit Leichengebet gleich an diesem Tag angehen. Sie endete mit: ‹Ce culte aura lieu dans la plus stricte intimité›.*

Nachdem alles besprochen ist, fährt sie alleine ins Vertmont. Lange war sie nicht mehr in diesem Haus. Als sie sich 1923 von Fritz scheiden liess, zog sie vom Haus am Münsterplatz weg in den Osten der Stadt Bern. Sie lebte gerne in diesem zweistöckigen Haus mitten im grossen Park, wo trotz der Nähe die Stadt kaum spürbar ist. Dieses Haus gefällt ihr – nach Rümligen – am besten. Besonders die hohen Fenster, die im Mittelteil des Hauses bis an den Boden reichen und mit den offenen Flügeltüren im Sommer das Haus luftig und hell machen. Als Louise heiratete, zog Elisabeth nach Rümligen und überliess ihrer Tochter und deren Familie das Vertmont. Fritz hat immer zwei Zimmer behalten, um seine vielen Möbel einstellen zu können.

Sie setzt sich in einen seiner Räume. In einer angenehmen Symmetrie und einer sorgfältig gewählten Ordnung stehen die Möbel da, die Sachen liegen nicht – wie bei ihr, so wie der Alltag sie hinterlässt – zufällig herum, sie liegen aber auch nicht in Reih und Glied jahrelang am gleichen Ort, wie sie es in Häusern ihrer Verwandten oft bewundert. Fritz platzierte die Dinge geschickt, mit einer gewissen Lässigkeit, der Raum lädt ein zu verweilen, sich an den Sekretär oder in den Sessel zu setzen, sich von den Bildern inspirieren zu lassen. Obwohl die beiden Zimmer eigentlich als Möbellager dienen, sind sie die gemütlichsten im ganzen Haus. Fritz hatte die Begabung, Räume einzurichten. Nicht von ungefähr sass er oft ganz still und unbemerkt alleine in seinen Zimmern im Vertmont. Manchmal auch spätnachts. Doch meist stand er wieder auf und ging, übernachtet hat er hier selten. Sein grosses Bett aus dunklem Holz südamerikanischer Bäume benutzte er kaum. Ein Bett mit geschnitztem Blumenmuster an Kopf- und Fussende und eigenartigen klobigen tatzenförmigen Füssen.

Fritz hatte immer zwei Stühle bei seiner roten Vitrine stehen, um dort sitzen und seine Schätze betrachten zu können. Die Vitrine zügelte er erst vor wenigen Jahren aus dem Sommerhaus der Familie de Meuron in Gerzensee nach Bern, als er sein Zimmer dort räumte – ein mannshoher dunkelroter Schrank, oben wellenförmig rund, wie ein umgekehrter Schiffsrumpf. Fein geschnitzte Holzblätter verzieren den Abschluss der beiden Türflügel, unten sind zwei Schubladen eingelassen, mit grossen, goldenen Griffen. Die Vorderseite lässt ins Innere blicken, kleine Glasfenster sind in ein feines Fensterkreuz eingelassen. Die Tablare sind ebenfalls rot. Die Vitrine, breit und geräumig, ist voller chinesischer Porzellanteller und Teegeschirr, Figürchen und Silberteller – der ganze

Stolz von Fritz. Elisabeth kehrt die beiden Stühle von der Vitrine weg, damit die Trauergäste sich mit Blick auf den Sarg werden hinsetzen können.

Sie informiert so viele Leute wie möglich, lädt telefonisch Freunde, Verwandte und Bekannte ein, in zwei Tagen zu erscheinen. Sie ist froh um die Unterstützung einer Jugendfreundin, die zufällig vom Tod von Fritz gehört hat. *Sie hat ganz selbstverständlich mitgemacht und geholfen, dass es anständig herauskam mit dem offenen Sarg. Sie hat die Leute fürs Gebet aufgeboten per Telephon, nur hätten scheins nicht viele kommen wollen, aber es war schöner so.* Die zwei Tage bleibt sie in Bern.

Die Leute treffen nacheinander ein, so finden alle Platz in der Stube. Sie begrüsst ihr Patenkind Guy, den Sohn von Friges Bruder Charles. Er lebt als Chemiker in Basel und ist mit seiner Frau Françoise und einem seiner Söhne ins Vertmont gekommen. Sie bittet die Familie, in stiller Andacht vor dem Sarg zu stehen.

Louisli, wie Fritz immer sagte, ist bereits am Morgen eingetroffen; sie hatte gehofft, ihre Tochter würde in Begleitung ihres neuen Partners kommen, doch Louise verliert kein Wort über ihn und sie wagt nicht zu fragen. Dafür scheint Louise sich prächtig mit Maximilian, ihrem ehemaligen Mann, zu verstehen, und sie hört mit, wie die Verwandten sich darüber aufhalten. Alle zeigen sich erstaunt, wie vertraut Louise und Max hinter dem Sarg stehen und wie Max Louise tröstend im Arm hält. Sie geht zu ihm, packt ihn an den Schultern, deutet mit dem Knie einen Tritt in den Hintern an – und komplementiert ihn unsanft vom Sarg weg. Nichts soll die feierliche Stimmung beeinträchtigen.

Die meisten Gäste bleiben nicht lange. Sie wechseln einige Worte mit ihr, stellen sich zum Sarg, die einen falten die Hände, andere schauen zu Boden, selten verweilt jemand auf einem der Stühle.

Nur Casimir setzt sich und bittet Elisabeth, ihm Gesellschaft zu leisten. Casimir gehörte zum befreundeten Viererblatt, das Fritz ihr nach der Hochzeit vorgestellt hatte: zwei homosexuelle Paare, die übers Kreuz geheiratet hatten, um versteckt ihre Liebe zu leben. Sie lebten modern und doch immer am Rande der Gesellschaft. Mit ihnen machten sie oft Ausflüge in die Berge, besuchten bei schönem Wetter Amsoldingen, machten Bootsfahrten oder schwammen im See. Nach der Scheidung trafen sie sich weiter regelmässig, auch Casimir und Fritz blieben in Kontakt.

Zuerst weiss sie gar nicht, wovon Casimir redet, sie hat diesen Vorfall längst verdrängt. Vor vielen Jahren hatte er ihr Vertrauen missbraucht und damit ihr Misstrauen gegenüber Menschen noch verstärkt. Im Frühsommer 1942 hatte sie die Fensterläden und Fenster weit geöffnet, um die abgestandene Luft zu vertreiben, da sie Gäste erwartete. Es war ein schöner, klarer Morgen in Amsoldingen.

Im ungewohnt hellen Licht stutzte sie, die Wände sahen irgendwie anders aus. Sie fuhr mit der Nase dicht den Mauern entlang, denn ohne Brille sah sie sehr unscharf, doch wo sie die Gläser zuletzt deponiert hatte, wusste sie auch nicht mehr, so selten hatte sie diese aufgesetzt. Sie bemerkte plötzlich, dass die Bilder des Malers Johann Ludwig Aberli durch andere Bilder ersetzt worden waren. *Es hatte da irgend eine verblasste Aberli-Landschaft gehangen, die dort ihr Leben abseits vom Licht fristete.* Auch ein grösseres Bild und ein kolorierter Aberli waren weg. Sie wusste nicht, wie lange die Platzhalter schon hingen. Der Verlust der

Bilder war nicht das Schlimmste, aber das Wissen darum, dass jemand, den sie als Gast aufnahm, sie bestahl, ihr Vertrauen ausgenutzt hatte, das setzte ihr zu. *Dieser fürchterliche Verdacht, der auf niemand fällt und Amsoldingen mit Giftgasen verdirbt. Ich bin nicht verrückt, aber Salondiebe oder Familiendiebe sind keine angenehme Sache. Scheusslich.*

Casimir scheint in Gedanken ebenfalls bei diesem Diebstahl zu sein. Er erklärt ihr mit wenigen Worten, dass er selber nicht mehr verstehen kann, weshalb er dies tat, wohl, weil er damals wirklich dringend Geld brauchte. Er habe gehofft, sie würde es nicht bemerken. Doch Elisabeth stellte es sofort fest, und sie wollte vor allem wissen, wer der Dieb war. Sie machte einen Plan und Skizzen der fehlenden Bilder und fragte Huggler, ob er sich erinnern könne, wann er die Bilder zum letzten Mal gesehen habe.

Im Kopf legte sie sich den Diebstahl zurecht: *Es ist jemand, der sehr geschickt ist und die alten Stifte in die gleichen Löcher tut, der mindestens 3 Stunden mit gutem Werkzeug gearbeitet hat, der meine blinden Augen kennt, da er sich die Mühe nimmt mich zu täuschen durch andere Bilder.* Sie verdächtigte alle. Das Militär, ihre Gäste, *es ist ein Sammler, ein Antiquar oder meine Tochter, die mich vorne und hinten bestiehlt, weil sie findet, sie sei einzig Kind, alles gehöre ihr, auch vor meinem Tod, in etwas zu hastiger Erbfolge.* Der Verdacht fiel folglich auch auf ihre Tochter. Weil sie sich immer beklagte, sie erhalte zu wenig Unterstützung. *Es wäre nicht der erste Diebstahl, den sie begeht, da sie sich mir gegenüber brüstet, ich hätte Unordnung, sie könne stehlen, was sie wolle, ich merke es nicht.* Selbst Casimir war ja der Ansicht, dass sie in ihrer Unordnung das Fehlen gar nicht bemerken würde. Aber sie staunt oft selber, so chaotisch ihre Ordnung manchmal auch wirkt, merkt sie trotzdem schnell, wenn etwas fehlt oder am falschen Ort ist, auch wenn sie oft nach ihren Sachen suchen muss.

Sie schaltete die Polizei ein, da sich Huggler nicht an die Bilder erinnern konnte, sie wollte der Sache auf den Grund gehen. *Ich bat die Polizei in Thun, einen jungen Schreiner zu überwachen, was sie nicht wollten, nachdem sie das Drum und Dran sahen und hörten, und konnten mir einen Fingerabdruck machen, unentgeltlich sogar.* Elisabeth machte richtige Verhöre im Freundeskreis. So lud sie auch Casimir ein, und da wurde es dann richtig tragisch, als sie ihm auf den Zahn fühlte. Sie musste befürchten, Casimirs Freund begehe vor lauter Scham Selbstmord.

Elisabeth schaut zum Sarg. Ob Fritz diese Geschichte kannte? Sie hatte sie ihm nie erzählt, hatte seinen Freund nicht verpetzt. Casimir meint, immerhin habe er die Bilder zurückgeben können, da er nur eines verkaufen konnte. Elisabeth war bereits zufrieden, den Dieb gefunden zu haben. Sie wandte sich sofort an die Behörden, telefonierte *dem Untersuchungsrichteramt Thun ohne Namensangabe des Täters, und noch mit eingeschriebenem Brief: ‹Der grösste Teil zurückgebracht, eine Person, die zeitweise nicht gut im Kopf, also bitte als abgeschlossen betrachten.›* Sie wischte damals diesen Vorfall rasch vom Tisch.

So schnell sie wütend wird, so leicht fällt es ihr aber auch zu vergeben. Sie weiss, wie es ist, Fehler zu machen, und hat schnell mal das Gefühl, es könnte auch ihr passieren. Als sie wusste, wer der Täter war, fand sie den Diebstahl sogar irgendwie elegant, diesen Bildertausch, der eine gewisse Fingerfertigkeit voraussetzt. *Ich nehme lustig ihn wieder in Gnaden bei mir auf, denn ich bin die Einzige, die ihn hält.* Kommt dazu, dass Menschen mit Fehlern ihr sympathischer sind als andere. Gefallene Engel, das sagt sie immer wieder, interessieren sie mehr als die andern. Sie ging sogar einmal einen ehemaligen Angestellten besuchen, der eine Strafe in der berüchtigten Strafanstalt Thorberg absitzen musste. Sie lächelt Casimir zu. Sie dachte damals auch an Fritz und verzieh den Diebstahl auch ihm zuliebe. *Mein Mann wäre ein milder Richter.*

Casimir steht auf. Er drückt Elisabeth die Hand, dankt ihr, dass der Kontakt nie abgebrochen ist und die Freundschaft zu Fritz gehalten hat. Er tritt noch einmal an den Sarg, faltet die Hände und schaut kurz zu Boden, bevor er den Raum verlässt.

Aus dem Nebenzimmer hört sie Stimmen, ihre Tochter unterhält sich mit den letzten Gästen. Elisabeth setzt sich wieder auf den roten Stuhl neben den Sarg. Sie hat den ganzen Tag das Zimmer kaum verlassen. Aber hier findet sie Zeit und Ruhe, immer wieder an Fritz und ihr gemeinsames Leben zu denken. Ihre Gedanken schweifen an den Anfang ihrer Beziehung, als sie ihn nach dem grossen Ereignis der Jahrhundertwende kennenlernte.

Fritz war ein guter Erzähler, er nahm sie mit auf Ausflüge in seine Gedanken und Geschichten, beispielsweise die seiner Familie. Er prahlte nicht mit Kriegs- und Heldengeschichten, sondern erzählte eine Liebesgeschichte. Der Handwerker Claude Meuron soll sich gegen Ende des 15. Jahrhunderts der Legende nach in eine Geistliche, in Sibylle Visconti, verliebt haben – und selbstverständlich umgekehrt. Da ihre Liebe durch die klare Ausgangslage zum Scheitern verurteilt war, entführte er sie und flüchtete ins Val de Travers, wo er sicher war, dass an diesem Ende der Welt sie niemand finden konnte.

Der Heimatort von Fritz ist denn neben Neuenburg auch St.-Sulpice im Val de Travers. Die Liebe habe in seiner Familie immer schon Geschichte geschrieben, erzählte er lächelnd und fügte gleich die Geschichte der Ehefrau des Majors Henri-David de Meuron-Môtier an. Dieser hatte für die Engländer Ende des 18. Jahrhunderts in Ceylon gekämpft, und seine Ehefrau begleitete ihn aus Liebe unerschrocken auf dem Rücken eines Elefanten auch durch ganz Indien. So stark muss die Liebe sein, dachte Elisabeth damals.

Neuenburg, die Heimatstadt von Fritz, schien ihr damals im Gegensatz zu Bern offener, voller Möglichkeiten, das Tor zur Welt. So hatten doch die de Meuron einst ein Handelshaus in Lissabon gegründet, eine Indienne-Manufaktur in Portugal und gar eine Schnupftabakfabrik in Brasilien mit riesigen Plantagen. Die Familie investierte auch in die Uhren- und Spitzenproduktion. Die Neuenburger gefielen ihr, *herrliche gemütliche lustige Leute, Spassvögel innerlich und äusserlich würdig, das Gegenteil der Berner.* Sie bewunderte auch ihren filigranen Schmuck, die Berner Mode erschien ihr dagegen plump. De Meuron – *der Name klingt so hell,* dachte sie, da konnte eine Heirat nicht falsch sein. Als junge Frau stellte sie diese Familie auf einen Sockel.

Elisabeth sieht sich im Zimmer um. Das dunkelblau-graue Blätter- und Blumenmuster der Tapete ist fast vollständig bedeckt von Bildern, Rahmen an Rahmen platziert. Die Welt von Fritz hängt rund um sie an der Wand: Ein Schiff verschwindet zwischen den Felsen am Horizont des Meeres, eine gemalte Vase mit einem üppigen, bereits etwas verwelkten Blumenstrauss lässt sich zeitlos betrachten, einige Rosen haben ihre Blütenblätter auf den

Tisch fallen lassen. Eine Waldlichtung mit einem märchenhaften Weg hängt daneben, am Himmel droht ein Gewitter. Ein Ahne, der mit seiner Halskrause und Puder einem Harlekin gleicht, schaut auf sie herab, ebenfalls ein französischer König mit einer Krone oder einem Heiligenschein, da ist sie sich nicht ganz sicher. Auch der schlanke Rahmen des Bildes trägt eine schwere, hornförmige Krone mit einem Stein besetzt.

Auf dem Sekretär steht in kleinem, feinem Rahmen ein Bild ihres Schwiegervaters Edouard Frédéric de Meuron, mit Strohhut, wie ihn die Gondoliere in Venedig tragen. Daneben, auf der Schreibablage, steht eine Aufnahme der Familie beim Picknick im Garten, fotografiert von seinem Bruder Alfred. Auf der linken Bildseite sitzt ihr Schwiegervater im Korbstuhl. Er war Präsident der privaten Psychiatrischen Klinik in Préfargier bei Neuenburg. Er ist ein grosser, schlanker Mann mit grauem Bart, der nachdenklich nach vorne gebeugt dasitzt, mit den Armen auf beiden Beinen abgestützt. Sein weisser Hut leuchtet im Schatten des Mammutbaumes. Neben ihm schaut ihre Schwiegermutter, Louise-Elisabeth de Meuron-von Erlach, auf die einjährige Louise hinab, die auf einer ausgebreiteten Decke zu krabbeln versucht. Das Bild muss um 1908 entstanden sein, Louise ist 1907 zur Welt gekommen. Die Schwiegermutter ist schwarz gekleidet, mit einem schwarzen Hut, sie hat freundliche Augen, eine runde Nase und runde Bäckchen und hält die Hände gefaltet im Schoss. Auf einer Bank sitzt Charles, der jüngste Bruder von Fritz, frisch verheiratet, nahe bei seiner Frau Hélène, die jünger aussieht als 22-jährig. Charles arbeitete als Gynäkologe in Neuenburg. Alix, die Schwester von Fritz, sitzt neben ihnen auf der Bank, hält ein kleines Körbchen in der Hand, wohl mit Nüssen oder anderen

Naschereien gefüllt. Auf der rechten Bildseite erkennt sie sich, die junge Elisabeth, in einem Korbstuhl sitzend, etwas abseits in hellem Kleid und mit aufgetürmten schwarzen Haaren. Sie ist der Blickfang und überragt alle im Bild. Ihr Mund ist leicht geöffnet, als würde sie sprechen. Rechts am Boden neben der kleinen Louise hat es sich Fritz bequem gemacht. Er blickt weg von der Kamera, etwas skeptisch. Mit einem schnurgerade gezogenen Scheitel, einem breiten Schnurrbart, lässig in heller Hose und spitzen, eleganten Lederschuhen sitzt er auf der Decke. Ihre Tochter wagt schon hier den Aufbruch; sie versucht vorwärtszustürmen. Mit neugierigen Augen und einem Plappermündchen. Ihr weisses Kleidchen hat kurze Puffärmel mit Spitzen. Statt Haaren steht ihr ein blonder Flaum vom Kopf zu Berge. Neben Louise liegt gemütlich ein langhaariger Hund undefinierbarer Rasse, mit dem Kopf eines Berner Sennenhundes, aber einem weiss und schwarz gesprenkelten Fell wie ein Münsterländer. Er blickt in die gleiche Richtung wie Fritz. Niemand schaut direkt in die Kamera, und obwohl alle wie drapiert dasitzen, wirkt die Aufnahme dennoch zufällig, wie wenn der Fotograf unsichtbar gewesen wäre. Ein Bild einer Gesellschaft, die vertraut zusammensitzt, aber alle sind in ihren Gedanken versunken. Sie wirken nicht steif, aber jede Person steht für sich.

Louise bringt eine Tasse Tee und ein Stück Kuchen. Sie müsse essen, bei Kräften bleiben, wenn sie schon den ganzen Tag bei Fritz bleibe. Sie fragt, ob noch andere Gäste kämen, die letzten seien gegangen. Sie wolle sich sonst verabschieden und komme wieder zur Beerdigung. Elisabeth nickt und dankt, sie will noch etwas alleine sein, bevor sie nach Rümligen fährt.

Sie denkt an die Tage in Gerzensee zurück. Sie alle weilten damals, vor vielen Jahrzehnten, zusammen im Sommerhaus der Familie de Meuron; die Brüder von Fritz, sein Vater und andere Verwandte. Alfred, der Bruder von Fritz, mochte Elisabeth besonders gerne. Er war Offizier bei der deutschen Marine, doch vor dem Ersten Weltkrieg musste er Deutschland verlassen, weil er sich als Schweizer an keiner kriegerischen Handlung beteiligen durfte. So war er 1911 nach Gerzensee zurückgekehrt. Alfred hatte einen Papagei, der ein ganzes Arsenal an französischen Schimpfwörtern kannte. Diesen Vogel trug er manchmal auf den Schultern, wenn er mit seiner Kamera auf Jagd ging.

Da er viel Zeit hatte, widmete er sich der Fotografie. Seine schwere Kamera auf drei Beinen brachte er nicht nur drinnen im Haus in Position, sondern er zog mit ihr auch an den See oder durch den Garten, um unter den schwarzen Umhang zu schlüpfen, den Auslöser zu drücken und die Gesellschaft oder Natur einzufangen. Als Labor hatte er sich ein dunkles Kämmerlein eingerichtet, wo er die Bilder selber entwickelte. Die Kinder waren ihm ein liebes Sujet, er überraschte Louise und Roger oft beim Spielen, beim Schwimmen, im Boot, oder wenn Louise gedankenversunken auf ihrem Lieblingsplatz, der Säule beim Treppenabgang, sass oder mit einer Weidenrute den Schlangen unter dem Bootshaus nachstellte. Er konnte sich fast unbemerkt irgendwo hinstellen und warten, und obwohl es eine Unendlichkeit dauerte, bis er seinen Apparat eingestellt hatte, merkten die Fotografierten meist nichts.

Manchmal gab es auch arrangierte Bilder, aber Alfred hievte immer noch einen Hund oder etwas anderes Unberechenbares in den Fokus, womit sich die Starrheit der Gesellschaft sofort löste. So fotografierte er nicht nur, so spielte er auch mit den Kindern.

Elisabeth liess sich ungern fotografieren, nur einmal, als sie mit ihrem Schäferhund auf dem Boot in den See stechen wollte, entdeckte sie den Fotografen zu spät. Sie ging ihm sonst lieber aus dem Weg.

Der jüngste Bruder Charles hatte sie als Patin für seinen ersten Sohn gewählt. Diese Aufgabe nahm sie ernst, ihr Patenkind Guy genoss immer eine besondere Behandlung, er festigte die Bande zur Familie de Meuron, und die brach auch nach der Scheidung nicht ab. Es waren vergnügte Stunden in Gerzensee, sie genoss diese Tage.

Fritz hatte zahlreiche schöne Möbel, aber ein Zuhause hatte er nicht. Sie nimmt ein kleines gerahmtes Bild vom Sekretär: Fritz sitzt auf einer Mauer, von Efeu umrahmt. Er wurde immer schlanker mit dem Alter, trug stets seine weissen, perfekt gebügelten Hemden, meist mit einer Fliege, manchmal dunkelblau, manchmal grau, manchmal gemustert, machmal rot, stets war er mit perfekt polierter Glatze unterwegs, einer runden kleinen Hornbrille und Schnauz. Seine Hosen waren klassisch geschnitten, aus schönen Stoffen, manchmal zierten auf der Seite zwei grosse Goldknöpfe den Saum. Auf diesem Bild trug er zum formellen Anzug ein Paar Espadrilles, Stoffschuhe mit geflochtener Schnursohle mit langen Bändeln, die um den Knöchel geschlungen gebunden wurden. Früher trug er in seiner Freizeit häufig diese legeren Schuhe. Der Geschmack und Stil von Fritz ist unverkennbar, er hat ihn bis ins hohe Alter behalten.

Elisabeth schaut sich suchend um. Da stehen sie, auf dem runden Tableau mit dem goldenen Rand. Die Flaschen mit dem «Frontignan Muscat de Tradition». Dieser maisgelbe, süsse Liqueur gehörte zu Fritz wie sein Schnauz. Sogar seinen Enkelinnen schenkte er manchmal einen Fingerhut davon ein, wenn sie zu Besuch kamen. Und so zuckersüss, wie er war, tranken ihn die Kinder anstandslos, sehr zum Ärger von Louise. Das Zimmer von Fritz wäre nicht vollständig, fehlten diese Flaschen mit der gelbgrünen Etikette, vielleicht erinnerte ihn diese an das gelb-grüne Familienwappen der de Meuron, den grünen Baum auf grünem Hügel, mit braunem Stamm vor gelbem Hintergrund.

Ihr Blick fällt plötzlich auf ein kleines Foto, das etwas versteckt hinter der Vase steht. Sie nimmt es hervor, es ist ihr Hochzeitsfoto. Fritz trägt wie immer einen Schnauz, die Haare sind kurz geschnitten und nach vorne gekämmt, sie fallen ihm in einem exakten Dreieck in die Stirn. Er kneift die Augen vom Sonnenlicht geblendet zusammen, blickt in die Kamera und deutet ein Lächeln an. Zum weissen Hemd trägt er eine weisse Fliege, einen schwarzen Frack mit seiden glänzender Krempe. Die dunklen Hosen sind kurz geschnitten, decken knapp den Knöchel in den Lederbottinen.

Elisabeth überragt ihn, besonders mit den hochgesteckten fast schwarzen Haaren, die mit Blumenkranz und Schleier geschmückt sind. Der Schleier droht sich in den Blättern der Kastanienzweige zu verheddern, die dicht und tief gegen den Kiesplatz wachsen. Die Braut schaut zu Boden, wirkt ernst und nachdenklich. Ihr Kleid ist tailliert und eng geschnitten, der Rock betont ihre schlanke Figur. Blumen schmücken ihre Brust. Die langen Puffärmel verengen sich und führen zu den langen, schmalen Händen. Sie hat ihre Handschuhe ausgezogen und hält sie in der Hand. Der Ehering ist nicht auszumachen. Es ist ein zufälliges Hochzeitsbild, falls es so etwas gibt, kein Bild für eine lebenslange

Erinnerung oder einen besonderen Platz in der Stube. Kein feierliches Bild, eher ein Schnappschuss an einem Gartenfest zweier zufällig nebeneinander stehender Gäste. Auf der Rückseite steht: Rümligen, 5. Oktober 1905. Sie war 23 Jahre alt, Fritz 31. Sie standen auf diesem Bild an ihrem Hochzeitsfest auf der Terrasse in Rümligen. Die weiblichen Gäste kämpften mit den Ästen der Bäume, immer wieder blieb einer der schönen Hüte der Damen hängen, wenn sie weiterspazierten, was viel zu lachen gab.

Früher bewahrte Fritz auch noch andere Erinnerungen an ihre Hochzeit auf, in einer Kommode mit schmalen Schubladen. Sie schaut sich um und findet dieses Möbel an der gegenüberliegenden Wand, sie geht hinüber, zögert einen kurzen Moment, bevor sie eine Schublade öffnet. Schon bald wird sie zwar ohnehin alle diese Schubladen öffnen müssen, um die Gegenstände zu sortieren, so kann sie es auch jetzt schon tun. Sie nimmt in jede Hand einen der runden Silbergriffe und zieht die Schublade mit einem Ruck auf, bevor die Griffe scheppernd zurückfallen. Sie erkennt den schwarzen Karton und nimmt ihn hervor. Lose liegen die Fotografien der Hochzeitsgesellschaft im Karton. Sie betrachtet eine nach der anderen, während sie wieder zu ihrem Stuhl zurückkehrt. Alle Frauen tragen lange, weisse Kleider und auffällige Kopfbedeckungen. Ein schwarzer Blumenhut ist so flach und gross wie eine Tortenplatte, ein riesiger Strohhut mit Seidenband erinnert an ein Wagenrad. Eine keck blickende junge Frau zeigt mit dem Finger auf ihre Nachbarin und trägt einen schwarzen kleinen Zylinder, wie ein Kaminfeger, geschmückt mit Federn und Blumen. Ein Fuchs hängt hier um eine Schulter, eine Perlenkette schmückt da einen Hals, alle tragen riesige Blumensträusse in ihrer Hand, Bouquets, so ausladend wie die Röcke. Hätte sie keinen Schleier auf dem Kopf, es wäre schwierig, die Braut zu erkennen. Doch sie ist die Grösste und, wie sie findet, auch die Schönste der Gesellschaft. Eine kleine Brautjumpfer mit geflochtenem Haar trägt den Schleier, das heisst, zieht mehr daran, als dass sie ihn hält. Auch diese Bilder sind dynamisch, voller Bewegung, man hört das Gelächter förmlich, das die Herren zu unterdrücken versuchen. Was sie so erheitert, ist unklar. Alle Münder sind in Bewegung, am Sprechen oder Lachen.

Dagegen wirkt das letzte Bild in der Beige brav, es ist kein Hochzeitsfoto. Elisabeth steht im Garten auf einem abschüssigen Weg etwas unterhalb von Fritz und hält ein beutelförmiges schwarzes Stofftäschchen vor der Brust, wie um einen allfälligen Angriff abzuwehren. Ihr dunkles Kleid hat glänzende Ärmel und ein seidenes Oberteil. Den Kopf hat sie leicht gesenkt und lächelnd schaut sie von unten in die Kamera – wie ein bildhaftes Understatement. Fritz dagegen steht stolz auf dem Weg, hält die Hand an der Jacke wie ein linkshändiger Napoleon. Die Finger indes verschwinden nicht im Gilet, sondern bleiben unter dem leuchtend weissen Pochettli stehen. Der Seitenscheitel beginnt nur wenig über seinem linken Ohr. Das Bild zeigt die Verlobung im «Freudheim» in Gerzensee bei den Eltern von Fritz. Alle waren glücklich – ihre Schwiegereltern, dass Fritz endlich heiratet, ihre Eltern, dass sie sich aller Vorsätze zum Trotz doch zu einer Ehe entschlossen hat. So wurde auch die Hochzeit gebührend gefeiert, obwohl die Eltern wie auch ihre Freundinnen und Freunde sich insgeheim über ihre Verbindung wohl wunderten. Alle hielten sich an die konventionellen Regeln. Ein klassisches Hochzeitsfest wurde es dennoch nicht.

Sie wühlt in der Schachtel und zieht eine mit Schreibmaschine geschriebene Tischordnung hervor. Die streng nach gesellschaftlicher Hierarchie geordnete Platzierung war comme il faut. 86 geladene Gäste, sie liest die Namen: de May, de Tscharner, de Wurstemberger, de Watteville, de Steiger, Thormann, de Werdt, de Fischer, Stettler, Marcuard ... und viele andere Berner Familien, ebenso Neuenburger Familien wie du Pasquier oder de Pourtalès.

M. und Mme de Meuron – das Brautpaar – sassen nebeneinander im Mittelpunkt der hufeisenförmig aufgestellten Tische im Berner «Bellevue», in deren Mitte ein Längstisch für weitere 18 Personen stand. Am weitesten voneinander enfernt sassen ihre Eltern und Schwiegereltern, die de Meuron und de Tscharner, je vis-à-vis der Gesellschaft. Die Paare sassen getrennt, nur ledige Frauen hatten einen Vornamen auf dem Kärtchen, die verheirateten Frauen trugen in französischer Manier den Vornamen des Mannes, Mme Arthur de May beispielsweise. Neben dem Brautpaar sassen ihre Trauzeugen. Natürlich ihre Jugendfreundin Dora von Büren, die Tochter des Verwalters, und Fritz' Freund Rodolphe. Dora sass neben Elisabeths Bruder Ludwig Samuel, sie waren damals noch kein Paar, aber später heirateten auch sie.

Nach dem Essen stimmten ihre Freundinnen und Freunde, wie üblich an Hochzeiten, eine musikalische Darbietung an. Schnitzelbänke zu den Melodien des Komponisten Emile Jacques-Dalcroze, der damals hoch im Schwange war. Sie kramt im Karton einen Bund zusammengefalteter hellblauer Blätter hervor. Gestochen scharfe Buchstaben, geschrieben mit einer Handschrift, die aussieht wie gedruckt. Vorwärts im Fluss hingeworfen, nur hie und da ist ein Wort durchgestrichen. Statt «poulette» steht beispielsweise mit Bleistift «agneau» als Korrektur geschrieben: sie, Elisabeth, die als Lamm statt Hühnchen beschrieben wird. Ihre Freundinnen und Freunde hatten sich im Esssaal in eine freie Ecke gestellt, hielten diese Blätter in der Hand und Dora gab mit einer Stimmgabel den Ton an. Ein selbstgemaltes Bild illustrierte ihren Gesang. Jede Strophe wurde mit einer neuen Karikatur untermalt. Zum Summen des ersten Tones hielt Rodolphe das erste Bild in die Höhe. Elisabeth beginnt zu lesen.

1er Tableau: E. jouant au football et F. à la poupée

Als wäre sie wieder an der Hochzeit, hört sie den kleinen Chor singen, während sie die Zeilen überfliegt.

Elisabeth, on le sait bien,
a passé toute son enfance
à cultiver ses fleurs, ses chiens
et ses pigeons et ses lapins.
Elle aimait comme les gamins
la paume qu'à football on se lance.
Avec les lapins et les chiens,
a passé toute son enfance.

De caractère facile et doux
Fritz ador' toutes les poupées
et Madame Dutillet surtout.
Il aime aussi bien les matous.
Il soignera de beaux toutous
dans sa future maisonnée.
De caractère facile et doux
Fritz ador' toutes les poupées.

Die Rollen waren vertauscht: sie, die Fussball spielte, sich mit Tieren und Jungen abgab, und Fritz, der seine Puppen und die Puppenstube liebte, lange nachts nicht ohne sie schlafen konnte – wenig schmeichelhaft. Fritz versuchte zu lächeln, die eine Hälfte der Gäste konnte sich das Lachen nicht verkneifen, die andere schaute ihn etwas mitleidig an; nicht dass es erfunden gewesen wäre, nein, es war sehr treffend, zu treffend. In den ersten beiden Schnitzelbänken machten ihre Freunde klar, wer nach ihrer Ansicht die Hosen anhatte. Eine doppelte Kränkung muss es für Fritz gewesen sein, erstens, dass er mit Puppen spielte, was kein rechter Junge machte, zweitens, dass er eine Frau wählte, die sich ebenfalls nicht an die Konventionen hielt und Fussball spielte, was kein Mädchen sich traute. Eine verkehrte Welt. Elisabeth lachte damals und liess sich nichts anmerken. Die Strophe verklang, und Rodolphe hielt das zweite Bild in die Höhe, eine grosse Geburtstagstorte.

Pour commémorer dignement
son anniversaire
son anniversaire
les amies sont conviées chez Elisabeth.
Les intimes sont priées chez Elisabeth.

Tous les cadeaux qu'elle a reçus
sont bien admirés,
mais point de trop près!
A ses amies Elisabeth
aime à les montrer
elle aime qu'on les admire,
mais pas de trop près.

1

1 Ansichtskarte von Schloss Rümligen mit Schlossweiher, verschickt von Elisabeth
2 Elisabeths Postkarte von Amsoldingen

2

3

3 Mutter Anna von Tscharner-von Wattenwyl

4 Vater Oberst Ludwig von Tscharner, der «Löwe»

5 Elisabeth mit 16 Jahren im Elternhaus am Münsterplatz

6 Die junge Elisabeth von Tscharner

4

5

6

FOTO: A. WICKY

7

BURGERBIBLIOTHEK BERN: N_MICHAEL_STETTLER_31_HOCHZEITSFOTO_MEURON_TSCHARNER

7 Hochzeit Elisabeth und Frédéric am 5.10.1905 in Rümligen

8 Elisabeth mit Louise und Frédéric in Rümligen, 1907

9 Picknick im Freudheim-Park in Gerzensee: v.l.n.r. Edouard und Louise de Meuron-d'Erlach, Charles, Hélène, Alix de Meuron, Elisabeth, Frédéric; vorne die kleine Louise, 1908

8

9

FOTO: ALFRED DE MEURON

FOTO: ALFRED DE MEURON

10

10 Roger und Louise im Freudheim in Gerzensee, 1914

11 Elisabeth mit Louise und Roger um 1915

11

12

FOTOS: ALFRED DE MEURON

13

14

12 Wanderung von Elisabeth mit Louise und Roger
13 Louise mit André, Roger und Guy im Freudheim, Gerzensee, 1920
14 Louise im «Schiffscherm» am Gerzensee, 1920

15

15 Frédéric, abgeholt zur Mobilisation im Freudheim, Gerzensee, 1917

16 Zimmer von Frédéric mit Vitrine

17 Frédéric im Freudheim, 1932

16

FOTOS: ALFRED DE MEURON

P.M.

19

18 Elisabeth vor dem Münster, gemalt von F. Memhausen
19 Porträt gemalt von Viktor Hammer

FOTO: ALFRED DE MEURON

21

20 Elisabeth mit Schäferhund am Gerzensee, 1922
21 Elisabeth und Roger in den Bergen in den 30er Jahren
22 Roger mit Elisabeths Enkelinnen Barbara und Sibylle auf dem Amsoldingersee, 1935
23 Elisabeth mit Barbara und Sibylle in Rümligen, 1937

22

23

25

24 Elisabeth mit Barsoi-Hunden an der Junkerngasse 5 um 1945

25 Paul Messerli überbringt Blumen zum Geburtstag

27

FOTOS: PAUL MÜLLER

26 «Dieses Bild des Hochmuts – ist nur die äussere Schale meines früheren Wesens.»
27 «Dieses Bild, welches meinem Begriffe von meiner jetzigen Lebensweise entspricht.»
(Zitate Elisabeth de Meuron)

28

30

29

28 Elisabeth mit Singstudenten in Rümligen, 1966

29 Studentenwohnung von Peter Gerber um 1970

30 Concours in Rümligen

31 Der Dreier-Sprung

32 Concours-Besucher Bundesrat Gnägi und Waffenchef Thiébaud in Rümligen, 1970

FOTO: KURT AESCHIMANN

32

31

FOTO: WALTER STUDER

FOTO: WALTER STUDER

33

33 Typische Geste

34 Einkauf in der Berner Altstadt

35 Hörrohrflicken bei Spenglerei Ammann
an der Junkerngasse in Bern, 1977
36 Der Winterhut

35

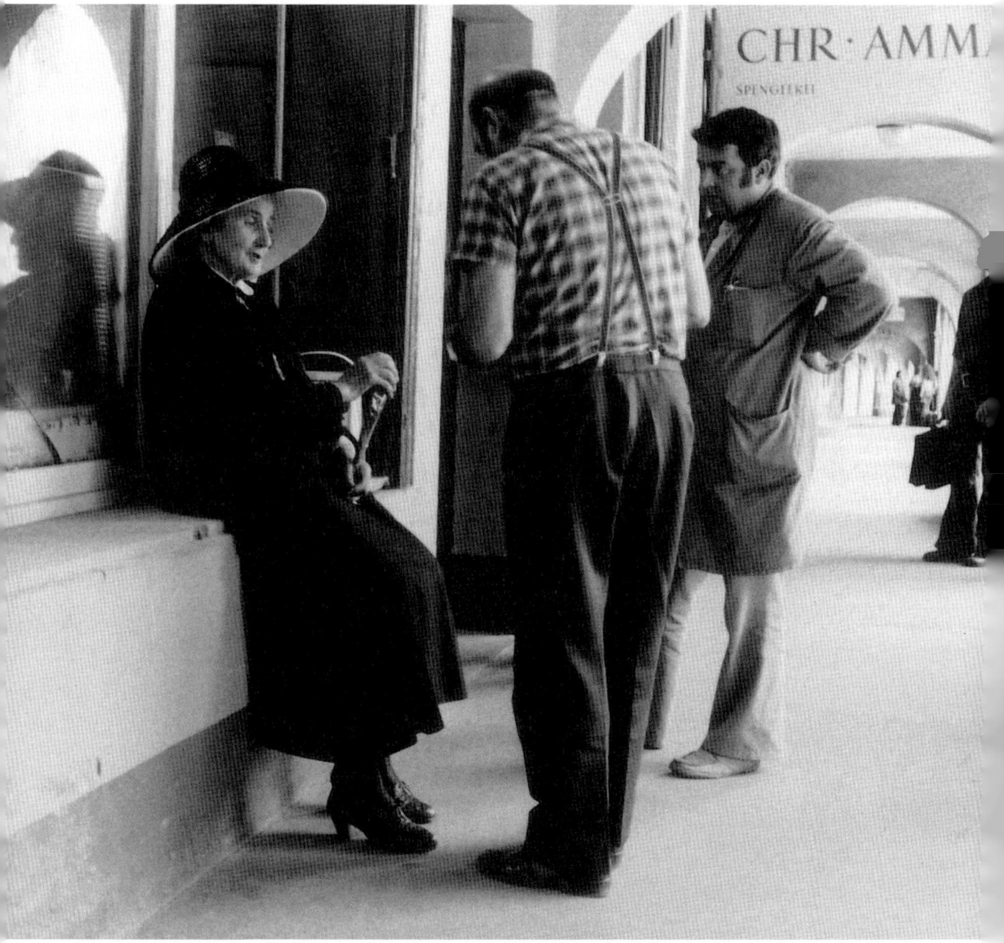

FOTO: P. BLAUNER

36

FOTO: RODO WYSS

38

37 Beim Spiel gewonnen – verloren,
Schnappschüsse der Urenkelin Louise Zoelly
38 Spaziergang im Park von Schloss Amsoldingen

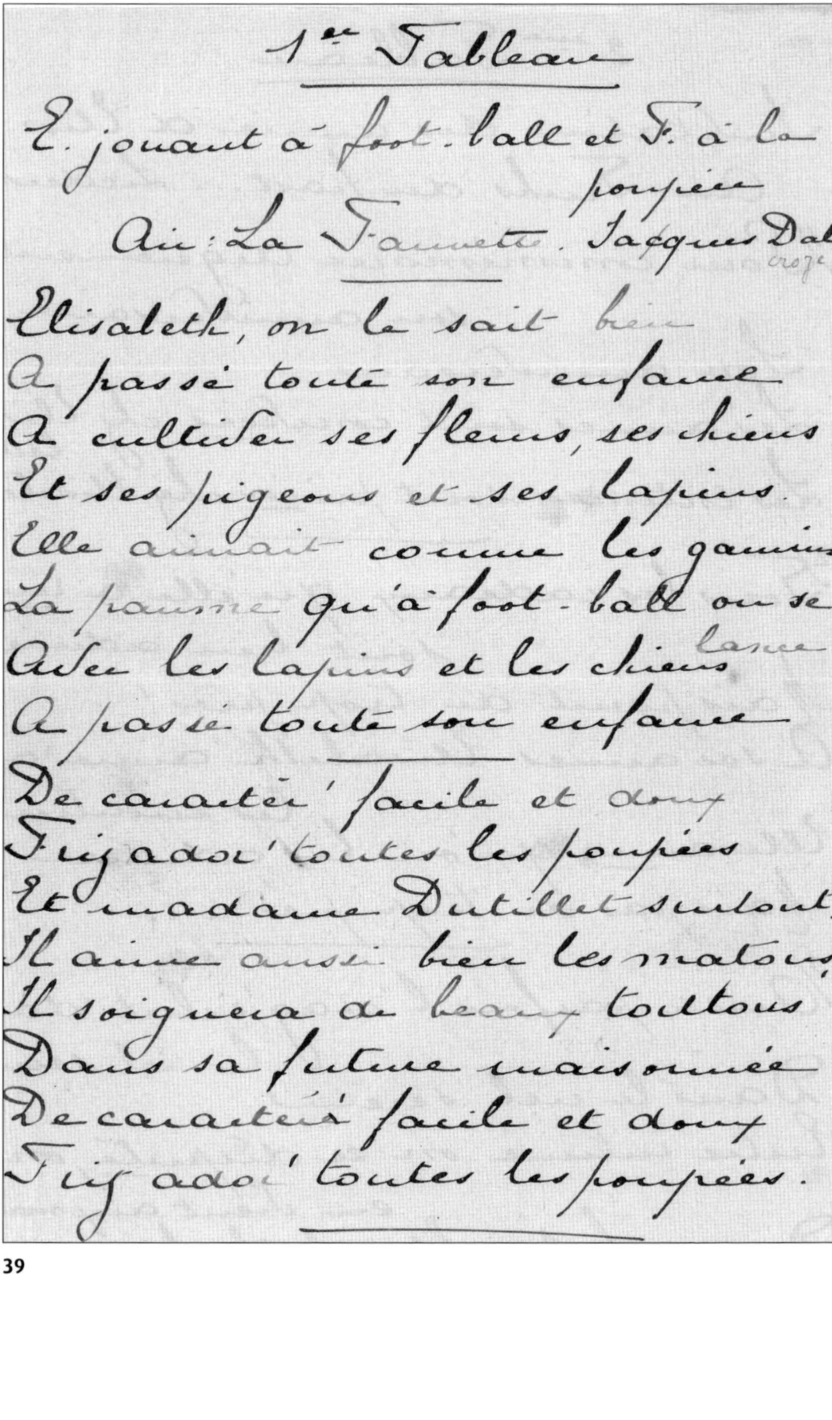

1er Tableau

E. jouant à foot-ball et F. à la poupée

Air: La Fauvette. Jacques Dalcroze

Elisabeth, on le sait bien
A passé toute son enfance
A cultiver ses fleurs, ses chiens
Et ses pigeons et ses lapins.
Elle aimait comme les gamins
La paume qu'à foot-ball on se lance
Avec les lapins et les chiens
A passé toute son enfance

De caractère facile et doux
Friz adore toutes les poupées
Et madame Dutillet surtout.
Il aime aussi bien les matous
Il soignera de beaux toutous
Dans sa future maisonnée
De caractère facile et doux
Friz adore toutes les poupées.

40

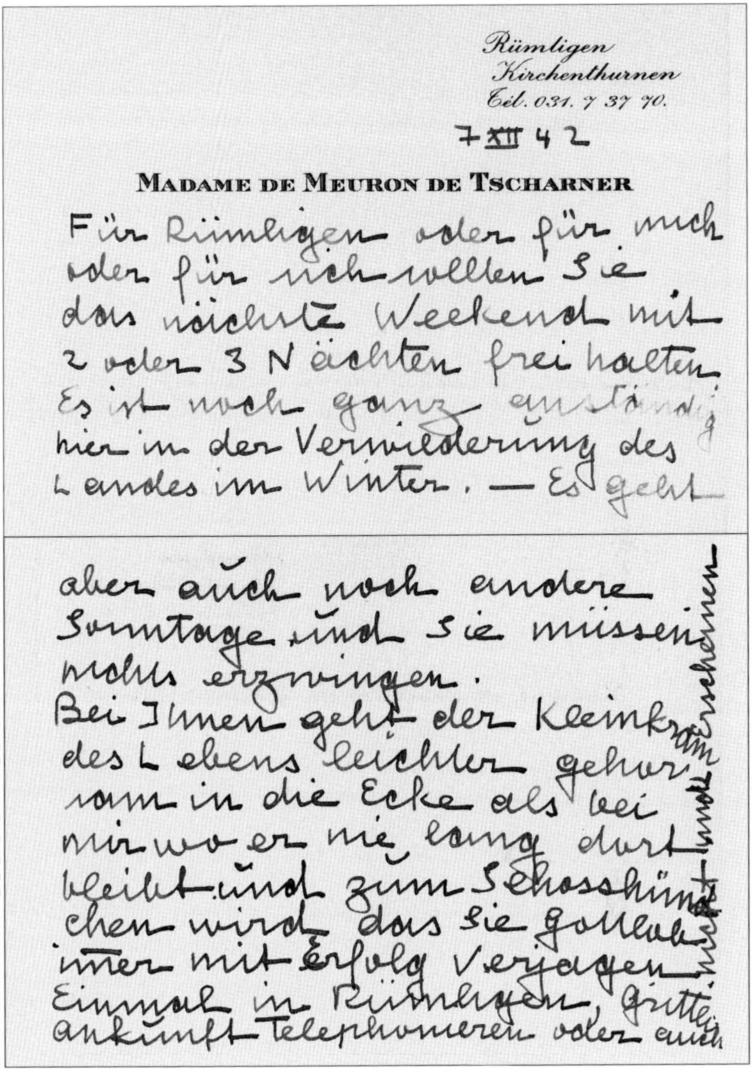

39 Ausschnitt Schnitzelbank Hochzeit Elisabeth und Frédéric, Rümligen 1905

40 Karte an Max Huggler, 1942

41

42

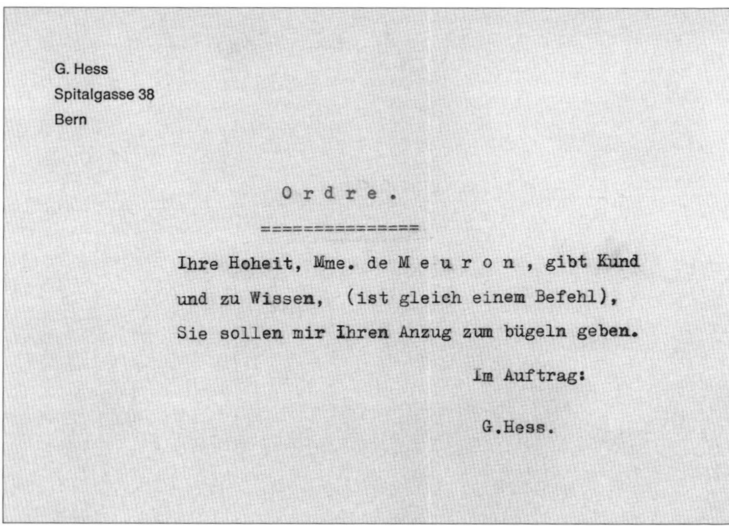

G. Hess
Spitalgasse 38
Bern

O r d r e .

===============

Ihre Hoheit, Mme. de M e u r o n , gibt Kund
und zu Wissen, (ist gleich einem Befehl),
Sie sollen mir Ihren Anzug zum bügeln geben.

Im Auftrag:

G.Hess.

41 Geburtstagskarte von Lindi, 1967

42 Ordre an Mieter Peter Gerber, überreicht von G. Hess, 1968

43 Brief an Paul Messerli, 1964

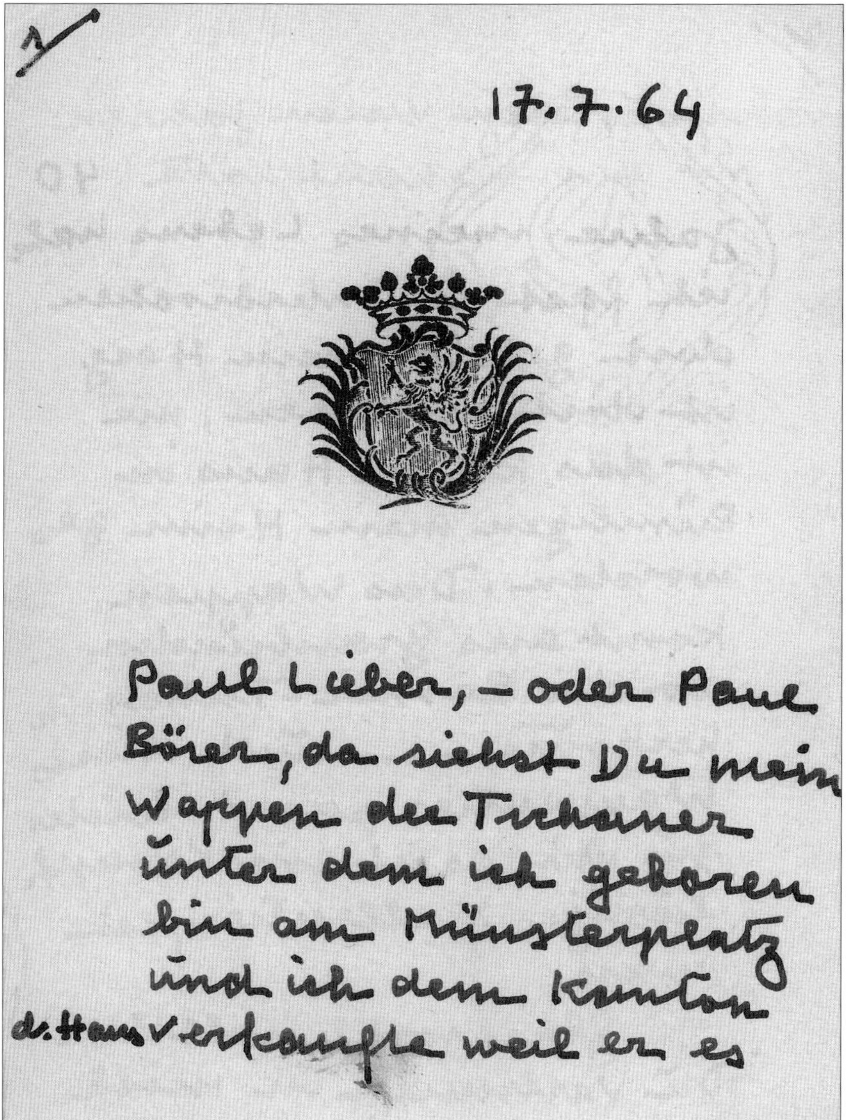
1

17. 7. 64

Paul Lieber, – oder Paul
Börer, da siehst Du mein
Wappen der Tschanner
unter dem ich geboren
bin am Münsterplatz
und ich dem Kanton
dr. Hans verkaufte weil er es

43

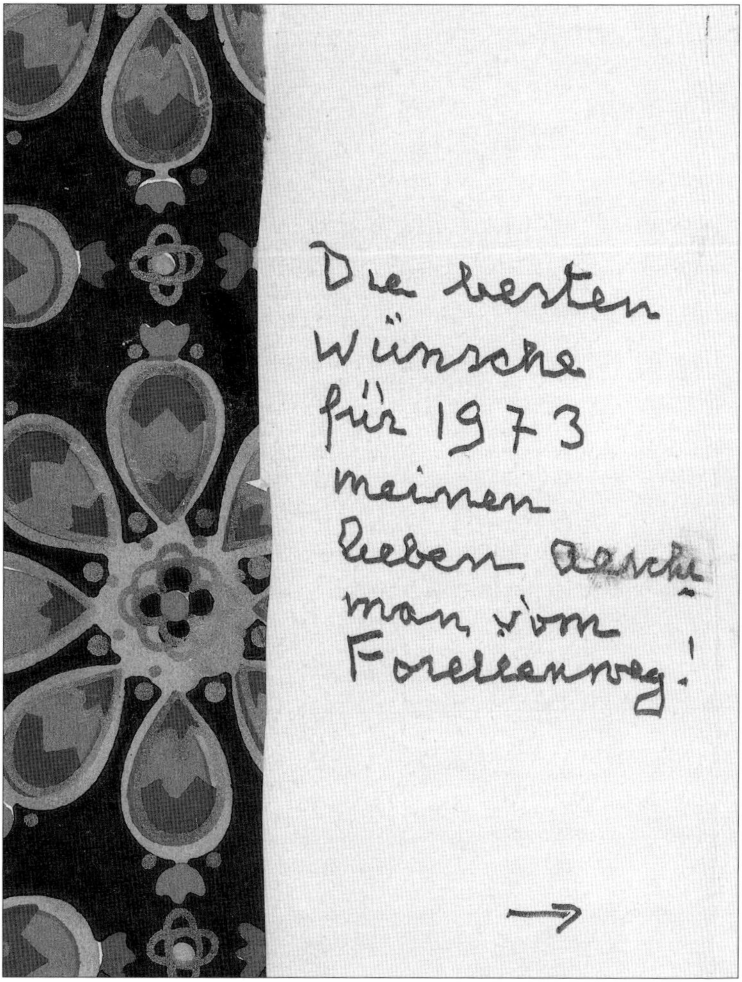

44 Geschmücktes Briefpapier, Neujahrskarte an Kurt Aeschimann, 1973

Aussi parfois l'orage éclat' dans
le ciel serein
dans le ciel serein.
Entre intimes on se dispute, on
en vient aux mains.
De son balai, Elisabeth frappe
avec entrain.

Sie erinnert sich an die Heiterkeit im Saal. Alle hatten ihre Zornausbrüche aus heiterem Himmel schon erlebt. Sie zuckte mit den Schultern. Nehmt mich, wie ich bin, oder lasst es sein, schien ihr stolzer Blick zu sagen. Denn bis heute wirft sie in ihrem Jähzorn immer wieder Gegenstände, Teller oder Bestecke durch die Zimmer. Ihre Familie musste sich daran gewöhnen, zu gegebener Zeit in Deckung zu gehen.

Dora stellte das dritte Bild vor sich hin – mit dem riesigen und mächtigen Tscharnerhaus, das Münster daneben verschwindend klein.

Visite de Fritz à la Münsterplatz

Les parents quand ils ont à
vaquer à leurs affaires
devraient faire bien attention
d'ne pas laisser solitaire
leur poulette (agneau) à la maison.
Car bien vite le larron
profite de l'occasion.
On l'apprit bien à la Place
ce beau jour où Fritz Meuron

joue un tour de sa façon.
Ah, ah, cet honnête
garçon.

Ce jour-là justement
la poulette est solitaire
en l'absence des parents,
quand Fritz Meuron d'Angleterre
débarque tout fraîchement,
s'en venait très poliment
fair' sa visite aux parents.
Mais ce fut à la poulette (mit Bleistift Mademoiselle)
que le jeune homme fort galant
débita son boniment.
Ah, ah, sans pleurer les parents.

Dans le tout premier instant
la poulette est sur les braises,
mais, oh que bien vitement
le jeune homme la met à l'aise
en lui causant gentiment
d'art, théâtre et de beau temps,
quel délicieux moment.
Mais juge de la surpise
quand reviennent les parents,
de trouver ce beau galant.
Ah, ah, tout marris sont les parents.

Bei diesen Zeilen taucht die erste Begegnung mit Fritz wieder in der Erinnerung auf. Sie waren zufälligerweise an einem Ball ins

Gespräch gekommen, beiden war nicht nach Tanzen zumute. Fritz erzählte ihr von seiner Arbeit auf einer Neuenburger Bank und von der geplanten Reise nach London, da er in England verschiedene Verwandte hatte: auch de Meuron, die nach den Kämpfen für die englische Armee in England geblieben waren. Es gab auch de Meuron in Portugal und sogar solche in Korsika, die einst für Napoleon kämpften, les de Meuron de Corse, das machte Elisabeth Eindruck.

Ihr gefiel, was Fritz von den Theatern und Konzerten in London erzählte, sie wollte alles wissen und sagte, sie spreche und lese gerne Englisch, habe nur leider selten Gelegenheit dazu. Fritz versprach, sie nach seiner Englandreise in Bern zu besuchen. Er merkte, wie Elisabeth gerne diskutierte, sich in der Welt der Männer bestens auskannte. Tanzen dagegen war nicht ihre Sache. Sie war ungelenk, liess sich ungern führen, verfehlte oft auch die Schritte, vor allem rückwärts. Sie verkrampfte sich und trat daneben, obwohl sie sich sonst gerne und ausgiebig bewegte. Obwohl sie angestrengt übte im Tanzunterricht, war sie mit dem Ergebnis nicht zufrieden und mied deshalb die Tanzfläche.

Sie entsprach nicht dem typischen Frauenbild, und auch Fritz war eine besondere Persönlichkeit. Im Militär war er nur Korporal, war sanftmütig, kein Draufgänger oder Held, interessierte sich für die schönen Künste, diskutierte gerne, und beide dachten, sie würden vielleicht ganz gut zusammenpassen. Wie alle wusste auch Fritz, dass Elisabeth ihren Geliebten aus Zürich nicht hatte heiraten dürfen, vielleicht mit ein Grund, weshalb sie in der Gesellschaft etwas Narrenfreiheit genoss. Man nahm an, es handle sich um eine Art Trotzreaktion, die sich irgendwann legen würde. Doch je mehr Jahre verstrichen, desto schwieriger würde es werden, einen Mann zu finden – trotz ihrer Schönheit, das wusste Elisabeth. Ihre Eskapaden bereits als Kind, ihr Temperament und ihre Wutanfälle liessen viele Männer zurückschrecken. Fritz schien dagegen fasziniert von ihr. Er nahm allen Mut zusammen und hielt bei einem Besuch am Münsterplatz um ihre Hand an.

Sie knipst einen einfachen geschwungenen Leuchter an. Sein spärliches gelbes Licht reicht nicht aus, um den ganzen Raum zu füllen. Hier im Seitenflügel des Hauses sind die Fenster kleiner und die Räume niederer, eine Veranda schützt vor Wind und Wetter, vier geflochtene Gartenstühle und ein Holztisch stehen da. Ihre Enkelin Barbara wohnt – zusammen mit ihrem Vater und einer Angestellten – immer noch in einem Hausteil. Zu hören ist nichts von ihnen.

In Gedanken hört sie noch die Hausglocke im Tscharnerhaus am Münsterplatz, als Fritz sie besuchen wollte. Er kam in der Annahme, ihre Eltern wären ebenfalls da, doch sie waren damals ausser Haus. Natürlich empfing sie ihn mit der Mahnung, sie dürfe alleine keinen Mann ins Haus lassen, das sei entgegen allen Gepflogenheiten. Sie machte dabei eine solch ernste Miene, dass Fritz bereits wieder abziehen wollte. Worauf sie lachend die Türe weit aufriss und mit den Händen fuchtelte wie ein Verkehrspolizist. Fritz trat ein, und sie bat ihn nicht etwa in den Salon, sondern in die Küche, wo auch die Köchin da war und ab und zu Bedienstete hereinschauten, so fand sie es weniger anrüchig.

Ihre Reaktion auf den Heiratsantrag von Fritz an diesem ungewöhnlichen Ort überraschte sie selber. Sie erbat sich keine Bedenkzeit, wollte nicht wie immer alles genau abwägen. Sie antwortet nur, pourquoi pas?, sie lachte, stand vom Tisch auf, nahm Fritz bei beiden Händen, und zusammen drehten sich immer schneller im Kreis wie kleine Kinder. Als ihre Eltern zurückkehrten, staunten sie nicht schlecht über das kleine Fest in der Küche. Fritz versuchte, so korrekt wie möglich seinen Heiratsantrag zu formulieren, die Eltern mussten sich setzen, so überrascht waren sie. Doch der Vater wog ab und nickte am Schluss. Er antwortete gleich wie seine Tochter, warum nicht? Die Mutter schaute zu Boden und sagte nichts.

War es eine gute Idee? Hätte sie funktionieren können? Elisabeth ist unschlüssig, beide waren sie so verschieden, aber ebenso überzeugt von ihrem Plan. Die Aussicht auf ein neues Leben löste eine Euphorie aus, eine Verliebtheit, sie waren Verbündete. Fritz zählte darauf, dass Elisabeth ihn verstehen würde, und sie legte Wert darauf, jemanden zu heiraten, der ihr nichts befehlen, der sie nicht bevormunden würde, dem sie nicht gehorchen musste und der ihr nicht vorschrieb, was sie zu tun oder zu lassen hatte. Sie wussten beide, dass sie verheiratet wohl besser ihr eigenes Leben führen konnten, und suchten sich deshalb einen Partner, mit dem ihnen ihr Leben vorstellbar schien. Die Zuneigung war da. Elisabeth gefiel Fritz, und seine Vorlieben für Kunst und Kultur beeindruckten sie.

Fritz unterschied sich in allem von ihrem Vater, ausser dem breiten Interesse an anderen Ländern und Kulturen. Sonst war er das genaue Gegenteil von ihm. *Ich dumm und schön durfte nach altem Brauch nicht heiraten, wen ich wollte, und mein Vater und Bruder eifersüchtig verhinderten alles, wo es ein richtiger Mann war, den ich liebte, so dass ich einen unfähigen Neuenburger Vetter nahm, um aus dem Haus zu kommen, weil meine Mutter sehr schwierig war im gleichen Sinn.* Manchmal bezeichnete sie Fritz als unfähig, tat ihm damit aber Unrecht, weil sie im Leben genauso unfähig war.

Sie betrachtet die vielen Bilder im Raum, auch im spärlichen Licht erkennt sie Werke der Maler der Familie de Meuron. Die Kunst-Tradition der de Meuron spielte bei ihrer Verbindung eine wichtige Rolle. Es gab drei Strömungen in der Familie von Fritz: diejenige der Offiziere und Militärs, diejenige der Handelsleute oder Unternehmer und diejenige der Künstlerinnen und Künstler. Im 18. Jahrhundert malte Alix de Meuron Porträts, Anna-Louise-Pauline war Landschaftsmalerin, und Aglaé-Joséphine de Meuron war Anfang des 20. Jahrhunderts Porträtistin in Korsika und wurde dort als talentierte und grosse Künstlerin geehrt, als sie starb. In der Schweiz wurde vor allem Maximilian de Meuron bekannt, er malte im 19. Jahrundert unter anderem «l'Etude pour le Grand Eiger», eine Berglandschaft mit weidenden Kühen am See. Auch sein Sohn Albert malte und führte zusammen mit seinem Vater die Landschaftsstudien weiter. Die meisten Ausstellungen machte wohl Louis-Henry de Meuron, der 1949 starb. Ihn beeinflussten Renoir und Cézanne, er malte Landschaften und Porträts, war auch Kunstgeschichtsprofessor in Neuenburg. Fritz war in seiner Familie immer von Kunst umgeben, sie war auch seine grosse Leidenschaft. Leider fehlte ihm das Talent, selber zu malen, er hatte aber ein gutes Auge und kaufte mit Erfolg Möbel und Bilder, die er wieder verkaufte. Elisabeth wollte über die Maler und vor allem die Malerinnen in seiner Familie alles wissen. Was er ihr erzählte, vergass sie nie mehr.

Sie nimmt die blauen Blätter wieder in die Hände und liest die nächste Schnitzelbank. Ihre Bekannten reagierten etwas verwundert, als sie von ihren Hochzeitsplänen hörten. Deshalb bekräftigten sie ihre Verbindung mit Einladungen und versuchten, als Paar in der Gesellschaft aufzutreten, was ihnen nicht immer anstandslos gelang. Das vierte Bild an der Hochzeitsfeier zeigte einen solchen Fauxpas in Rümligen im «paradis», einer Anhöhe neben dem Schloss, mit einer wunderbaren Aussicht und einer Quellfassung. Die jungen Leute zogen sich oft dorthin zurück, um ungestört plaudern und lachen zu können.

F. et E. roulent en bas un talus à Rümligen

De nos deux amoureux, l'histoire
est plaisante à chanter.
A Rümligen en août, on vit
joyeux, garden-party.
Du haut du «Paradis» ils voient
tous ces couples nombreux
tout en bas de la pente, ohé,
s'élancer deux à deux.

Sans souci du danger, ohé, et
la main dans la main,
Elisabeth et Fritz, aussi s'élancent
pleins d'entrain.
Mais patatras, hazard, faux pas,
encouble malheureux
tout en-bas de la pente, ohé,
roulent nos amoureux.

C'est bien un accident, ohé, un
accident affreux.
Mais non, ils sont debout déjà
et riant tous les deux.
L'idylle, elle est charmante, c'est
vrai, on s'est bien amusé.
Les voilà tous les deux, ohé, prêts
à recommencer.

Auch diese Strophe ist passend, muss sie sich eingestehen. Ob beim Tanzen oder wenn sie zusammen eingeladen waren oder selber Einladungen gaben, sie stellten sich beide immer etwas ungelenk an. Sie war kräftig und beweglich, doch zu zweit wurden sie unsicher. Aber wie besungen, waren sie auch nicht zimperlich, als sie Hand in Hand den Abhang bei Rümligen hinunterstürzten, wieder aufstanden, lachten und es von neuem versuchten. Schliesslich wollten sie sich aneinander gewöhnen. Ihre Verbindung war bemerkenswert. Traf Elisabeth auf den Wolf oder den Märchenprinzen – nicht im Wald, sondern unter den Berner Lauben? Es lag auf der Hand, dass sie den Wolf, vor welchem die Eltern sie die ganze Kindheit über gewarnt hatten, zum Prinzen erkor. Sie liest die Zeilen, die sie längst vergessen hat.

5^em^ Tableau
Rencontre dans les arcades

Que fais-tu donc Elisabeth
comment tu sors et par quel
temps.
Te voilà seul, toute seulette.

Prends garde au loup, au
loup méchant.
Il rod' bien sûr en cet instant.
Prends bien garde au loup,
pense à tes parents.

Aimer le loup n'est pas si méchant,
mais non, mais non pas méchant
je ne crains rien, mais non,
vraiment.
Le loup, c'est lui, c'est mon galant
qui m'a fait la cour en cet instant.
Le loup, savez-vous, c'est le prince
charmant.

Et quel est cet heureux garçon
dis-nous, dis-nous, quel est son nom?
Ah vous voulez savoir son nom.
Le loup c'est Fritz, c'est Fritz Meuron
Elisabeth, gare au larron.
Prends garde à ses dents, pense
à tes parents.

Sie hat Mühe, die Buchstaben zu erkennen, Wolken sind aufgezogen, es hat zu regnen begonnen. Sie entdeckt neben sich eine Leselampe, auf den Sessel von Fritz gerichtet. Sie steht auf, fährt mit den Fingern dem braunen, mit Stoff umhüllten Kabel entlang nach unten, um den Schalter zu finden, entdeckt endlich den schwarzen Knopf auf dem Lampenfuss, und ein heller Strahl leuchtet auf die Blätter.

Auch ihren Besuch in Neuenburg haben die Freunde besungen. Fritz litt an einer Grippe und war längere Zeit geschwächt. Gerne wäre sie nach Neuenburg gezogen. Doch Fritz hatte im Vergleich mit dem Münsterplatzhaus, wo sie wohnen konnten, nichts Vergleichbares anzubieten. So entschieden sie, in Bern zu bleiben.

6^em^ Tableau

Fritz malade à Neuchâtel, Elisabeth
derrière sa porte.

Ils sont fiancés,
vivent Fritz et sa belle.
Ce bruit court en la cité.
Ils sont fiancés, vivent Fritz et sa belle.
Oui, c'est l'exacte vérité,
mais qui l'aurait jamais deviné.
Mais on dit que Fritz est malade,
à Neuchâtel alité.
On dit même que s'il est malade,
que c'est le bonheur qui l'aurait tué.

Nous n'en croyons rien!
Vivent Fritz et sa belle!
Qu'le bonheur l'aurait tué.
Nous n'en croyons rien.
Vivent Fritz et sa belle!

Qu'il ressuscite à sa santé
oui, qu'il ressuscite à sa santé.
Elisabeth est à la porte
du pauvre garçon alité.
Du bonheur plein elle t'apporte.
Allons Fritz, Fritz à ta santé!

Sie planten eine kleine Hochzeitsreise nach Luzern, dann durch die Innerschweiz über den Oberalppass ins Bündnerland – woher die von Tscharner ursprünglich stammen. Es war ein schwieriger Start in diese Ehe. Auf ihrer ersten Reise gerieten sie in der Kutsche in ein Unwetter. *In einer solchen Post auf dem obern Hintersitz bin ich über den Oberalp gefahren. Zuoberst kam ein fürchterliches Gewitter, man rasselte hinunter, als ob nichts wäre, mit Windeseile, und im ersten Dorf fiel das eine der zwei Pferde aus Erschöpfung an den Boden, wo es ein solches Gerüttel war, um es aufzureissen, dass ich die grösste Mühe hatte, herunter zu steigen und an den Trittbrettern mir noch weh tat. Aber mein leichtsinniger Ehemann seelenruhig in seinem hohen Sitz blieb, um nicht nass zu werden.* Die folgende Hochzeitsnacht war noch viel schlimmer. Sie stiess Fritz nach den ersten Zärtlichkeiten weg, was ihm einfalle, was er da mache. Sie hatte noch nie etwas davon gehört, wie Kinder entstehen, Fritz musste es ihr zuerst gründlich erklären, bevor sie ihn wieder zu sich ins Bett steigen liess.

7ᵉᵐ Tableau
Fritz et Elisabeth en voyage

Fritz un mari, qui l'aurait dit,
un amoureux si bien épris.
Elisabeth Tscharner a souri
le vieux garçon s'est trouvé pris.

Elisabeth avait juré
de ne jamais se marier,
mais Fritz a si bien manœuvré
qu'le célibat a dû sombrer.

C'est cupidon qui a bien ri
de voir ces deux coeurs réunis.
Aucun de nous n'en est marri,
vivent l'épousée et le mari.

Qui rame à deux, rame bien mieux.
En tout pays, soyez heureux,
que votre ciel soit rose et bleu.
Tout vous sourit, gais amoureux.
Partez gaîement, heureux époux.
Tous nos souhaits sont avec vous.
Partez gaîement, heureux époux,
mais sans tarder, revenez-nous.

Fin

Zufrieden war sie in den ersten paar Ehejahren, die sie zusammen mit Fritz in einem Haus im Monbijou-Quartier verbrachten. Louise und Roger kamen zur Welt. Bei Roger waren nur Elisabeth und Louise zu Hause und sie konnten zur Geburt keine Hilfe holen, so dass sie ihr Kind fast alleine zur Welt brachte. Aber sie lebten selbständig als Familie, sie freute sich an ihren kleinen Kindern – es waren wohl ihre glücklichsten Jahre.

Elisabeth faltet die blauen Blätter zusammen und legt sie wieder in den schwarzen Karton, er wandert in die Kommodenschublade zurück. Die Schnitzelbänke an der Hochzeit hatten die Schwierigkeit dieser Ehe bereits vorweggenommen. In der ersten Strophe war das Problem ausgelegt: Sie waren beide zu unterschiedliche Persönlichkeiten. Und die Hoffnung, dass genau diese Verschiedenheit ihre Chance sein könnte, bewahrheitete sich nicht.

Sie steht auf, streicht mit den Fingern dem hellbraun polierten Holz des Sarges entlang. Die Hochzeit schien damals einiges zu ermöglichen. Sie hatte sich neue Ziele gesetzt. Sie wollte nicht mehr Künstlerin werden, dafür aber eine grosse Familie haben. Denn sie hatte kurz zuvor wunderbare Stunden mit Kindern erlebt.

Anfang des Jahrhunderts war die Unterstufen-Lehrerin der Gesamtschule in Rümligen erkrankt und konnte einige Wochen nicht unterrichten. Die Gemeinde hatte zu wenig Geld, um eine Stellvertreterin zu engagieren, so stand der Gemeindepräsident eines Tages vor dem Schlosstor. Ob ihnen wohl jemand in der misslichen Lage helfen könnte? Die Frauen hätten auf ihren Höfen alle Hände voll zu tun, die Kinder gehörten aber in die Schule. Natürlich war der Gemeindepräsident mit der Absicht gekommen, Elisabeth anzuwerben, der Wirbelwind mit dem lockeren Mundwerk war überall bekannt. Und natürlich stand sie im nötigen Abstand, ohne gesehen zu werden und um doch alles zu hören, auf der Wendeltreppe und spitzte die Ohren. Ihr Vater versicherte, er kläre ab, was sich machen lasse. Kaum war der Besucher ausser Hörweite, stürzte sie zu ihrem Vater und bestürmte ihn, diese Aufgabe übernehmen zu dürfen.

Sie genoss es, am frühen Morgen in der frischen Luft die steile Strasse zur Schule hinunterzugehen, das Rechen- und Lesebuch in der Tasche. Manchmal umringten sie ihre Schülerinnen und Schüler schon auf dem Weg und hüpften neben ihr her. Sie schaute den Kindern gerne zu, wie sie konzentriert ungelenke Buchstaben auf die Schiefertafeln kritzelten. Mäuschenstill war es im Zimmer, nur das Quietschen der Griffel war zu hören. Einige Kinder schliefen manchmal ein, wenn sie aus der Kälte in die Schulstube kamen, anderen fielen die Kleider fast vom Leibe, immer waren alle so ernst. Ehrfurcht ergriff sie häufig während dieser Stunden, vor diesen kleinen Menschen, die bereits als Kinder so viel leisteten und lernten. Sie vergass keinen dieser Namen, und wer von ihren ehemaligen Schülern sie später auf der Strasse traf, lächelte ihr zu, denn auch den Kindern blieben diese Wochen in Erinnerung. Einer ihrer Schüler wurde später Gemeindepräsident. Er erzählte ihr immer wieder von diesen Stunden bei ihr als junge Lehrerin; bei jedem Klassentreffen gebe es nur dieses Thema. Diese Verbindung trägt bis heute: Die Freundschaft mit der Familie Messerli gründet auf diesen Schulstunden mit Pauls Vater.

Für Elisabeth war nach dieser Erfahrung klar: Sie wollte Kinder, viele Kinder. Und dafür musste sie heiraten, und Fritz, der ihr so gerne zuhörte und selber so viel wusste und sich für so vieles interessierte, war sicher keine falsche Wahl. Fritz dagegen hatte genau in diesem Punkt die grössten Bedenken, er befürchtete Erbkrankheiten, da Elisabeth und Fritz verwandt waren, zwar nicht sehr nahe, aber immerhin Cousine und Cousin zweiten Grades. Das heisst, Elisabeths Vater und ihre Schwiegermutter waren Cousin und Cousine, denn Louise Charlotte von Erlach, die Mutter ihres Vaters, war die Schwester von Karl Franz von Erlach, dem Vater ihrer Schwiegermutter Louise von Erlach.

Fritz versuchte Elisabeth zu erklären, mit dieser Verwandtschaft steige die Gefahr einer Erbkrankheit bei Kindern, doch sie glaubte ihm zuerst nicht. So einigten sie sich darauf, ein Kind zusammen zu haben. Nach der Tochter Louise kam aber auch Roger zur Welt, da Elisabeth unbedingt auch einen Sohn wollte. Sie hätte gerne noch weitere Kinder gehabt. Doch diese Frage entzweite sie. Elisabeths Träume zerschlugen sich, sie war enttäuscht. Sie wäre gerne nach Neuenburg gegangen, hätte gerne eine grosse Kinderschar gehabt, stattdessen zogen sie in ihr Elternhaus in Bern, sie lebte mit ihren Kindern auf einem eigenen Stockwerk in der Mitte des Hauses, ihre Eltern wohnten zuoberst und Fritz zuunterst. Er war immer sanft und nett, sagte höchstens «mais non», wenn die Kinder etwas falsch machten. *Verheiratet mit einem Vetter, der nur 1 Kind wollte, ich tugendhaft neben einem Mann, der Manneskraft verlor, weil ich Bedingung der Kinder-Möglichkeit wollte, wenn er sich näherte.* Das Unterfangen Ehe scheiterte: *Mein Mann war oder wurde homosexuell, ich forderte Scheidung und blieb mit ihm befreundet.*

Je älter die Kinder wurden, umso mehr glaubte sie, dass Fritz mit seinen Befürchtungen Recht bekommen hatte und ihre Kinder tatsächlich erblich belastet sind. *Er wusste wohl warum, meine zwei Kinder sind geschädigt gewesen und nicht lebenstüchtig.* Louise war war psychisch krank, davon war sie immer mehr überzeugt. *Meine Tochter hatte diese Krankheit geerbt, weil ich meinen Vetter 2. Grades geheiratet habe.* Auch ihr Sohn entwickelte sich nicht nach ihren Vorstellungen, und auch das führte sie auf ihre Verwandtschaft mit Fritz zurück. Aber ausgerechnet hier widersprach ihr Fritz und sagte, sie bilde sich dies alles ein.

Elisabeth fröstelt. Sie schaut sich im Zimmer um. Es ist ein Abbild dieser Geschichte, die alle Gegenstände hier erzählen. Ein wunderschöner Raum mit wunderschönen Möbeln, ohne belebt zu sein. Fritz waren ab und zu ein paar Stunden Ruhe in seiner Welt vergönnt, sonst zog er von Ort zu Ort. Er verbrachte viele Winter im Hotel Kreuz in Bern und hatte auch dort das Hotelzimmer mit viel Geschmack mit seinen Möbeln eingerichtet. An die Wände hängte er seine Lieblingsbilder, sein Teeservice stellte er auf ein hübsches Tischchen, keine Gardine deutete darauf hin, dass er im Hotel war und nebenan andere Gäste in Zimmern logierten, wie sie im Hotel eben sind. Wo Fritz auch wohnte, wie lange er auch blieb, er richtete es sich wunderbar ein. Er weilte nicht nur im Hotel Kreuz in Bern, er wohnte auch im Hotel Euler in Basel. Und auch dort brachte er seine eigenen Möbel mit. Indem er ständig seinen Wohnsitz änderte, konnte er auch Steuern sparen.

Vor wenigen Jahren hatte Fritz alle seine Sachen aus Gerzensee, wo er sonst den Herbst und Frühling verbrachte, ins Vertmont gezügelt, denn das Erbe wurde geregelt, er erhielt Geld und verlor dadurch dort das Wohnrecht. Dieses Geld, sagte er immer, wolle er nicht ausgeben, dies solle einmal seine Tochter Louise erhalten.

Die Scheidung 1923 war eine schnell beschlossene Sache. Elisabeth wollte ein neues Leben beginnen, vielleicht gar wieder heiraten. Mit dem unerwarteten Tod von Ludwig Samuel wurde sie aber plötzlich zur Alleinerbin des gesamten Tscharner-Vermögens. Da ihr Vater noch lebte, war alles noch in seiner Hand. Sie befürchtete, dass beim Tod ihres Vaters der ganze Besitz an ihren Ehemann Fritz übergehen könnte und sie nur Schmuck, Kleider und kleinere Gegenstände ihr Eigen nennen dürfe. Doch als geschiedene Frau würde sie den ganzen Besitz erben. So wollte sie die Scheidung. Fritz stimmte zu, unter der Bedingung, dass Elisabeth ihm eine lebenslange Rente zahlte – damit auch sein Leben finanziell einigermassen gesichert war, da der Antiquitätenhandel dazu nicht ausreichte. Elisabeth willigte ein.

Nach dem Tod ihres Vaters war sie Besitzerin der umfangreichen von Tscharner-Liegenschaften, und sie schwor sich, nie mehr etwas zu tun, was sie nicht wollte, und sich von niemandem mehr etwas vorschreiben zu lassen. Sie war 1927 als Frau in der einmaligen Situation, genug Geld zu haben, um tun und lassen zu können, was sie wollte.

Die Freundschaft mit Fritz wurde nach der Scheidung eher stärker, er blieb ein wichtiger Teil ihres Lebens. Sie hing auch an seinem Namen und bat nach der Scheidung Charles, den Bruder von Fritz, ihn behalten zu dürfen. *Le nom de Meuron plaît aux gens, mieux que le sombre nom de Tscharner.* Sie wollte, dass auch ihr Sohn weitherhin so heisst. *La famille de Meuron a été un bien dans ma vie … je suis très reconnaissante d'avoir pu en faire partie.* Fritz ärgerte sie zwar oft mit seinen Möbeln und seiner Herumstellerei, aber sie hätte ihm nie einen Besuch ausgeschlagen. *Mein Mann kam viel zu mir, ein armes Zwitterwesen, ein räudiges Hündlein – und etwas wie Freude weckte es in mir, wenn er kam, wenn ich allein war. Nachher verriet ich ihn wieder, wie Petrus Jesus verriet vor andern Leuten.* Im Einverständnis mit Fritz bat sie die Familie, sie einst gemeinsam in Gerzensee zu beerdigen.

Fritz ist nun also der Erste, der dort liegen wird.

Es war ein ruhiger, aber würdevoller Abschiedstag, er wurde Fritz gerecht. *Hätten wir mehr Leute gehabt, wäre seine Herumstellerei gar nicht zur Geltung gekommen – Fritz wäre sehr zufrieden gewesen, hätte er es gesehen.* Sie schaut auf die Uhr, bald muss sie aufbrechen, um mit dem Zug noch nach Kaufdorf zu kommen. Es fällt ihr schwer, sich von Fritz zu lösen.

Nach der Scheidung wurde ihre Situation nicht wie erhofft einfacher, sondern ernsthaft schwierig. Sie hatte sich ein neues Leben erhofft, wollte noch einmal von vorne beginnen in einer neuen Freiheit. Dies entpuppte sich aber als Trugschluss. Sie wollte ihr eigenes Geschäft aufziehen, musste ihr eigenes Geld verdienen, da ihr Vater noch einige Jahre lebte.

Sie fand alte Stickmuster und wollte damit Kleider verzieren lassen. Im Oberland fand sie Bäuerinnen, die sich ebenfalls ein eigenes Einkommen wünschten. Fleissig bestickten sie die Stoffe und nähten Kleider, Elisabeth verkaufte sie erfolgreich in der Stadt und war richtig euphorisch, denn organisieren und planen konnte sie perfekt. Doch weil sie die gesetzlichen Bestimmungen nicht kannte und sich auch nicht dafür interessierte, wurde ihr das Geschäft bald verboten. Dieser Rückschlag traf sie sehr.

Hinzu kam, dass die Behörden sich nach der Scheidung auch in die Erziehung ihrer Kinder einmischten, womit sie nicht gerechnet hatte. *Das Gericht ist schlecht für uns Frauen in dieser Frage der Söhne – sehr schlecht.* Ihr Sohn Roger musste in ein Internat, was nicht nur ihr, sondern auch ihren Kindern unglaublich zusetzte.

Endlich hat sie die Türe geschlossen, das Zimmer von Fritz verlassen. Sie tritt vor das Haus im Vertmont, es ist dunkel geworden. Sie erinnert sich an die Nacht, als an die Türe geklopft, oder besser gepoltert wurde, da auf das erste Klopfen niemand reagierte. Der 14-jährige Roger war seit wenigen Wochen im Internat in Zuoz. Zuerst wollte niemand öffnen, vielleicht stand ja ein verirrter Betrunkener vor der Türe oder jemand erlaubte sich einen Jux. Als aber immer kräftiger geklopft wurde, sprang Grittli, hastig angezogen, hinunter, und auch Elisabeth erwachte. Louise schaute ängstlich aus ihrer Zimmertüre von oben in den Gang und behielt die Haustüre im Auge. Vor der Türe stand ein Landjäger in Uniform, mit einem braunen, dicken Ledergürtel und einer Mütze, daneben eine schmächtige Gestalt, der Junge schaute zu Boden, doch der dunkle Lockenkopf verriet ihn: Roger.

Der Polizist erzählte eine dramatische Geschichte. Ein Lokführer habe in einem Tunnel auf der Strecke zwischen Davos und Chur eine Gestalt bemerkt. Er sei zu Tode erschrocken und habe am nächsten Bahnhof die Polizei alarmiert. Diese schickte einen Suchtrupp los und habe diesen Jungen aufgegriffen. Roger sei den Schienen entlang marschiert, weil er den Weg nicht gekannt habe und dachte, irgendeinmal führten diese Geleise sicher nach Bern.

Der Polizist schaute Roger an, doch dieser schwieg. Nach Bern habe er gewollt, so habe der Ausreisser seinen Kollegen gesagt, weg aus dem Internat, nach Hause. Er sei wohl aus Heimweh geflohen. Der Polizist packte Roger und stellte ihn mit einem kräftigen Ruck vor Elisabeth. Er solle dies nie wieder tun und Gott danken, dass nichts passiert sei, sagte er. Dann verlangte er noch das Geld für das Bahnbillett, seine Kollegen hatten Roger in den letzten Zug nach Bern gesteckt, wo der Polizist ihn in Empfang genommen und ins Vertmont gebracht hatte.

Zu Elisabeth gewandt sagte er bei der Verabschiedung, sie solle sich überlegen, was sie mit ihren Kindern mache – es schwang ein vorwurfsvoller Unterton mit. Als die Türe ins Schloss fiel, fragte Grittli, ob sie etwas Brot und einen warmen Tee für Roger bereitmachen solle. Elisabeth nickte. Sooft sie sich mit Roger stritt, sooft sie über jede Kleinigkeit in Rage geriet, an diesem Abend drückte sie Roger kurz an sich und begleitete ihn in die Küche. Er solle essen und zu Bett gehen, sagte sie. Ihre Schritte waren langsam, die Augen schauten abwesend ins Leere. Sie sah auch Louise in die Küche zu Roger schleichen, zusammen mit Grittli sassen sie noch eine Weile beisammen, Roger sprach wenig, er war erschöpft, jedes Mal, wenn sich die Geschwister anschauten, kamen beiden die Tränen und sie wandten sich schnell wieder ab.

Sie telegrafierte am nächsten Morgen ins Internat, Roger sei in Bern, er komme mit dem nächsten Zug wieder zurück. Über die Umstände seiner Reise verlor sie nie ein Wort. Sie versprach Roger, dass er in den Ferien immer nach Bern kommen dürfe, sie werde dafür sorgen.

Elisabeth steigt in Kaufdorf aus dem Zug, sie hätte Antonio bitten können, sie abzuholen, aber sie marschiert die halbe Stunde lieber alleine zum Schloss hinauf. Trotz der späten Stunde ist es immer noch sehr warm, der Regen hat die Luft nicht abgekühlt, nur schwüler gemacht. Das Gras ist schon fast bereit zum Emden.

Sie litt damals unglaublich unter der Abwesenheit ihres Sohnes. *Ich bin fast daran verrückt geworden, meinen Bub nicht zu haben, und vorher an der Ungewissheit und der Angst während vielen Monaten des hängenden Scheidungsprozesses.* Als Roger in den Ferien endlich ins Vertmont kommen konnte, gab sie sich alle Mühe. Sie unternahmen eine Wanderung in die Berge, Elisabeth trug den Proviant in einem braunen Stoffrucksack, sie war kräftig und wurde nicht müde. Ihre Kinder mussten sie bremsen, damit sie das Picknicken nicht vergassen.

Sie setzten sich auf eine Beige mit Holzstämmen, die zu Bahnschwellen zurechtgesägt waren. Elisabeth wurde richtig übermütig und begann, auf diesen Schwellen zu balancieren – wer das Gleichgewicht verlor, musste ein Leben abgeben. Jeder hatte zehn, sie gewann. Ihre Kinder trugen Hüte, immer wieder riss Elisabeth ein Zweiglein oder eine Blume ab und steckte sie ihnen an die Hutkrempe. Roger sah im Filzhut aus wie ein Jäger, Louise mit ihrem Beret und der grossen Schleife im Haar wie eine Matrosin.

Doch solche Momente waren rar. Roger und Elisabeth konnten sich unermüdlich streiten. Sie hätte gerne einen starken, vielleicht sogar rüpelhaften Sohn gehabt und schalt ihn für seine Schwächen und seine Feinfühligkeit. Für ihren Sohn war sie einfach eine böse Mutter. *Roger hat Ferien seit 4 Wochen und geht am 12ten Mai wieder in sein Institut. Da muss ich das Beste meiner Kräfte für ihn haben in dieser Zeit. Ich habe viel Besuch gehabt – es ging besser mit den Kindern, weil sie sich vor Fremden besser stellen. Ich war aber in alledem einsam und fremd, weil ich keine Kraft und kein Leben mehr habe und nur müd bin.*

Sie vertraute ihr Leid vor allem ihrer Freundin Lilli an, einer entfernten Verwandten, bei der sie befürchtete, dass sie ebenfalls eine Scheidung erwägt. Ihre Freundin kümmerte sich sehr um sie und die Kinder, brachte ihnen selbstgemachte Caramels vorbei, weil sie wusste, wie gerne sie Süssigkeiten naschten. Elisabeth dagegen gab Lilli die zu klein gewordenen Kleider für ihre Kinder. Und sie riet ihrer Freundin eindringlich von einer Scheidung ab: *Wenn Du wüsstest, wie dünn und hart der Weg geschiedener Frauen ist, es würde Dir vielleicht Kraft geben hinauszuwachsen über Deinen Groll und über Dein Elend.*

Sie bot Lilli sogar an, mit ihren drei Kindern vorübergehend ins Vertmont zu ziehen, bis sie sich über ihre Zukunft im Klaren sei. Sie konnte hilfsbereit sein, wünschte sich vielleicht im Gegenzug, ihre Freundin würde ihr Gesellschaft leisten und ihr etwas beistehen, denn sie zog sich tagelang zurück, strich im Garten umher, war unansprechbar und mied alle Einladungen. *Ich bin einen grauenhaften Weg gegangen mit jungen zarten Füssen, denen alles unendlich weh getan hat und nachher das Entsetzen zu sehn; nun ist das Leben vorbei, nun ist der Zug verpasst, den Kindern hat man alles geopfert, den Kindern darf man nichts dagegen abverlangen, man muss sich gegen Sonnenuntergang wenden ganz allein. Ein altes Droschkenpferd, das man nicht mehr achtet, wenn es nicht mehr gebraucht werden kann.*

Natürlich hatte sie mit der Scheidung in der Gesellschaft viel Ansehen verloren, sie hatte eine wichtige gesellschaftliche Konvention gebrochen, und statt sich ihrem Schicksal zu ergeben und still zu leiden, versuchte sie auszubrechen, was man nicht goutierte. Die Scheidung war kein Befreiungsschlag, sie hatte die negativen Auswirkungen unterschätzt. *Man meint, man reisse einem mindestens das Herz aus dem Leib oder alle Haut ab, so entsetzlich ist es.*

Manchmal war ihr so elend zumute, dass sie an Selbstmord dachte. *Der Tod ist unsere Erlösung, wenn er einmal kommt, wenn man den Mut hätte, könnte man sich ihn selbst verschaffen – aber es braucht Mut, wenn man nicht aufgeregt ist oder verrückt – sehr viel Mut. Dann ist es auch arg in der Verzweiflung diese schöne Erde zu verlassen – nur weil man sich selbst sein Leben verdorben hat durch seine Dummheit und Schwachheit.* Ihr Verhalten machte auch ihrer Tochter Angst, Louise distanzierte sich immer mehr von ihr.

Heimgekehrt ins stille Schloss, hat sich Elisabeth in den folgenden Tagen und Nächten in langen Briefen verloren. Nun wartet sie an der Hauptstrasse, ihr Notar holt sie ab, um mit ihr zur Beerdigung nach Gerzensee zu fahren. Eine kleine Trauergemeinde hat sich bereits vor der Kirche versammelt. Das Grab an der Kirchenmauer ist ausgehoben. Kränze mit letzten Grüssen stehen daneben. Der schwarze Leichenwagen hat den Sarg im Vertmont abgeholt, nach dem Gebet des Pfarrers senken ihn vier Männer ins Grab. Elisabeth tritt als Erste hinzu und wirft eine rote Rose hinein. Sie stellt sich das geschlossene Grab vor, sie wird eine schlichte Grabplatte aus Granit anfertigen lassen, mit seinem Namen und den Lebensdaten – Fritz de Meuron, 1874–1959 –, die einmal mit ihren Daten ergänzt wird.

In der Predigt verliest der Pfarrer einen kurzen Lebenslauf, die Lieder und die Worte nimmt sie kaum wahr. Erst als der Pfarrer die Trauergemeinde zum Tee bei der Familie von Fritz im Freudheim einlädt, hört sie wieder hin.

Sie ist in den letzten dreissig Jahre kaum mehr hier gewesen. Als Erstes steigt sie im Haus die Treppe hoch und betritt das ehemalige Zimmer von Fritz über der Veranda im ersten Stock mit dem Blick über den Gerzensee. Ihr Patenkind Guy ist ihr gefolgt und schaut auch auf den grauen See. Die Alpen sind im Dunst nur schwach zu sehen. Fritz sei nie mit seinen Brüdern und ihm mitgegangen, um Hechte aus dem See zu fischen oder Schnepfen zu jagen, erzählt er. Er zeigt zum nahen Wald. Dort habe der Hund die Schnepfe, den kleinen Vogel mit dem langen, dünnen Schnabel aufgespürt und als Zeichen die rechte Pfote gehoben. Waren die Jäger schussbereit, scheuchte der Hund den Vogel auf, dieser flog im Zickzack davon. Ihn zu treffen, sei die Herausforderung. Doch Fritz habe sich nie für die Jagd interessiert, er sei der Künstler gewesen. Sein Wissen über chinesisches Porzellan sei unerschöpflich gewesen, er habe lieber Krüge oder Teller gesammelt, als Vögel geschossen, um diese zu braten oder auszustopfen.

Elisabeth schaut sich um. Keine einzige Schüssel oder Teetasse erinnert jetzt noch an Fritz. Guys Sohn Antoine ist auch in den oberen Stock hinzugetreten. Elisabeth fragt ihn, ob er sich an den Badeausflug in Amsoldingen erinnern könne, als er noch ein Schuljunge gewesen sei. Antoine nickt und lacht.

Es war im Sommer, an einem regnerischen, windigen und kalten Tag. Als Antoine mit seiner Schwester Aline ins Entrée trat, schickte sie die beiden Kinder zum Baden in den See. Die Geschwister schauten verdutzt und sagten, das Wetter sei doch viel zu schlecht. Aber nein, das Wasser sei viel wärmer als die Luft, sagte sie, gerade jetzt mache es besonders Vergnügen zu schwimmen. Leider hätten sie keine Badekleider dabei, erklärten die beiden, hoffnungsvoll. Doch sie zog die oberste Schublade der dunkelbraunen Kommode auf, mit den vielen dunkelgrauen und dunkelblauen gestrickten Badeanzügen, mit kurzen Beinen und Trägern auch für die Männer. Es habe Badeanzüge in verschiedenen Grössen, sie könnten sich bedienen. Und die Mottenlöcher würden beim Baden nicht stören. Die Kinder zogen zwei Anzüge heraus und marschierten zum See. Natürlich gingen sie nur bis zum Bootshaus, das glücklicherweise so eingewachsen war, dass sie nicht gesehen wurden. Sie war sich sicher, dass die beiden nur ihre Badeanzüge ins Wasser tauchten und unter den Bäumen etwas Zeit verstreichen liessen, bevor sie anschliessend zum ersehnten Zvieri zurückkehrten.

Alle stehen im ehemaligen Zimmer von Fritz, nur ihre Worte erinnern noch an den Onkel, Grossonkel und Ehemann. Sie steigen die Treppe ins Parterre hinunter, um mit den Trauergästen Tee zu trinken, vorbei an den Jagdgewehren und Jagdtrophäen. Elisabeth sagt halblaut zu ihrem jungen Grossneffen: «Vous savez, je l'ai beaucoup aimé.»

Der Türknauf

Das passiert nur ganz selten. Dass sie sich zu etwas überreden lässt, von dem sie ahnt, dass es nicht gut kommt.

Zuerst das Wetter: Eine dünne Schneeschicht lag heute Morgen über den bereits gedeckten Tischen und dem gemähten Gras, mitten im Juni. Elisabeth hatte, wie üblich, die Tische draussen bereits am Vortag decken lassen, um genügend Zeit für die Vorbereitung zu haben. Grittli hat nun alles Geschirr abwischen müssen, die Tischtücher werden hoffentlich wieder trocknen. Doch der ganze Tag wird trüb und kalt bleiben. Damit nicht genug. Jetzt das: Sie sitzt im Dunkeln im Keller auf einer Harasse und kann nicht hinaus! Nur durch eine kleine, vergitterte Öffnung dringt etwas Licht. Von oben dringen dumpfe Tritte, manchmal ein Lachen oder Singen. Es ist feucht und kalt, riecht abwechslungsweise nach Äpfeln oder Zwiebeln, je nachdem, wohin sie den Kopf dreht.

Sie wollte mit dem Krug nur kurz frischen Most vom Fass holen, hat die Kellertüre weit offen gelassen, damit genug Licht hereindringen kann. Dann jedoch kam ein Luftzug oder jemand schloss die Türe – und der schwere Riegel schnappte zu. Sie hat sich mit aller Kraft gegen die Türe gestemmt und drauflosgehämmert, mit dem Resultat, dass sie jetzt die Handballen schmerzen. *Jemand tat tölpelhaft das Kellerschloss von aussen zu und ich ebenfalls Tölpel wollte die Türe von innen aufdrücken.*

Wenigstens hat sie schon gegessen. Hamme, Kartoffelsalat und Züpfe. Die jungen Begleiterinnen der Studenten hat sie im kleinen

Pavillon platziert, die Männer im grossen. Sie hat es sich nicht verkneifen können, die Frauen zu beobachten, wie sie an der Hamme herumkauten, als wäre sie aus Leder. Sie hat sich längst an das zähe Fleisch gewöhnt. Bei der Ankunft hatte sie die Frauen diskret zur Seite genommen, um ihnen «etwas» zu zeigen: Damit sie nicht laut danach fragen müssen, hat sie sie diskret zur Toilette geführt.

Jetzt ist das Fest für Elisabeth definitiv zum Albtraum geworden. Der junge Singstudent Urs Schneider, der ihr so sympathisch ist, hat sie überzeugen können, dieses Sommerfest mit Damen durchzuführen. Sie hat Bedenken gehabt, aber dennoch eingewilligt. Warum nicht? War doch das Fest mit den Singstudenten im vorigen November etwas vom Schönsten in der letzten Zeit.

Auf den 10. November 1966 hatte sie die Singstudenten *zu einer Fahrt in die Einsamkeit, zu einem nächtlichen Zauber* eingeladen, wie sie ihnen schrieb.

Sie forderte eine Liste mit allen Namen, den Studienrichtungen und dem Kanton, um die Männer korrekt begrüssen zu können. Dann sass sie mit ihrem Hörrohr in der Bibliothek neben dem Cheminée auf ihrem dunkelroten Sessel und jeder der zwölf Studenten stellte sich vor: Name, Vorname, Fakultät und Kanton, in dieser Reihenfolge verlangte sie es. Mediziner interessierten sie mehr als Zahnärzte, Physiker mehr als Juristen. Er studiere Recht, er könne nichts dafür, sagte sie bei der Begrüssung einem angehenden Anwalt und war erstaunt über die Heiterkeit, die ihre Bemerkung hervorrief. Sie konnte verstehen, dass aus wirtschaftlichen Interessen diese Studienrichtung gewählt wurde, aber niemand wählte doch die aus einem inneren Wunsch heraus!

Sich mit weltfremden Paragraphen und Vorschriften zu befassen, was mit gesundem Menschenverstand viel einfacher zu bewerkstelligen wäre ...!

Im Vorfeld hatte sie für die Einladung zwei Probleme zu lösen. Das eine war die Kälte. *Also besser warme Kleider, nicht dunkles Sonntagskleid. Fenster schliessen schlecht und am Feuer bratet man und in Gängen ist es kalt und die Mediziner sind an Spitalwärme gewohnt, könnten zu Schaden kommen.* Warme Kleider waren wichtig, damit die Studenten nicht den ganzen Abend wie Espenlaub zitternd am Cheminée standen und anderntags erkältet waren. Schwarze Kleider waren wegen der weissen Hundehaare nicht zu empfehlen. Auch wenn Grittli für Elisabeths Geschmack zu oft mit dem Besen hantierte und neu, als Haushaltshilfe, wie sie sagte, ein Ungeheuer angeschafft hatte, das mehr Lärm als Sauberkeit produzierte, die Hundehaare bleiben immer irgendwo hängen.

Das zweite Problem war der Platz. Für das Konzert musste sie die Bibliothek umstellen. *Nun muss ich in der Bibliothek für den feierlichen Antritt die Möbel etwas umgestellt haben vorher, und muss von Ihnen lieber Schneider noch etwas instruiert werden. Kanapée und Tische möglichst in die Ecken oder Tisch in Mitte behalten samt Kanapée davor, damit es den Chor abgrenzt, einrahmt und der Chor es netter hat geschützt zu stehen?* Sie zeichnete eine Skizze, damit alles gut abgesprochen stattfinden konnte. Sie lud auch noch den Pfarrer ein, damit sie nicht die einzige Zuhörerin war. Ein riesiger, netter älterer Herr, dem sie den Namen «Rasputin» gab, da er sie immer etwas an diesen legendären Russen erinnerte.

Der Abend klappte wie am Schnürchen. Antonio hatte die Bibliothek so umgestellt, dass die vier ersten, die vier zweiten Tenöre und die vier Bässe sich im Halbkreis aufstellen konnten. Der Cantus Magister stimmte an und je länger sie sangen, desto mehr konnte sie die Stimmen auseinanderhalten, aber auch den ganzen Klang geniessen. Sie war verzaubert. *Eine Menge in meinem Unterbewusstsein verschütteter Quellen kamen wieder zum Vorschein durch das Zusammenstossen mit der Gegenwart. Mein Bemühen … war unwichtig im Vergleich, was Sie nach Rümligen brachten an Zauber junger geistiger Manneskraft.*

Doch manchmal drangen die Stimmen wie Messer in sie. *Die Lieder entsetzten mich durch die russische Tyrannei der Stimmen und entzückten mich durch den Klang.* Sie mahnte die Singstudenten auch zur Vorsicht. *Es ist fraglich, ob man mit Menschenstimmen so umgehen darf, wie Ihr gegenwärtiger Dirigent es tut, er ist gewalttätig.* Anschliessend kritisierte sie das und führte eine lange Diskussion, bevor sie sich überzeugen liess, dass dieser kräftige Gesang den Stimmen nicht schadet. Diese jungen Männer gefielen ihr. So sehr, dass sie sich zu diesem Sommerfest hinreissen liess – das nun heute stattfindet und zu dem auch die Frauen eingeladen sind.

Endlich hört sie von draussen Stimmen, die sich nähern. Sie stellt die Harasse unter das kleine Fensterchen, klettert hinauf und ruft, so laut sie kann. Die Stimmen verstummen, sie ruft weiter, sie sei im Keller, man solle bitte die Türe öffnen! Etwas später hört sie ein Rucken an der Tür und sieht zwei verdutzte Gesichter. Sie tritt ins Freie, froh, dass ihre Haft nur von kurzer Dauer war, und erklärt knapp, was passiert ist. Der Schreck weicht verschmitztem Lachen in den Gesichtern. Sie dreht sich um, schliesst nun selber den Keller und schaut direkt auf den kleinen Teufel am Türknauf, der sie höhnisch anlacht.

Dieser Türknauf, wie sie ihn hasst!

Sie dreht sich weg und will die Treppe zum Haus hochsteigen, da sieht sie links vor sich ein eng umschlungenes Pärchen stehen. *Vor der Kellertüre schmiegte sich eine kleine nicht sehr magere eher Blonde an einen Studenten, um dem Widerwilligen endlich einen saugenden Kuss am Mund abzufordern.* Es ist ihr, als ob sie den Teufel hinter sich hämisch lachen höre. Sie schaudert, und ihr wird klar, dass es nicht klug war, diese jungen Männer und Frauen einzuladen, *welche Sünde ich dem Ort gegenüber begangen habe. Ich bin nicht verrückt, es ist Anstand den Dingen gegenüber oder den Toten, Anstand den Angestellten gegenüber und den Hunden.* Sie spürt, wie ihr die Knie versagen, wie sie schier ohnmächtig zu werden droht. Alle eilen herbei, das Paar löst hastig die Umarmung, entfernt sich, alle schauen sie an.

Sie fasst sich und erklärt ihren Zustand mit diesem Paar: *Ich kenne das ja nicht, ich sehe nur die vergnügten Eber, welche ihre würdigen Damen freundlich beschnuppern und diese Schweine-Gattinnen bleiben gutwillig passiv, falls es ihnen passt. Bei den Stieren geht es auch sehr würdig zu, das weibliche Element duldete oder duldete nicht, nie bietet es sein Gesicht, es bietet nur das, was es befruchtet haben will, und rennt dem Stier nicht nach. Hündinnen freilich gehen auf Wanderschaft, falls ihnen ihre Hausgenossen nicht behagen und sie weitere Gelüste haben.* Sie lacht und dreht alles in eine humorvolle Richtung, damit die Singstudenten und ihre Frauen nicht sehen, wie erschüttert sie ist. Es sind nicht die küssenden Studenten, nein, sie kennt die Welt auch aus der Zeitung.

Aber hier, genau an diesem Ort erträgt sie so etwas nicht. Deshalb hat sie gesündigt. *Ich habe den ehrwürdig spartanischen Ort damit besudelt, gerade am Kelleraufgang beim ehrwürdigen Türschloss-Siegel, wo ein hämischer Teufel mich wohl ein zweites Mal äffen wollte und es in meiner Seele klang PFUI TEUFEL MIT DEM GESINDEL.* Ja. Es ist das zweite Mal.

Es war am Abend des 22. Januars, das Jahr 1939 hatte soeben begonnen, dieses Jahr, in dem der Krieg ausbrechen sollte. Sie hatte zu einem rauschenden und lustigen Fest geladen, die Gäste waren zahlreich eingetroffen, die Mäntel und Hüte wurden abgelegt, ihr Sohn Roger machte die Runde bei Ankömmlingen, begrüsste sie, wenn er auch niedergeschlagen wirkte. Sein Lächeln in seinem ebenmässigen Gesicht war schön und fein wie immer, seine dunklen Haare kräuselten sich, wo sie nicht ganz kurz geschnitten waren. Er war stets freundlich und herzlich, sprach mit angenehmer, selten lauter Stimme. Er war oft kank, sie hätte sich wohl lieber einen verwegenen, vielleicht gar draufgängerischen Sohn gewünscht. Das Internat hatte ihn nicht stärker gemacht. Seit seiner Krankheit war er häufig müde, ein Jahr lang kämpfte er gegen Typhus, der damals noch mit keinem Antibiotikum behandelt werden konnte.

Er hatte eigenartig glänzende Augen an diesem Abend, sah Elisabeth lange in die Augen und drückte sogar ihre Hand. Sie schaute ihm nach, wie er zu den Hunden ging, sie sah, dass er weinte. Trotz seiner Krankheit und Schwäche, trotz seiner oft schwermütigen Tage, weinen hatte sie ihn seit seiner Kindheit nicht mehr gesehen. Fast wäre sie ihm gefolgt, doch da kam schon ein munterer Gast und verwickelte sie in ein Gespräch.

Langsam bewegte sich die Gesellschaft zu Tisch. Wie immer hatte sie die Tischkärtchen sorgfältig platziert. Alle setzten sich hinter ihre Teller, ein Platz blieb leer. Der Nachbar schielte auf das Kärtchen Roger, Roger fehlte. Sie schenkte diesem Fehlen zuerst keine Beachtung, doch er hätte es ihr gesagt, wenn er sich kurz hingelegt hätte. Sie wies Grittli an, das Essen zu servieren, und entschuldigte sich, sie wolle nach ihm sehen.

In seinem Zimmer war alles penibel aufgeräumt, das Bett war gemacht, der weisse, schlanke Kachelofen strahlte angenehme Wärme aus. Im Zimmer waren am Boden entlang die Wände bemalt, Stoffvorhänge in zartem Altrosa angedeutet, wie Theatervorhänge den Wänden entlanggehängt. Sein Zimmer hatte zwei Erker, in einem stand ein dunkelroter Sessel, durch einen schmalen Gang gelangte sie in sein Leseräumchen, das nur ein kleines Fenster gegen aussen hatte, Platz für ein Tischchen und zwei Stühle bot. Wenn Roger Ruhe wollte, zog er sich gerne in dieses versteckte Kämmerchen zurück. Sie fand ihn nicht.

Er war auch nicht in der Küche, so ging sie nach draussen und rief seinen Namen, ging ums Haus, sah die Türe zum Gewölbe angelehnt, stieg vorsichtig die Kellertreppe hinunter, öffnete die Türe mit dem Teufelsknauf. Und sah Roger im hinteren Teil des Kellers, um ihn herum nur Blut. *Der Tote mit dem trotzigen Mund und dem vielen Blut und dem lebendigen glänzenden jungen Kraushaar, der Tote, der geweint hat, als er mich zuletzt ansah und von den Hunden Abschied nahm.*

Sie hatte vorher gespürt, dass etwas nicht stimmt, etwas nicht in Ordnung war, doch gehandelt hatte sie nicht. *Seine Schuhe waren ganz sauber, aber er muss mühsam gedacht haben, lange, und sein Ausdruck hatte im Tod keinen Frieden, nur Verbitterung und Willen, Augen und Mund fest zu, mir die Hände weit von sich gestreckt, offen im Tod.* So lag er im hinteren Teil des Gewölbes, sie kniete sich vor ihm nieder, streichelte ihm die Wangen und wusste, so konnte sie ihn nicht liegen lassen.

Sie holte den Arzt von der lustigen Gesellschaft weg und rief den Pächter aus seinem Haus herbei. Gemeinsam trugen sie Roger nach draussen auf eine Bank, verschränkten seine Hände vor der Brust *und machten, dass es steif und würdig und einfach aussah.* Nur den Revolver liessen sie unberührt, bis die Behörden kamen. Wie in Trance telefonierte sie der Polizei.

Ihr ging der Theaterbesuch durch den Kopf, zusammen mit Roger hatte sie anlässlich einer ihrer Auslandreisen in Berlin eine Hamlet-Vorstellung besucht. Immer wieder hatte Roger den Satz wiederholt: Der Rest ist Schweigen. Der Rest ist Schweigen. Sie sass neben ihrem toten Sohn in der Kälte, liess sich bei der Gesellschaft wegen Unwohlseins entschuldigen, diese löste sich kurz nach dem Essen auf. Elisabeth hörte nicht auf das Tuscheln, sie schwieg. *Roger's Sterben muss man den Leuten nicht erzählen es gehört zu Rümligens Geheimnissen.* Tagelang lag sie im Bett, *aber dann – alle meine Kleider schwarz gefärbt – stand ich auf, ein Gespenst in guter Gesundheit.* Nichts mehr würde sein wie vorher. Um zu überleben, baute sie sich eine Maske auf. *On ne veut pas me voir en couleur.*

«Tenebo», etwas anderes als das Losungswort der von Tscharner, blieb ihr nicht mehr übrig. Abhärtung durch das Leben, bis nichts mehr heilig war. *Mir hatte die Verzweiflung über das Zugrundegehen meines Sohnes und dessen Selbstmord eine gewisse Immunität gebracht an Trotz und Verlust des Glaubens an Gott.*

Erstarrt gegen aussen, brodelte es in ihrem Innern. Der Selbstmord kam nicht überraschend. Roger, *der sich ungläubig, als Mann jahrelang das Leben nehmen wollte, ich ihn verhinderte, er es mir vorwarf, bis ich es geschehen liess.* Nächtelang plagte sie die Frage, warum Roger sich umgebracht hatte. Waren es seine Epilepsie-Anfälle, die ihn nach dem Typhus quälten? War es eine unheilbare Gehirnkrankheit, die ihr Sohn immer wieder ansprach, eine Art Gedächtnisschwund, weswegen er sich immer das Leben nehmen wollte? Oder war es doch sein Wunsch einer Heirat mit diesem gewöhnlichen Mädchen, das er so liebte und sie immer wieder bat, heiraten zu dürfen, sie aber nicht einwilligte? Oder ihr Zögern, ihm die Landwirtschaft in Rümligen zu übergeben? *Er ist in Verbitterung von mir gegangen, sein ganzes Leiden ist eine Anklage gegen seine Eltern, ja und es ist noch viel anderes für ein aristokratisches Damengehirn wie das meinige, vererbt und anerzogen – viel viel zu gross, zu furchtbar. Alles habe ich in mir verkapselt, aber ich trage es in mir und von Zeit zu Zeit kommt die Unruhe.* Sie liebte ihren Sohn, mehr als alles andere, doch war sie unfähig, es auch nur einmal zu zeigen. Er war – wie sie – *von Philosophie ganz besessen, und ich wollte nicht hören.*

An gewissen Tagen schafft sie es, den Selbstmord zu verdrängen, zu glauben, es sei das Beste für Roger gewesen, er habe keine Wahl gehabt, so stark habe er an seinen Krankheiten gelitten. *Meinem Sohn blieb nichts anderes übrig, als es zu tun.* Sie wiederholte es für sich selber, schrieb es in ihren Briefen, kehrte ihren Schmerz gar ins Gegenteil. *Mein Sohn bekam in den späteren 20er Jahren epileptische Anfälle und war am Verblöden, hatte noch die Kraft, sich mit seinem Ordonnanz-Revolver zu erschiessen, und es war eine Gnade des Schicksals für ihn und für mich.* Doch sie wusste, dass dies im besten Fall ein Bruchteil der Wahrheit war. *Ich verzeihe mir selbst nicht und Roger hat mir im Tod kaum verziehen, dass er keine Manneswürde, Mannesehre lebend mehr haben konnte. Der Weg war zu arg, beide konnten wir nicht mehr. – Ich und mein Sohn verzeihen mir nie.*

Roger hatte fein säuberlich alle seine Sachen geordnet und im Vertmont deponiert, damit sie diese erst nach dem Tod fand. Die Gegenstände und mit ihnen die Erinnerungen zu verstauen, brachte sie um den Schlaf. *Das verbraucht und verdirbt mich, ich werde kleinlich, nervös, aggressiv seit einer Zeit lang.* Sie versuchte, an der Trauer nicht zugrundezugehen. *On s'habitue si lentement et si mal à la mort d'un enfant, et le deuil d'une mère est une chose secrète de raisonnable pendant longtemps.* In den vergangenen dreissig Jahren gewöhnte sie sich nie an dieses Bild: Roger inmitten seines Blutes, daneben die Ordonnanz-Pistole. Manchmal wagte sie, hinzusehen, doch auch heute hält sie es kaum aus.

In diese Gedanken versunken, löst Elisabeth sich aus der Gruppe der jungen Leute und geht den Weg durch die Allee zum Kreuz, bleibt davor stehen. Das Gras sollte wieder einmal gemäht werden, die Büsche ringsum geschnitten.

Das Begräbnis war unendlich traurig. Roger durfte als Selbstmörder nicht auf den Friedhof mit der schönen Aussicht gebettet werden. Der Pfarrer kam für ein stilles Gebet nach Rümligen, der Meisterknecht grub vorne in der Allee eine Grube für den Sarg, und obwohl sie nach dem Selbstmord ihren Glauben an Gott aufgab und einzig noch das Schicksal akzeptierte, liess sie ein Kreuz mit einer kleinen Tafel und einer Inschrift erstellen. *Allein Gott in der Höh sei Ehr und Dank für seine Gnade drum, dass nun und nimmermehr uns rühren kann ein Schaden.* Der schlimmste Schaden war bereits geschehen.

Sie besucht dieses Grab oft. Auf dem Grabstein steht: *Hier ruht in Gott Roger von Meuron, 1909–1939.* Sie hat auch das Wappen der Meuron einmeisseln lassen, den Baum auf dem Hügel. Sie bringt auch viele Blumengeschenke ihrer Besucher hierher.

In der Weihnachtszeit will sie seither alleine sein, auch wenn sie weiterhin ins Morillon geht, um mit ihren Verwandten zu feiern. *Ich mache nicht mehr viel Wesens mit diesem Datum, aber Ende Dezember, Anfang Januar sind eine stille traurige Zeit für mich und man verwundet sich an so vielem Kleinen, das im Gedächtnis auftaucht.* Sie gedenkt ihres Sohnes, indem sie den Leuten, die er besonders mochte, kleine Geschenke gibt. Eine Taglöhnerin verstarb im Spital Riggisberg, ihr schickte sie ein Totenhemd ihrer Aussteuer, *weil man die Toten jetzt in papierenen Hüllen begräbt. Diese Taglöhnerin war von jeher verrückt, aber mein Sohn hatte sie gern, weil sie immer lustig war.* Sie schickte auch ihre Lutherbibel aus der Unterweisung, mit einer kleinen Zeichnung ihres Sohnes als Erinnerung, um sie der Frau nach altem Brauch auf die Brust zu legen. *An den Füssen Socken ihres toten Freundes, mit dem sie so oft im Wald gelacht hatte – sie, das alte Hexenmädchen, und er, der Junge, für den es kein Lebensglück geben sollte.* Das Kreuz im Wald bekommen nur wenige Besucher zu sehen, sie erzählt und erklärt wenig. Aber das Gedicht, das ihr Gottfried Hess in seinem kleinen Büchlein zum Geburtstag geschenkt hatte, kann sie auswendig. Hess, der immer noch in Bern in einer ihrer Wohnungen wohnt, sie immer noch bewundert. Sie steht im Bann seiner Zeilen.

Ein Kreuz im Walde
Leise rauschen grünumlaubte alte Buchen, mächtige Eichen.
Geheimnisvolle Geisterlaute über einem Kreuzeszeichen.
Was willst du dem Wanderer sagen, Kreuz im Walde
bei den Buchen.
Könnte ich dich doch nur fragen, und was hast du hier zu suchen.
Oh, gar vieles möchte es sagen. Freudvolles, Liebes, Schönes.
Über Böses nicht mehr klagen. Nur vergessen längst Vergangenes.
Überm Kreuz auf dem Zweige singt ein Vogel aus voller Kehle.
Will er mahnen an das Ewige oder ruft er einer Seele?
Das Kreuz im Walde will vergeben. Lindern möchte es alle
Schmerzen.
Mahnen, dass wir alle sterben. Milde stimmen alle Herzen.

Sie merkt, dass sie die Zeilen leise vor sich hingesprochen hat. Schaut um sich und sieht die Singstudenten, die ihr gefolgt sind, sie mit nachdenklichen Gesichtern umringen und nicht verstehen können, wo sie in ihren Gedanken ist. Sie glauben wohl immer noch, sie sei entsetzt über das küssende Paar.

Doch sie weiss besser, woher ihr Zusammenbruch kommt. *Ich bin verwelkt und erdrückt körperlich und seelisch und werde krankhaft zornig und bös aus Verzweiflung.* Dieses Erlebnis ist für sie ein weiterer böser Wink des Schicksals, der Erinnerungen, die sie nie verlassen werden, nie verblassen werden, so dass sie sich immer schuldig fühlt, und dass sie es nicht erträgt, wenn hier an diesem Ort Menschen sich lieben, sich nahekommen. Langsam geht sie ins Haus, nimmt das Treiben um sich herum nur noch gedämpft wahr, ist in der Vergangenheit versunken. Sie ist froh, dass eine Frau ihren Arm nimmt und mit erwartungsvollem Blick sagt, dass nun gesungen wird.

Die Studenten formieren sich in der Bibliothek, da ist die Akustik besser als draussen, wo der Wind die Töne stiehlt und in alle Richtungen verteilt. Sie sieht die verzückten Blicke der Studenten, wenn sie den Wänden voller Bücher entlanggehen. Die Bibliothek lässt ihnen das Wasser im Mund zusammenlaufen. Diese Erstausgaben der Enzyklopädien, Lederfolianten, sie zeigt mit ihrem Stock auf verschiedene Bücher, zum Beispiel dieses über die hohe Reitkunst. Von aussen sieht es mit den Beschlägen aus wie eine Schatztruhe, im Innern sind Abbildungen und Anleitungen von allen Dressur-Figuren. Das Piaffieren an Ort, wenn die Pferde tanzen, ohne sich vom Fleck zu bewegen, oder die Kapriole, wenn das Pferd ohne Hindernis springt, wie ein Reh gestreckt, alle vier Hufe in der Luft. Sie verscheucht die düsteren Gedanken, und ein heiteres «Ach, dr Thüry, das Schätzi» entspringt ihr, als er einen Scherz über ein Buch macht.

Sie singen ihre Lieder. Versuchen, möglichst kräftig, eindringlich zu singen, um den Patzer im Park wegzuschmettern. Elisabeth schaut dankbar in die jungen Gesichter. Das ist ihr geblieben. Ihr Sohn ist tot, ihre Tochter weit weg, ihre Enkelinnen verheiratet in Zürich und irgendwo in der Welt. Aber ihre Studenten, ihre Mieter sind geblieben, dafür ist sie dankbar.

Die Anekdotensammlung

Elisabeth geht langsam die Kurven hinunter Richtung Bahnhof. Die Steigung macht ihr Probleme, auch wenn es talwärts geht. Sie stützt sich auf ihren Stock, den sie sonst mehr als Dirigentenstab benutzt. Die eine Hand ist immer noch kraftlos, hängt wie ein Fremdkörper an ihr herunter. Ihre ganze Garderobe hat sie in den letzten Jahren ausgewechselt. Lange wog sie 85 Kilogramm, ein ideales Gewicht für ihre stattliche Grösse, wie der Arzt ihr versicherte. Doch plötzlich wurde sie schlanker, heute, 1972, im Jahr ihres 90. Geburtstags, bringt sie nur noch 75 Kilogramm auf die Waage. Ihre Enkelin Barbara zeigte bei einem Besuch auf einen ganzen Haufen Mäntel und fragte, warum sie diese guten Wollmäntel weggeben wolle, die doch noch lange getragen werden könnten. Sie hätten ihr früher gut gestanden, erklärte Elisabeth, doch jetzt sehe sie darin aus wie ein lebendes Gespenst, in diesen weiten Fahnen, die ihr um die Beine flattern.

Grittli kann nicht mehr jeden Tag kochen. Deshalb will sie nun einige Tage nach Bern an die Junkerngasse ziehen, damit sich ihre treue Angestellte erholen kann. Grittli ist nur zehn Jahre jünger als sie, wird bald achtzig Jahre alt. Mit sechzehn stand sie als junge Frau an ihrer Türe, sagte, sie habe kein Geld und werde deswegen auch nie heiraten können, sie suche eine Arbeit. Ihre Bestimmtheit, Eigensinnigkeit, die Geduld und das grosse Herz hat Grittli bis heute behalten. Seit vielen Jahren wohnt sie in ihrem eigenen Häuschen neben dem Schloss. Nach dem Tod von Roger weigerte sie sich, weiter im Schloss zu wohnen. Sie sagte, Roger erscheine ihr jede Nacht im Traum. Sie hat sich à tout prix geweigert, auf dem Land des Schlosses zu bauen, und kaufte sich Land vom Nachbarn, um ein Stück Unabhängigkeit zu erhalten. Denn sie kennt die Launen ihrer Herrin und will keine zusätzliche Angriffsfläche bieten. So kann sie sich zurückziehen, wenn es ihr zu viel wird. *Es ist Zeit, dass Grittli ausspannt, denn sie ist recht bös geworden gegen die Mitmenschen, wenn sie auch für mich viel Geduld hat und Güte. Ihre Verdrehtheit ist, alles gewusst zu haben und alles richten zu wollen ... Ich selbst habe manchmal Angst vor ihr.* Grittli ist Elisabeths zweites Ich. Sie weiss, vor ihr kann sie nichts verbergen. Seit Jahrzehnten nimmt Grittli jedes Telefon ab, das sie selber schon längst nicht mehr hört. Noch heute, da Grittli kaum mehr die Treppe hochsteigen kann, nimmt sie die Telefone entgegen, wenn sie lange genug schellen.

Der Weg zum Bahnhof erscheint ihr heute besonders lang. Seit wenigen Wochen kann sie überhaupt erst wieder gehen. Lange lag sie nach dem Unfall im Bett, ihre Rückenwirbel waren gequetscht, ihre Beine gehorchten ihr nicht, geschweige denn der linke Arm. Es war an einem Nachmittag Ende 1971, als sie die Treppe in den oberen Stock hochstieg. Die Stufen sind in den Jahren uneben geworden, in der Mitte sind so viele Paar Schuhe hinauf- und hinuntergestiegen, dass Wellen entstanden sind.

Vor einigen Monaten war es. Sie trug allerlei Papier und Bücher in den Armen und hielt sich nicht wie gewöhnlich am schmalen, eisernen Handlauf der Wand entlang fest. Zuoberst, bei einer besonders schmalen Stufe, kamen ihre Fussspitzen zu wenig weit vorne zu stehen. Sie verlor das Gleichgewicht, und die Sekunden, als sie hin und her schwankte, schienen ihr eine halbe Ewigkeit.

Sie spürte, sie konnte das Gleichgewicht nicht halten, und stürzte rückwärts die Treppe hinunter. Bücher und Papiere flogen in alle Richtungen, sie versuchte, sich, so gut es ging, abzudrehen und einzurollen. Erst der Gang im Parterre bremste ihren Fall. Sie schrie, Grittli fand sie erst einige Zeit später, da sie in der Küche hantierte und den Schrei nicht hörte. Grittli rief Antonio, er trug Elisabeth hinauf ins Zimmer, der Arzt wollte sie ins Spital nach Riggisberg bringen, doch Elisabeth weigerte sich, da man die gebrochene Schulter ohnehin nicht operieren konnte. So lag sie im Bett, schrieb, wenn es ging, empfing alle Besucher an ihrem Fussende und wartete auf Besserung.

Seither trägt sie ein Stück Tod mit sich. *Je suis et je reste à demi morte.* Sie hatte immer wieder kleinere Stürze, manchmal auch Probleme mit den Armen oder Händen, aber so schwach wie im Jahr vor ihrem 90. Geburtstag war sie noch nie. Es war ihr hohes Alter, aber vielleicht gab es auch noch einen anderen Grund für den Sturz: *Meine Umgebung behauptet, der Kummer über diese Publikation habe mir die Widerstandskraft gegen meine körperliche Verletzung genommen und das würde eigentlich stimmen. Im ganz kleinen ist es das Prinzip der Kreuzigung.* Seit dem Tod ihres Sohnes hatte sie sich nie mehr so gegrämt wie nach dem Erscheinen dieses Büchleins. *Als ich es erhielt, nahm es mir alle Widerstandskraft – ich schäme mich bis in den Boden hinein und hasse diese Frau aus ganzem Herzen.* Diese Anekdoten, die sich zugetragen haben sollen, diese Bonmots, die sie von sich gegeben haben soll, das Ganze in einer Sprache, die ihr selber fremd ist. *Nun habe ich aber meine Seele füchterlich verletzt … Der Verlag versprach und hielt nicht Wort und der Text ist eine Schweinerei. Ich bin in Bern Französisch und Hochdeutsch erzogen und habe später als*

Fremdsprache Berndeutsch lernen müssen, aber ich spreche doch korrekt. Die Leute halten es für mein Tagebuch. Sie fühlte sich dem Gespött der Leute preisgegeben. Sie überlegte hin und her, was sie unternehmen könnte.

Da kam ihr der junge Redaktor in den Sinn. Während einiger Jahre hatte sie Kurt Aeschimann immer wieder bei sich empfangen, er schrieb Artikel über sie, meist um ihre runden Geburtstage. Vor ihrem 85. Geburtstag meldete er sich zusammen mit dem Redaktor und Fotografen Paul Müller an. Müller positionierte Elisabeth vor dem Bild ihrer Mutter als junges Mädchen, das ernst und würdig blickt. *Ich wünschte das Bild meiner 5-jährigen Mutter, der Erbin von Rümligen, im Hintergrund. Und mit Hüte auslesen und Zügelei und Beleuchtung brachte Müller dieses Bild des Hochmuts zustand und wir fanden es prächtig und praktisch.*

Müller fotografierte sie auch mit Aeschimann plaudernd auf der Bank im Park. Sie liess Abzüge ihrer Fotografien machen, eine für sich – auf der Bank im Park – und eine für ihre Freunde – unter dem Porträt ihrer Mutter. *Ich möchte dieses, wo ich neben Aeschimann sitze, welches meinem Begriffe von meiner jetzigen Lebensweise entspricht. – Das andere ist nur die äussere Schale meines früheren Wesens, das längst abgestorben ist.*

Der Artikel zum Geburtstag erschien in den «Tages-Nachrichten» mit Bild, zeitgleich auch ein Artikel im Zürcher «Tages-Anzeiger». Dort stiess ihr zelebrierter Hochmut auf Protest.

Ein erzürnter Leser des «Tages-Anzeigers» meldete sich bei ihr. *Einer, der auch den Lebensunterhalt ‹verdienen› muss und nach Ihrer Ansicht zweiter Klasse Mensch ist, will doch noch die kostbare Zeit vergeuden, um Ihnen ein paar Zeilen zu schreiben.*

‹Sit dir öpper oder verdienet dir› könnte man auch sagen: Sit dir öpper oder heit dir no nie gearbeitet? Wenn ich die Macht hätte, würde ich Sie noch in Ihrem Alter nach Russland deportieren. So eine Geschmacklosigkeit gegenüber dem arbeitenden Volk ist wohl einmalig? Meine Fragen an Sie: Habe Sie schon gearbeitet? Was haben Sie für das Vaterland getan, in dem sie schliesslich leben? Haben Sie Ihr Schloss ererbt oder erarbeitet?

Sie verstand diese Zeilen nicht auf Anhieb, war auch nicht wütend auf den Schreiber, sondern auf die Verfasser des Artikels im «Tages-Anzeiger», wovon sie nichts gewusst hatte. War es gar das Werk der beiden Redaktoren der «Tages-Nachrichten»? *Der arme Schreiber, dem ich tröstend milde schrieb, schickt mir auf meine Bitte diesen Artikel und lenkt den Verdacht auf Sie beide. Vielleicht glaube ich Ihnen und vielleicht nicht. Ganz in Ordnung ist so etwas nicht, die Leser zum Besten zu halten mit: Sit der öpper oder verdienet dir? Es ist nur ein Witz!* Sie hatte wirklich die beiden Redaktoren im Verdacht, diesen Artikel in Zürich zum Geburtstag der anachronistischen Berner Aristokratin verfasst zu haben. *Sagen Sie mir oder schreiben Sie, ob Sie als lustige Vögel Aeschimann und Müller zu mir kamen, um solches zu schreiben in einer Stadt wie Zürich, wo sie alles für bare Münze nehmen und keine Witze verstehen.* Die beiden winkten ab und sagten, sie hätten nichts damit zu tun, und sie solle diesen Leserbrief auch nicht zu ernst nehmen. *Es sei gleich vorweggenommen: Weder Herr Aeschimann noch ich haben diesen Artikel im «Tages-Anzeiger» verfasst. Ich habe besagter Zeitung lediglich auf Anfrage hin eine Aufnahme von Ihnen zur Verfügung gestellt. Zudem glaube ich, dass Sie einen solchen Brief kaum sehr ernst nehmen werden. Es gibt nun einmal Menschen, denen Taktgefühl und Anstand Fremdwörter sind.*

Sie wartet in Kaufdorf auf den Zug. Früher kam sie immer kurz vor seiner Ankunft zum Bahnhof, heute ist sie viel zu früh, obwohl sie kaum vorwärtsgekommen ist. Aber sie hat heute mehr als die doppelte Zeit berechnet und immer unterwegs wieder auf ihre kleine Armbanduhr geschaut. Sie setzt sich auf eine Bank, die mit dem Sackmesser bearbeitet wurde. Herzchen, Namen, wild durcheinander eingeritzt.

Auch mit ihrem Kummer zur Anekdotensammlung wandte sie sich wiederum an Kurt Aeschimann. *Mein lieber Aeschimann. Ich bin draussen gesessen allein gestern und da ist mir klarer geworden – aber ich bin in jämmerlichem Zustand immer noch sehr verändert, kenne mich selbst nicht wieder – was würde dieser Text 2 Mal mit Unterbruch in den Nachrichten ungefähr kosten? Besser den Titel des Buches nicht nennen und mein Name auf deutsch sehr gross. Dann werden die Leute schon verstehen.* Sie wollte für eine Richtigstellung bezahlen, ein paar kurze Zeilen, um sich von diesem Buch zu distanzieren. *Bekanntmachung: Meinen Bekannten und Freunden unter den Lesern der Nachrichten die Mitteilung, dass das Buch, das im Umlauf ist, mit mir nichts zu tun hat, es ist das Werk einer Schriftstellerin und ein grober Unfug heutiger Zeiten. Elisabeth von Meuron Tscharner.*

Der Redaktor schrieb ihr einen langen Brief zurück und riet ihr davon ab, sich öffentlich vom Buch zu distanzieren. *Mit grosser Bestürzung haben wir ihren Hilferuf wegen des Buches gelesen. Wir kamen nie auf den Gedanken, dass man Sie in dieser Beziehung hintergehen könnte. Mehr bestürzt waren wir eigentlich, dass Sie sich so grämen wegen der alten Sache; sie liegt ja schon mehr als 3 Monate zurück, und kein Mensch spricht mehr von diesem Buch. Wenn Sie nun in der Zeitschrift kundtun, Sie distanzieren sich davon, wird alles neu aufgerührt, die Leute überschwemmen die Buchhandlungen und wollen lesen, was die Frau da zusammengeschrieben hat über eine Madame de … Ich glaube, liebe Frau de Meuron, Sie haben es nicht nötig, sich vor einer solchen Person und den anderen Leuten schämen zu müssen. Sie haben in Ihren bald 90 Jahren Dutzende von Malen Grossmut bewiesen. Möchten Sie es nicht auch diesmal tun?*

Sie unternahm dann nichts. Obwohl sie weiterhin nicht sicher ist, ob nicht das Büchlein, diese Anekdoten, das Bild von ihr prägen werden. Ob nicht diese Geschichten von ihr überleben werden. Sie glaubt nicht daran, dass sie so schnell in Vergessenheit geraten werden.

Ein Wermutstropfen sind die Zeichnungen von Lindi, einem ihrer Mieter. Als Elisabeth sah, dass sie diese Publikation nicht mehr verhindern konnte, bat sie den Verlag, sie mindestens mit Lindis Zeichnungen zu versehen. Denn er konnte Elisabeth treffend skizzieren, das wusste sie. Zum 80. Geburtstag hatte ihr Lindi eine Zeichnung geschenkt, eine Karikatur im Profil, wie sie mit einem ihrer Hunde vorwärtsmarschiert. *Lindi machte mir zum Geburtstag diese Zeichnung, welche ich und meine Tochter lustig fanden.* Sie liess Postkarten drucken, um damit ihre vielen Geschenke zu verdanken, *Lindi meinte, ich solle gleich einen Dank mitdrucken lassen – und das wäre auch gescheiter gewesen, aber doch nicht nett für die vielen grossen Geschenke und für die Telegramme.* Albert Lindegger, der seinen Übernamen Lindi zuerst zum Künstlernamen machen und ihn dann sogar als Familiennamen eintragen liess, war ein begnadeter Künstler, ein Zeichner, der auch bei diversen Zeitungen arbeitete. Lindi brachte sie stets zum Schmunzeln. *Ich habe mich aber erfreut und getröstet an Lindis Zeichnungen.*

Sie ist mühsam eingestiegen und hat sich einen Sitzplatz gesucht, sie schaut immer Richtung Belpberg, ob sie nun vorwärts- oder rückwärtsfahren muss. Das Billett löst sie im Zug oder lieber noch am Schalter, wenn die Zeit reicht. Sie liebt diese braun-beigen Kartonkärtchen mit Abfahrts- und Zielort und den beiden Löchern, die sie nach der Fahrt aufweisen. Auch diese Billette verwendet sie ab und zu als Tischkärtchen oder um wackelige Möbel zu unterstellen. Ihre Sorge reist mit: Was die Hunde wohl diesmal wieder anstellen werden? *Eine Gesellschaft von 5 Hunden, welche alle Türen vernagt haben, wenn ich in meiner Absteige, Junkerngasse 5 übernachtet habe und sie alleine im Haus in Rümligen sind.* Mitnehmen kann sie das Rudel nicht. Sie hofft, Antonio habe genügend Zeit, sie gut zu versorgen und zu hüten, wenn sie draussen herumtoben. Antonios Hilfe wird immer wichtiger. 1955 kam der junge Mann, zwanzig Jahre alt, zu ihr ins Schloss und ist bis heute geblieben.

Je älter sie wird, desto grösser scheint das Interesse an ihrer Person. *Weil man mich aus Zufall zu einer Persönlichkeit gemacht hat, an welcher die Leute sich belustigen können als Gaudium.* Einerseits fühlt sie sich geschmeichelt, andererseits spürt sie schmerzlich, wie sich ihr sorgfältig gezimmertes Bild, ihre Maske, verselbständigt, ihrer Kontrolle entwischt. Sie fragt sich, ob nicht nur in Zürich, sondern auch in Bern ihre träfen Sprüche für bare Münze genommen werden.

Ihr bleibt nichts anderes übrig, als ihre Freunde zu bitten, sie in Schutz zu nehmen, besonders bei diesem Büchlein. *Ich bitte Sie bei Gelegenheit, die Ehre meiner Wenigkeit anzudeuten, wenn man von einem schändlichen Büchlein spricht, das dem stumpfsin-*

nigen Publikum passt. Nehmt es nicht zu ernst, aber sagt es gelegentlich, es sei ein Skandal, was da auf meine Kosten geschrieben stehe.

Sie steigt aus dem Zug. In ihrem Handsack, dem Stoffbeutel, den sie immer bei sich trägt und der den Namen Handtasche nicht verdient, hat sie wieder einmal Briefe an alle Singstudenten dabei. Schneider ist ihr der liebste. Trotzdem oder vielleicht gerade deswegen liest sie ihm nicht zum ersten Mal die Leviten. *Ich bin zu alt, um Euch gute Manieren der Ordnung beizubringen mit all Eurem Anhang. Sie wollen nur der Nehmende sein im Leben, nicht der Tragende, und nehmen sich das Recht, sich wehmütig zu fühlen. Diese Strafpredigt soll Ihnen Kraft spenden und Sie in Ihrer Rutschpartie aufhalten.* Sie hat ihm nicht verziehen, dass er dieses Fest durchführen wollte, ohne sich genügend um einen korrekten und reibungslosen Ablauf zu kümmern.

Sie hat auch beschlossen, einige der Singstudenten an der Junkerngasse auszuquartieren und an die Spitalgasse zu schicken. *Erfahrungsgemäss werden diese an der Junkerngasse zur Last und an der Spitalgasse nicht, weil sie dort gemischt sind.* Doch schon während des Schreibens hat sie sich über sich geärgert, weil sie wieder viel zu viel preisgibt und predigt. *Übrigens ist es ein Fehler von mir, Erklärungen zu geben, um mich vor Ihnen zu rechtfertigen, und es ist vielleicht gesünder für Sie, mich weiter in Gedanken mit Vorwürfen zu überschütten und zu ertränken.* Sie weiss genau, dass ihre Zeilen nicht auf Gegenliebe stossen werden, doch das nimmt sie in Kauf.

Wer in einer ihrer Wohnungen wohnt, wird das Couvert direkt im Briefkasten vorfinden, die anderen Briefe verschickt sie. Die Zeit ihrer parfümierten Briefe ist vorbei. Vielleicht trifft sie auch den einen oder andern Mieter persönlich an. Sie will kurz bei ihren Liegenschaften vorbeigehen und nach dem Rechten sehen. Wie die Stallvisite in Rümligen ist auch der Besuch in ihren Häusern, oft verknüpft mit einem Gang durch die Wohnungen, eine ihrer lieben Gewohnheiten. Zu allen Wohnungen besitzt sie Schlüssel, damit sie dort nach Gutdünken ein- und ausgehen kann, eine notwendige ordnungspolitische Massnahme, damit ihr die Studenten nicht allzusehr auf der Nase herumtanzen. Wöchentlich mindestens einmal ist sie in Bern.

Zuerst besucht sie immer die Spitalgasse 38, keine fünf Minuten vom Bahnhof entfernt. Hier deponiert sie ihre noch leeren Taschen und Säcke und während des Tages wird sie alle ihre Einkäufe im Hauseingang stapeln.

Im Weingeschäft im Parterre können Leute unter der Woche Sachen für sie abgeben. Sie geht gerne über den Markt auf dem Bundesplatz oder dem angrenzenden Bärenplatz, um direkt bei den Bauern einzukaufen, doch das hat bis morgen Zeit.

Gottfried Hess wird ihr die Taschen an den Bahnhof tragen, sie transportiert sie dann nach Kaufdorf, und Antonio wird die Waren abholen, um sie zum Schloss zu bringen. Manchmal fährt Antonio auch nach Bern, wenn er leere alte Milchkannen bei verschiedenen Restaurants vorbeibringt, um diese – mit Speiseresten für die Schweine gefüllt – wieder nach Rümligen zu bringen.

Heute geht sie nicht in den Hof, um nach dem schönen Kirschbaum zu sehen, der gerade blühen könnte, sondern steigt im ersten Stock am Kürschner-Atelier vorbei, hier riecht es manchmal streng, wenn die Pelze für die Kleider vorbereitet werden. Im

2. Stock klopft sie bei Gottfried Hess an die Türe. Der kleine, rundliche Mann mit den braun-grauen Haaren ist ihr zu einem Butler geworden. Dem dichtenden Schneider kann sie kleine Arbeiten übergeben oder Aufträge erteilen, als eine Art Mietzins für seine Wohnung. Es verbindet sie eine pragmatische Empathie mit ihm. Er ist ausser Haus, so dass sie später noch einmal vorbeikommen muss.

Auch im oberen Stock ist es ruhig. Hier wohnen Studenten. Peter Gerber ist der erste Mieter, der weder Jurisprudenz noch Medizin studiert, er wird Physiker – aber da er auch zu den Singstudenten gehört, machte sie eine Ausnahme und gab ihm ein Zimmer. Sie klopft und wartet. Sie weiss, dass sie sich manchmal etwas gedulden muss, bis jemand öffnet.

Einmal begegnete ihr Peter Gerber im Treppenhaus und er sah aus, als wäre er samt seinen Kleidern gerade aus dem Bett gestiegen. Sie wies dann Hess an, er solle dafür sorgen, dass Gerber anständig unterwegs sei, und wie immer machte sich Hess pflichtbewusst und ebenso diskret ans Werk. Auf seiner kleinen Schreibmaschine mit dem türkisfarbenen Deckel tippte er sorgfältig einen kleinen Zettel, den er ihr zeigte, bevor er ihn am nächsten Tag Gerber in die Hand drückte. *Ordre. (rot und doppelt unterstrichen) Ihre Hoheit, Mme de Meuron, gibt Kund und zu Wissen, (ist gleich einem Befehl), Sie sollen mir Ihren Anzug zum Bügeln geben. Im Auftrag: G. Hess.* Gerber schien damals wohl eine anstrengende Zeit zu haben, er wirkte so blass, dass sie ihm beim nächsten Besuch eine grosse Wurst zum Kochen und eine Flasche selbstgebrannten Schnaps mitbrachte, damit er wieder zu Kräften und gesunder Farbe kam.

Sie klopft noch einmal an die Türe und lauscht, ob ein Rascheln oder Reden ankündet, dass jemand die Türe öffnen wird. Sie will nicht einfach in die Wohnung treten und jemanden überraschen. Das Schuhgestell ist ordentlich mit einem Vorhang zugedeckt, keine Schuhe stehen auf der Treppe.

Als sie 1969 hörte, die Amerikaner seien auf dem Mond gelandet, kaufte sie am frühen Morgen den «Blick». Sie konnte es nicht glauben und klopfte bei Gerber an die Türe, noch bevor dieser zur Universität aufbrach. Er erschien halb rasiert, im weissen Hemd, und bat sie verdattert in die Küche. Die Küche war gleichzeitig das Bad, die Badewanne mit den geschwungenen Füssen stand neben dem Spültrog, über dem Brünnchen hing ein Spiegel. Gerber rasierte sich fertig, während auf dem Herd der Kaffee aufkochte. Gerber benutzte diese metallene Kaffeekanne, wie sie die Italiener haben, auch Antonio. Unten wird Wasser eingefüllt, das als Dampf das Pulver aufbrüht und in einem oberen Stock als Kaffee kondensiert. Ein einfaches, aber physikalisch perfektes Instrument, rühmte Gerber diese Kaffeemaschine. Der Kaffee war stark, etwas bitter, schmeckte aber mit viel Zucker umso besser und weckte die müden Geister zünftig. Neben dem alten Holzherd stand eine neuere, elektrische Kochgelegenheit. Gerber setzte sich hin und erklärte ihr die Apollo-Mission. Sie hatte kurz vorher von ihm bereits eine Lektion erhalten, weswegen der Satellit Sputnik nicht auf die Erde gefallen war; die Mondlandung schien ihr aber doch um einiges unmöglicher.

Es war eine unterhaltsame Stunde, beim Kaffee über dieses Weltwunder zu diskutieren, doch plötzlich stand Gerber hastig auf, nahm Krawatte und Kittel und sagte, er müsse nun schnell an die Uni.

In der Wohnung rührt sich nichts, sie prüft, ob abgeschlossen ist, steht auf die Zehenspitzen und klaubt einen Schlüssel von einem Mauerband über der Türe herunter, ihr Geheimversteck, sie kann nicht immer alle Wohnungsschlüssel dabeihaben. Dann streift sie die Schuhe auf der Matte vor der Türe sorgfältig ab, damit sie keine Spuren hinterlässt.

Gerber bewohnt mit zwei anderen Studenten die Wohnung im 3. Stock, alle haben ein eigenes grosses Zimmer; das Esszimmer, das Küchen-Bad und die Toilette im Gang dagegen nutzen sie gemeinsam. Sie verlangt von Gerber siebzig Franken Miete im Monat. Doch sie will diese nun auf fünfzig Franken reduzieren, da er so verlässlich und sympathisch ist. Sogar noch fast pflegeleichter als die Medizinstudenten. *Mediziner sind fahrige, unsichere Leute, die kommen und gehen in einem zu – Physiker sind sehr nette Menschen, auch die Astronomen.* Die Ordnung in der Wohnung gefällt ihr. In der Ecke der Küche hängt ein Zwiebelzopf, die Geschirr-, Hand- und Frottiertücher sind sorgfältig an Schnüren zum Trocknen aufgehängt, die Wand schmückt ein buntes Tuch mit einem Mädchen, das einen Rucksack voller Früchte trägt. Sogar eine Küchenwaage steht neben dem Herd. Es beglückt sie, diese *Mannschaft der Zukunft zu sehen, die gewissenhaft studiert zum Wohl der kommenden Generation ihre Pflicht tut im Stafettenlauf.*

In ihrer Jugend waren Studenten anders, findet Elisabeth, studierten nur unter der eisernen Hand ihrer Eltern, bekamen sie einmal Freiheiten, gerieten sie ausser Rand und Band.

Dass auch heutzutage ab und zu eine Frau durch den Gang huscht, wenn sie eintritt, davon will sie lieber gar nichts wissen.

Und auch wenn sie die Verlobte ihrer Mieter teilweise kennt, will sie nicht grüssen, weil sie offiziell keine Frauen in den Wohnungen haben will. Und als Mieterinnen sind sie ihr schon gar nicht willkommen. *Weil in meinem Alter ich nicht gerne weibliche Elemente in diesen Altwohnungen als Mieter habe, erfahrungsgemäss hat man immer Komplikationen mit deren Organisationsgelüsten.*

Natürlich macht sie auch hier Ausnahmen. Mary Lienhard beispielsweise bewundert sie nicht nur als Künstlerin, sondern auch ihrer Schönheit wegen. Einer so schönen jungen Frau konnte sie nichts abschlagen, als sie bei ihr wegen einer Wohnung vorsprach. Oder auch Meret Oppenheim. «Elle est extraordinaire», sagt sie immer, wenn sie von ihr spricht. Sie bewundert ihre Kunst, die sie durch Huggler kennengelernt hatte, sie ist fasziniert von dieser Frau, die verwirklichte, wovon Elisabeth träumte, als sie jung war. Oppenheim lebte einige Jahre in einer ihrer Wohnungen an der Junkerngasse.

Sie schliesst in der Wohung ein Fenster, das leicht geöffnet ist – es könnte einen Wetterumbruch geben, sie versteht nicht, weswegen alle Mieter immer die Fenster offen lassen, wenn sie weggehen. Sie verriegelt die Türe wieder, legt den Schlüssel an seinen Platz zurück und ist mit der Inspektion insgesamt ganz zufrieden.

Die Frage, welche Rolle und Aufgaben Frauen haben, welche Fähigkeiten und Eigenarten, beschäftigt sie nicht erst seit dem jahrzehntelangen Kampf um das Frauenstimmrecht – das erst 1971 zu einer Gleichberechtigung geführt hat. Sie verstrickt sich immer wieder in Widersprüchen, ist hin- und hergerissen, was sie davon halten soll. Viele ihrer Unzulänglichkeiten führt sie darauf zurück, eine Frau zu sein. Als Mann, denkt sie, hätte sie ihre

Gefühle und Gedanken, besonders aber ihr Handeln im Griff. Dagegen plagen sie *hässliche Unsicherheit, hilflose Ausdrucksgehemmtheit*, die sie unfähig machen, *mit so grossen Dingen zu spielen nach Frauenart.*

Sich in Fragen der Kunst, Politik oder Gesellschaft einzumischen, sei ihr als Frau eigentlich nicht gestattet. *Schweigen ist am Platz für öpper, wie ich es bin.* Oft fühlt sie sich überfordert, unfähig. *Oft denke ich, eine fremde Seele hause in mir und reisse alle Türen und Fenster auf und mache Durchzug. Dann fühle ich mich nicht geschützt und habe Angst vor der Törichtigkeit meiner Taten und Gefühle, die ich nur bei offenem Fenster erkenne.* Sie fühlt sich aber auch nicht allein verantwortlich für ihre Gedanken, *die gehen wie der Wind bläst, wie er will.* Welche Rolle ihre Erziehung und ihre Herkunft dabei spielen, ist sie nicht sicher, hilfreich für ihre Entwicklung war sicher beides nicht. *Töricht war ich, töricht bin ich und töricht werde ich immer sein, solange ich in diesem erblich belasteten Körper hause.*

An den Fähigkeiten der Frauen dagegen hat sie nie gezweifelt, besonders nicht in Kunst oder Literatur. *Man sollte sicher sein, ob es nicht eine Frau geschrieben hat. Die Sprache lässt allerlei Unheimliches durchblicken, das man im eigenen Leben geahnt hat und nie sicher wissen wird. Kurz, es ist so gut geschrieben, dass es einen beunruhigenden Inhalt hat. Das Interesse wird nur auf Frauen und Tiere gelenkt, als ob die Männer keine denkenden Geschöpfe wären und nur ihren Gelüsten verfallen.*

Ihre Selbstzweifel, ihre Minderwertigkeitsgefühle machten sie lange zur expliziten Gegnerin des Frauenstimmrechts. Nicht weil sie gegen Gleichberechtigung war, dafür stand sie für sich selber immer ein. Selbstbestimmung und Gleichberechtigung waren ihr in ihrem Leben stets wichtig. Und ihre Unabhängigkeit kostete sie mit zelebrierter Eigensinnigkeit aus. Doch von einem Wahl- und Stimmrecht für Frauen versprach sie sich nicht viel. *Die Frauen sind jetzt deutlich geistig entwickelter als die Männer, aber Gleichgewicht und Tatkraft, Ausführungs-Technik, Ausführungs-Möglichkeit haben die Männer weit voraus als Kraft und Beweglichkeitsmöglichkeit, das einmal Erkannte oder Erahnte in Tat umzusetzen und zu bewerkstelligen. Ohne Männer geht es nicht, diese Verhüter des Chaos sind sowieso unsere Freunde. Wir sind ganz gut aufgehoben ohne Stimmrecht und geniessen unsere Sonderstellung. Es ist mir unbegreiflich, wie diese Sucht des Stimmrechts entstanden ist, unter den Männern jetzt Vertreter des Frauenstimmrechts als eine Art Fäulnispilz auftritt.*

Sie stellte viele demokratische Abläufe generell infrage, bezweifelte, dass die Mehrheit immer recht hat, ebenso, dass demokratische Prozesse zur besten Lösung führen. Und da sie es meist ebenso sinnlos findet, wenn die Männer abstimmen gehen, wird es mit den Frauen wohl kaum besser werden. Im Gegenteil. *Herrschsüchtig sind alle Frauen noch dazu.* Je disziplinierter, versteinerter und gefühlloser die Frauen in ihrem Leben geworden waren, desto schlimmer erlebte sie diesen Zug.

In der Weinhandlung hat Elisabeth den geschäftigen Besitzer mit einem Weinkarton in den Armen nur kurz vorbeigehen sehen, er schüttelte den Kopf und rief ihr zu, niemand habe etwas für sie abgegeben.

Manchmal ist sie nicht sicher, ob die Leute wirklich so beschäftigt sind oder ob einige ihr auch einfach aus dem Weg zu gehen versuchen. Beispielsweise möchte sie schon lange wieder einmal mit dem Architekten Indermühle sprechen, an baulichen Problemen mangelt es wahrlich nicht bei ihren Liegenschaften. Doch jedes Mal, wenn sie in seinem Büro anklopft, überbringt ihr immer der gleiche junge Mann die immer gleiche Antwort. Der Herr Indermühle sei nicht im Büro.

Sie schaut über das Flaschenmeer an den Wänden der Weinhandlung, ihr Weinkeller in Rümligen ist längst nicht mehr so gut bestückt, bei ihr sind die leeren Halterungen bereits in der Überzahl.

Ja, eine Zeitlang hatte sie sich mit den Gegnerinnen des Frauenstimmrechts solidarisiert. *Ich war an der Versammlung des Bundes gegen das Frauenstimmrecht. Es waren reife stille Damen mit Ausnahme der Präsidentin, welche so viel herauszusprudeln hatte, dass sie mir leid tat. Es war unwesentlich, weil sonst alles würdige, in sich gekehrte Damen waren.* Sie war beruhigt, diese Frauen entsprachen dem Frauenbild, das sie kannte, das man sie gelehrt hatte, auch wenn sie selber ihm nie entsprach. Doch hier wurde auch ihr Widerspruch augenfällig: Frauen, die dem typischen Frauenbild entsprachen, langweilten sie und interessierten sie nicht. *Frauen interessieren mich nicht. Man braucht sein eigenes Geschlecht nicht, obwohl es gleichwertig ist. – Frauen verleiden uns eher.*

Der wahre Grund ihres Desinteresses jedoch lag im Widerspruch ihres Frauenbildes mit ihrer eigenen Person. Sie interessierte sich für Männerthemen, für Politik, Wirtschaft, Macht und Strategien. Frauenthemen dagegen, Haushaltsführung, Arbeiten in Haus und Garten, konnten sie nie begeistern. Würden nun also die Frauen auch Politik machen, Einfluss in Wirtschaft und Gesellschaft haben, dann würde ihr Interesse an ihnen wohl steigen. Diese Entwicklung konnte sie schon während Jahrzehnten beobachten, nicht nur bei sich selber. *Männer sind Frauen ähnlicher geworden mit der Zeit und wir Frauen haben uns auch gewandelt.* Manchmal schien es gar, die Männer hätten sich noch mehr den Frauen angepasst als umgekehrt.

Nun ist das Frauenstimmrecht da. Sie spürt bereits die ersten Auswirkungen, positive wie negative. Statt von einem Bündner Männerchor – wie sonst üblich – wurde sie von einem Car mit einer gemischten Sängergruppe von Frauen und Männern aus dem Bündnerland heimgesucht, die ihr ein Ständchen zum Geburtstag gaben. Sie war erzürnt, hatte sie doch den Weisswein kühl gestellt und alles für die Männer vorbereitet. *Ich hätte ja Tee gegeben, wenn ich das gewusst hätte.* Die Frauen standen den Männergesprächen schlicht im Weg, was ihr die ganze Freude am Besuch nahm.

Kürzlich erhielt sie eine Karte mit der Abbildung von Barbara Stettler, der Frau ihres dreissig Jahre jüngeren Vertrauten Michael Stettler. Der Architekt und Kunsthistoriker aus einer alten patrizischen Berner Familie leitete das Historische Museum, ist nun Direktor der Abegg-Stiftung in Riggisberg, ist mit ihr verwandt und hat ihr volles Vertrauen. Wenn sie sich auf ein Urteil verlässt, dann auf seines. Und nun kandidiert seine Frau für den Nationalrat! Sie kann nicht abstreiten, dass sie Stolz und Freude empfindet, wenn sie die Wahlpropoganda sieht. Und sie gratuliert ihr, *dass es tüchtige und pflichtbewusste Frauen überhaupt geben kann, die sich einsetzen wollen, diese Last zu tragen, und willig sind, den Weg zu gehen.* Sie kann sich Barbara Stettler als Nationalrätin problemlos vorstellen. Irgendwie ist sie erleichtert, wie schnell das

Frauenbild ihrer Kindheit und Jugend verblasst und sie es weglegen kann, gleich wie ihre alten, zu grossen Mäntel, die ihr früher passten. Frauen müssen nun nicht mehr schweigen, sich nicht mehr zurücknehmen. Sie hat sich diese Freiheiten immer genommen. – Aber immer auch ihren Preis dafür bezahlt.

Es ist immer ein Rhythmuswechsel, aus dem Haus, in dem es dank seinen dicken Wänden ruhig ist, auf die belebte Gasse zu treten, wo die Menschen dichtgedrängt das «Rohr» hinab- oder hinaufeilen. Sie tritt auf die Strasse und schaut von unten an die Fassade. Dieses Haus an der Spitalgasse lässt sie an die Verwandten ihrer Eltern denken, die hier wohnten, und auch im grossen Münsterplatzhaus und an der Herrengasse.

Zum Beispiel Tante Rose, die ihr zum Vorbild wurde, weil sie nach einer enttäuschten Liebe beschloss, nie zu heiraten. Tante Rose blieb ledig, wenn auch aus einem anderen Grund als sie. «Elle n'est pas belle», hiess es in der Familie immer. Tante Rose war rund, klein, unattraktiv, aber gescheit. Sie war das vierte Kind, da reichte auch die Aussteuer nicht, um sie zu verheiraten. Doch sie konnte dadurch tun und lassen, was ihr beliebte; diese Freiheit imponierte Elisabeth in jungen Jahren. Die Besuche bei Tante Rose waren immer ausgelassener und fröhlicher als bei anderen Verwandten, auch mischte sich Tante Rose in jede Diskussion ein und wies mit ihrem Wissen die Herren oft zurecht, wenn diese etwas gar dick auftrugen mit ihren Heldengeschichten.

Tante Rose war eine Ausnahme. Denn das Spitalgasshaus war ein stattliches Haus mit spartanischen Bewohnern. *Eingestellt auf Moral, strenge Zucht und Verantwortungsgefühl, Opferfähigkeit. Es waren sehr ernste, strenge, zurückhaltende Menschen, sparsam in allem, respektvoll und demütig äusserlich, denen niemand nahegekommen ist und die mir so fremd sind.* Sie fühlte sich bei ihnen wie *die Antithese für meine Ahnen.*

Wenn sie an ihre Vorfahrinnen denkt, dann begegneten ihr Frauen, die ihr Leben oft unglücklich erduldeten. *Mein eigenes Leben war nicht besser als meiner Mutter Leben, es war selbstlose Unzufriedenheit über ihren Ehemann, dessen Geist anderswo lustwandeln ging, in Physik, Algebra und Griechisch, weit weg von ihr, weil sie ihn – verstossen hatte – vertrieben.*

Eine etwas andere Geschichte hat man sich von ihrer Urgrossmutter erzählt, einer grossen, stämmigen Frau, die sich an einem Maskenball einmal als Grossmutter des Teufels verkleidet haben soll und ihr Mann als Teufel höchstpersönlich. Sie hätten bei der Ankunft wie auch beim Tanz grossen Erfolg gehabt. Sie sei als riesige, dicke Blondine mit rotem, aufgedunsenem Gesicht erschienen und habe ihrem unscheinbaren Mann ihre lange Pelzboa an den Hosenboden geheftet. Dieselbe Frau habe stets in ihrem Teekännchen auf dem Salontisch oder auf dem Schreibtisch Wein gehabt, so dass der Besuch meinte, sie trinke ihren Tee. *Diese blauäugige Frau verstand allemnach zu leben ...* Aus der Reihe zu tanzen, das schien in ihrer Familie doch ab und an vorzukommen.

Hingegen: Was sie bei anderen durchaus amüsant findet, stört sie bei ihrer eigenen Tochter. Sie hat mit verschiedenen Leuten darüber gesprochen, was Louise in Marokko wohl macht. Auch mit ihren Mietern. Sie hat ihnen unverblümt gesagt, dass Louise vielleicht ein zwielichtiges Etablissement in Tanger führe. Denn dies ist für sie die einzige plausible Erklärung, weswegen ihre Tochter sie nicht empfangen wollte. Sie hält mit dieser Geschichte in Bern nicht hinter dem Berg, doch niemand lässt sich auf ein Gespräch ein darüber, alle wechseln immer rasch das Thema. Aber widersprechen will ihr auch niemand, so dass sie mit jedem Mal, wenn sie diese Geschichte erzählt, mehr daran glaubt.

Sie marschiert unter den Lauben durch die Marktgasse, Richtung untere Altstadt, unter dem Zytglogge hindurch in die Kramgasse, bis zu ihrem Haus Nr. 17. Das Haus hat einen zweiten Eingang auf der anderen Seite in der Münstergasse 16; von den Wohnungen hat man einen Blick sowohl in die Kramgasse als auch auf das Münster. Hier will sie nur einen Rundgang machen, dabei aber keine der Wohnungen besuchen.

Dieses Haus bewohnte nie jemand aus ihre Familie oder ihrer Verwandtschaft, weder regimentsfähige Burger noch Patrizier. Es war sozusagen eine Ausgleichsmasse einer Erbschaft. *Ich bekam es zu ganz kleiner Schatzung als Gerümpel zu anderem, um in einer Erbschaft aufzufüllen von meinem einzigen Vetter, der die Alp Rinderberg durchaus haben wollte und ich auch.* Doch sie kennt den Wert dieser Liegenschaft und will Mieter, die des Hauses würdig sind. *Dieses Haus mit dem Münster hat einen Schimmer von Würde und ich beschütze es.* Dem Korber im Parterre wird sie wohl künden, weil ihr die Unordnung missfällt und jede ihrer Mahnungen nur kurzfristig Wirkung gezeigt hat. Ohnehin wird das ganze Haus immer wieder als Gerümpelkammer missbraucht. Der Estrich ist von unten bis oben vollgestopft; wem alle diese Kartonschachteln und alten Möbel gehören, weiss sie nicht.

Sie hat einen Studenten gefunden, Lorenz Tschudi; ein Spross eines alten Glarner Adelsgeschlechts, dessen Vater Oberstleutnant und in der ersten Korea-Mission war. Elisabeth lernte ihn kennen, als sie seinem Sohn die Wohnung übergab, und hat ihn sofort in eine Diskussion über Geschichte verwickelt. Sie hat ihm ein Buch über Glarner Familien geliehen, auch über die Tschudi.

Bei ihrem Liegenschaftsverwalter verwies sie gerne auf die edle Herkunft ihres Mieters, *um das Völklein meiner Studenten-Mieter ein wenig bei ihm zu rehabilitieren.*

Der Sohn ist begeistert von dieser Altstadtwohnung, auch wenn er immer wieder auf Mängel hinweist. *Um das Haus bewohnbar zu machen, habe ich es verschlimmbessert, ich weiss es.* Lorenz Tschudi hat die Wohnung zuerst mit einem deutschen Medizinstudenten geteilt, doch seit dieser ausgezogen ist, wohnte er eine Zeitlang alleine, was Elisabeth nicht gefallen hat. *In der Einsamkeit lauern allerlei fatale Gewohnheiten.* Sie suchte mögliche Wohngenossen, doch Tschudi lehnte immer wieder dankend ab. *Sie können ja auch allein bleiben, wenn es absolut sein muss, aber da oben ist es so einsam, allerlei geistige Teufel könnten Ihnen da kommen, besonders der Teufel der Faulheit und Mangel an Disziplin (dieser war mein Weggefährte, weil ich viel ganz allein wohnte).*

Doch bald schon sagte ihr Tschudi, er werde heiraten, und seine Frau würde die erste Zeit bei ihm einziehen, da sie ohnehin planten, in die USA zu ziehen, damit er sein Physik-Studium dort weiterführen konnte. Tschudi hat eine natürliche Autorität und Selbstsicherheit, bei allen anderen hätte sie protestiert, doch ihn liess sie gewähren. *Heiraten können Sie auch provisorisch in Kramgasse 17, denn neben der Küche ist ein Zimmerchen, wo man essen kann zur Not. Natürlich müssen Sie in Neubauten jetzt schon Ihre Heiratswohnung suchen, wo dann auch Kinder Einzug halten können.* Sie entschuldigt sich, dass seine Frau so unbequem untergebracht werden müsse, denn es gibt nur ein Bad ausserhalb der Wohnung.

Elisabeth hat sich im Innenhof auf einen alten Stuhl gesetzt, sie merkt, dass sie es nicht mehr gewohnt ist, so lange auf den Beinen zu sein. Sie hat ein gemächlicheres Tempo angeschlagen als sonst, dennoch kommt sie ausser Atem, und der Rücken schmerzt.

Tschudis müssen durch diesen Innenhof auf die andere Seite des Hauses gehen, um zum Badezimmer zu gelangen. *Es ist mir leid, dass Ihre Frau so unbequem untergebracht wird für den Sommer, aber ich denke, Sie fahren zusammen viel im Land herum und geniessen zwischendurch Hotel-Comfort. Für Ihre Frau ist im Sommer der Gang zum Badzimmer durch den Hof besser denkbar als im Winter!* Es gibt keine Küche in der Wohnung, Lorenz Tschudi hat zwei Herdplatten auf ein Möbelchen gestellt. Trotzdem staunt Elisabeth, wie sich das junge Paar eingerichtet hat.

Sie besuchte ihre Wohnung vor einiger Zeit, als niemand zu Hause war, zusammen mit zwei Studenten, die sich als Nachmieter beworben haben, da Tschudis ja den Auszug nach Amerika ankündeten.

Natürlich klopfte sie zuerst, falls jemand zu Hause gewesen wäre. Die verheiratete Frau Tschudi arbeitete und war nicht immer zu Hause. So trat Elisabeth ein und gab den künftigen Mietern ein Zeichen, ihr zu folgen. Tschudis hatten den Gang ganz praktisch in eine Küche umfunktioniert, mit Geschirrschränklein, buntem Vorhang, Vorratsschrank und Arbeitsfläche. Ein schmuckes Gewürzkästchen hing über den Kochplatten an der Wand, ebenso der Grösse nach sortiert Suppenlöffel, Schöpfkellen, Messer und Rührkellen. Im Schlafzimmer stand ein Doppelbett mit gelbem Überwurf, passend zu den hellen weissen Wänden und dem weissen Kachelofen an der Wand. Auf einem weissen Korbstuhl stand ein weisses Telefon, der Holzschrank war ebenfalls weiss gestrichen. In der Stube hingen goldgelbe Vorhänge, an der Wand waren sechs kleine antike Revolver aufgehängt, daneben Brustpanzer einer alten Rüstung. Ein

Afghanteppich liess das abgewetzte Parkett verschwinden, eine lederne Polstergruppe und Stoffsessel machten die Stube wohnlich. Sie fuhr mit der Hand über die Möbel, die ihr irgendwie bekannt vorkamen. Waren es diejenigen, die Elisabeth dem Vormieter von Tschudi abgekauft hatte, die Tschudi nun nutzte? Sie war sich nicht sicher.

Kerzenständer auf dem dunklen Holztisch, das Bücherregal an der Wand vollgestellt, die echten Bilder an der Wand – es wirkte schön und gemütlich. Die neuen Studenten bemerkten zu Recht, es sähe nicht gerade danach aus, als ob diese Wohung schnell wieder frei würde. Und der Eindruck verstärkte sich noch, als sie den Keller besichtigten, der statt Gerümpel zwölf Harassen schön gestapelter Weiss- und Rotweinflaschen enthielt, daneben zwei Paar schwarze Dynamic-Skis.

Elisabeth wollte damals Klärung, sie schrieb Tschudi von ihrem Rundgang und fragte ihn, welchen Preis er ihr für die geliehenen Möbel zahlen wolle. Dieser reagierte entgeistert und antwortete, die Möbel gehörten ihm. Sie aber glaubte unterdessen, sie hätte sie seinem Vorgänger abgekauft, und wandte sich hilfesuchend an Frau Tschudi. *Ich glaube, Kiesewetter verkaufte mir ein oder zwei ‹Couches›. Ihr Mann ist da ganz anderer Meinung und einem Tschudi hat man zu trauen, aber ich bitte Sie, ihm doch ins Gewissen zu reden, dass er in seinen Erinnerungen nachforsche.*

Die zwei Studenten machten Druck, sie drängten immer stärker auf die Wohnung und sagten, sie habe sie ihnen versprochen. Deswegen versuchte Elisabeth, Tschudi ans Herz zu legen, schon im Herbst in die USA zu gehen. *Es ist besser für Sie, jetzt nicht in Bern sesshaft zu werden und Physik in anderen Ländern zu prüfen – wo Sie sich noch andere Offenbarungen aneignen könnten. Es ist so vieles unbekannt auf Ihrem Gebiet und Bern hat nie als Stätte des Fortschritts des Geistes oder der Wissenschaft gegolten – sondern eher als stabiles stummes Geistesgut.* Doch die Antwort liess nicht lange auf sich warten. *Auch meine Frau ist bereits von dem Geist und der Atmosphäre des einmaligen Hauses an der Kramgasse ergriffen worden und kann es sich nicht vorstellen, einmal nicht mehr in diesen Räumen leben zu können. Wie sollte man auch in einer modernen Quartierwohnung inspiriert werden können, an einem Ort, wo der Geist fehlt, welcher nur in Jahrhunderten geschaffen werden kann? Für uns bedeutet es eben viel mehr, an der schönsten Gasse Europas wohnen zu können und das Licht einer gotischen Kathedrale auf dem alten Kachelofen widerspiegeln zu sehen, als die ganze Welt zu durchstreifen.*

Neben dem Ehepaar Tschudi, das nun also länger blieb, hat Richard Aman *Schweizer Botschafter in Budapest, ein Absteigequartier* gemietet. Zudem bewohnt eine Frau dieses Haus, die von ihrer Wohnung ebenso begeistert ist wie Tschudis. Sie zur Mieterin zu nehmen, hat Elisabeth keine Sekunde gezögert. Sie hatte gehört, ihre Mutter habe sich erhängt, da wollte sie Hilfe bieten. Sie konnte sich die Leiden und Nöte vorstellen. *Ich nahm sie vor Jahren ins Haus, dass sie da Frieden fände. Das erlaubt mir mein eingeschriebenes Gesetz und ich rühre nicht an diese vom Leben verwundete Seele.*

Die Mieterin dankt es ihr in regelmässigen Abständen mit herzlichen Briefen, geschrieben in einer weichen, wie gedruckten Handschrift. *Oft ist auch ein wenig Furcht vorhanden, ein Bangen davor, dass die Tage in meinem kleinen Paradies, welches Sie mir so gütig zur Verfügung stellen, gezählt sind. Denn die herrliche Wohnung hört nicht auf für mich ein Wunder zu sein, die schönen, grossen Räume, die vielen kleinen Ecken, die Holzdecken, die ästhetische Aussicht auf das Münster, die wohltuende Geborgenheit, all das hat einen Charme, der mich täglich bezaubert.* Die Mieterin ist ganz vernarrt in diese Wohnung, Elisabeth wird ihr wohl kaum je künden können. Vielleicht verhindert sie gerade deswegen wichtige bauliche Änderungen, sogar wenn die Mieter sie selber bezahlen würden. Die Frau friert jämmerlich im Winter, da der Ölofen entweder fürchterlich russt oder ganz aussteigt. Sie erkundigte sich, ob sie auf eigene Rechnung einen Gasofen einbauen lassen dürfe, sie habe alle Abklärungen mit dem Gaswerk gemacht. Doch die Antwort von Elisabeth war kurz und knapp: *Ich weigere mich, die Verbesserungen, welche Sie wünschen, vornehmen zu lassen, und gestatte Ihnen nicht, dass Sie solches auf eigene Kosten installieren lassen. Wenn Sie es nicht aushalten, können Sie eben ausziehen.*

Es stört sie, wenn ihre Mieter kompliziert sind, gar besitzergreifend, und sich weigern, die sanitären Anlagen zu teilen – was ihr wiederum die Vermietung erleichtert hätte. Für Frau Tschudi wäre es einfacher gewesen, wenn sie die Toilette und ein Brünnchen mit Wasser im gleichen Treppenhaus hätte benützen dürfen, gemeinsam mit einem anderen Mieter. Doch diese Idee fiel auf wenig Gegenliebe: *Wenn ich aber ganz ehrlich zu Ihnen sein kann, so muss ich gestehen, dass es mir zuwider wäre, wenn fremde Leute die Toilette benützen würden. Gegen Herrn Tschudi habe ich persönlich gar nichts, er ist immer sehr höflich, aber wie wird seine Frau sein und was für Besuche werden sie empfangen? Werden diese Leute sauber und gesund sein? Toilette, Küche und Badezimmer müssen sehr sauber gehalten sein, sonst ekelt mir davor.* So müssen die Tschudis halt Sommer und Winter den Gang durch den Hof machen, bevor sie ins Bad gelangen.

Elisabeth steht auf, überquert den Innenhof und betritt den Hausgang. Die Badezimmertüre ist nur angelehnt. Sie schiebt sie auf – im Bad steht auch das Fenster sperrangelweit offen. Sie tritt ein. An die Wandbemalung von Lindi hat sie sich gewöhnt. Aus unerfindlichen Gründen hinterlässt er seine Spuren aber auch in vielen anderen ihrer Wohnungen. Die Wände seiner Wohnung sind vollständig mit Zeichnungen bedeckt, auch hier im Badezimmer prangen plötzlich diese Skizzen. In gewissen Momenten ist sie froh, dass die Leute sie für halb blind halten, so muss sie bei diesen Bildern nicht intervenieren.

Neben dem Ofenrohr ist ein Geschlechtsakt zwischen einem dicken Mönch mit Kutte und Tonsur und einer nackten lachenden Frau gezeichnet, der die Haare ob dem wilden Treiben zu Berge stehen. Über der Badewanne steht eine nackte Frau tanzend auf einem Krokodil, umringt von Hunden und Wesen zwischen Männern und Hunden, die ihre Nasen und Schnauzen unanständig nahe ans Geschlecht der Frau halten, das wie ein Stern zwischen ihren Beinen leuchtet. Wie frei muss ein Mensch sein, so etwas zeichnen zu können! Sie geniert sich, wenn sie diese Bilder nur betrachtet. Doch sie lässt sie stehen, soll sich daran stören, wer will, Lindi ist ein Künstler, und Künstler müssen frei sein. *Auf die Lindegger-Wohnung warten eine Menge, sie ist unbewohnt, aber ich glaube nicht, dass er mit seinem Krimskrams auszuziehen wünscht, und vermeide, ihm als Künstler Unannehmlichkeiten zu machen, ich hätte all seine Freunde mit Reklamationen auf dem Hals, Lindegger ist der bekannte Lindi, in Bern eine bekannte Persönlichkeit.*

Die Unsitte, die Wände zu bemalen, auch in ganz bunten Farben, hat sich bei ihren Mietern wie eine Epidemie ausgebreitet. So hat sie Briefe verschickt und strikt verboten, irgendetwas anzumalen. Da sie die Wirkung ihrer Worte jedoch kennt, hat sie nach ihrer drakonischen Weisung zum Schluss hinzugefügt, wenn schon der Drang zum Malen nicht zurückgehalten werden könne, so solle doch zumindest eine helle Farbe verwendet werden.

Die Grosszügigkeit bei Lindi kompensiert sie mit doppelter Strenge bei Tschudi. Besorgt sieht sie die unzähligen Flaschen Weisswein und Bier in der Badewanne. Es ist ihr schon zu Ohren gekommen, dass Tschudi manchmal Feste feiert, einmal seien die jungen Leute sogar singend auf das Dach gestiegen. Das will sie nicht tolerieren. *Ich selbst bin entsetzt, welchen Gebrauch Sie oder fremde Leute vom Badezimmer machen und leere Weinflaschen in der Badewanne wie in einen Brunnentrog tun. Das ist SCHÄNDLICH, wenn ein Tschudi so etwas tut, weil Sie doch von zivilisierten Eltern grossgezogen wurden. – Was ist dieser Flaschenvorrat, wie lange wollen Sie noch bleiben? – Sie sind als Mieter unerwünscht, weil Sie ein neues Badezimmer nicht achten und der niedrige Zins nie diese Behandlungsart oder Benutzungsweise decken kann. Es ist eine missliche Situation, dass Sie diesen unpraktischen Ort lieben und zugleich kein Ordnungs- und Tugendmuster mit Badezimmer-Benutzung sind.*

Sie marschiert zurück und stösst dabei auf das gelbe Velosolex von Frau Tschudi. Wie oft hat sie schon gesagt, es dürfe nicht dort abgestellt werden, immer wieder stösst sie auf dieses Gefährt. Sie notiert ihre Reklamationen auf ein Blatt Papier und legt es in den Briefkasten. *Betreffs des Hofs sollten Sie, falls es sein muss, punkto Motorrad oder Velo besorgt sein, dass es anständig aussehe. Es ist ein wunder Punkt, dass dieser romantische Hof stets zum Gerümpelhof wird, trotz meiner Vorwürfe. Ich hoffe, diese mir so peinlichen Sätze beeindrucken Sie, trotzdem Sie Physiker sind, oder geben es Ihrer Braut zu lesen, welche sicher nicht aus so gutem Haus stammt wie Sie, aber doch Anstands- und Ordnungsbegriffe haben könnte.*

Ihre Worte klingen schroffer, als sie es meint, sie mag die Tschudis sehr gerne und findet es eigentlich schade, dass sie der jungen Frau Angst einflösst, so dass Frau Tschudi immer verschwindet, wenn sie auftaucht. Leider klopfen die beiden Studenten beharrlich immer wieder bei ihr an und drängen auf diese Wohnung. Sie wäre so froh, wenn sie ihnen sagen könnte, wann die Wohnung von Tschudi frei wird. *Wahrhaftig, mein lieber Tschudi – ich bin sehr enttäuscht, dass Sie nicht ausziehen, weil man diese netten Studenten hingehalten hat. … Diese Sache bedrückt mich wirklich. … Ich weiss das Haus in guten Händen, solange Sie darin sind, und schicke dafür meinen Dank.* Aber mahnen muss sie das Paar dennoch. *Das Haus Kramgasse 17 hat keinen guten Einfluss auf Ihren Werdegang gehabt, Sie sind sehr jung dahin gekommen und sind jetzt als Mann so geworden, wie Sie eben sind. Sie haben andere gute Eigenschaften und gehören zu den wertvollen Menschen, ich will Sie nicht weiter stören in Ihrem Werdegang.* Sie schiebt den Brief in den Kasten und geht weiter zu ihren Häusern an der Junkerngasse.

Die Sandsteinhäuser sind hier niedriger, einfacher, zweigeschossig, mit Mansarden im Dachgeschoss. Ihr Bruder bewohnte die Häuser, kaufte sie, kurz bevor er starb. In der Nummer 5 ist auch sie ein bisschen zu Hause. Sie schliesst ihre Wohnung auf, öffnet die Fenster zum Lüften und legt sich auf ihr Bett im Hinterzimmer, endlich kann sie sich etwas ausruhen.

Ludwig Samuel sass tagelang in seinem schmalen Büro mit den hohen Fenstern und malte an den Stammbäumen, zeichnete mit feinsten Pinseln ganz kleine Wappen und schrieb unzählige Namen und Geburtsdaten, scheinbar ohne sich einmal zu bewegen. Mit der gleichen Akribie pflegte er seinen Garten. Er liebte Blumen. In seiner Bibel, die sie nach seinem Tod mit nach Rümligen nahm, hat sie erst kürzlich geblättert. *Wo ich suchte, fand ich Edelweiss und so Zeug, das sich mein Bruder zum Trost hineingelegt hatte.*

Es war ein schöner Frühlingstag 1917, das erste Unkraut zwängte sich neben die Osterglocken in den Blumenrabatten, die ihr Bruder sorgfältig angelegt hatte. Er jätete mit einer Hacke die Terrasse und zupfte das Moos und die Hälmchen zwischen den Steinplatten aus. Die Sonne schien angenehm auf den Rücken, er war in Gedanken versunken. Ihr Bruder konnte herrlich sinnieren und träumen, auch am Tag. Oben öffnete seine Frau Dora das Fenster und rief ihm etwas zu. Er verstand nicht, richtete sich auf, blickte hoch, um ihr Anliegen zu verstehen. Doch statt der Sonne sah er plötzlich schwarz, er hatte sich zu schnell erhoben, wankte, fiel wie ein Stein rückwärts zu Boden und schlug mit dem Kopf auf die Gartenplatten auf. Dora schrie und rannte, so schnell sie konnte, die Treppe hinunter. Doch der Blick von Ludwig Samuel war bereits starr nach oben gerichtet, aus dem Mund lief ein kleiner roter Faden. Er hatte einen Schädelbruch, war auf der Stelle tot.

Die Nachricht des Todes ihres Sohnes war für die Mutter Anna von Tscharner zu viel. Zwei Tage später starb auch sie. So war Elisabeth mit einem Schlag mit ihrem Vater allein. 35 Jahre alt war sie damals. Es gab ein Durcheinander, was ihr Vater erben sollte und was sie.

Dora wollte nach dem frühen Tod ihres Mannes wieder heiraten, doch damit verlor sie ihren Anspruch auf das Erbe, *weil sie Nutzniessung gewählt hatte, wo man dann alles bei Heirat verliert. Man gab ihr das von ihr verlangte Geld.* Elisabeth sorgte dafür, dass ihre Freundin ein neues Leben beginnen konnte. Seither treffen sie sich jeden Mittwochnachmittag zu einem Kaffee im Casino in Bern. Dora ist ihre beste Freundin geblieben.

Die angefangenen Arbeiten ihres Bruders – Pläne des Schlosses – brachte Elisabeth auf die Stadtbibliothek, einige seiner Bücher und seine Bibel nahm sie mit nach Rümligen. Sie behielt auch den Stempel, den ihr Bruder so liebte, und der Elisabeth von nun an begleitete. Sie drückte ihn tausendfach auf ihre Briefbogen und liess ein Duplikat aus Hartgummi anfertigen, damit sie ihre unzähligen Briefe einfacher stempeln konnte. Dieser Stempel ist auch ihr selber tief eingedrückt: der Greif, schön und mächtig anzusehen, aber wenig funktionstüchtig. *Dieses Wappentier tröstet mich und gibt mir Kraft; es ist so total ungeschickt ausgerüstet zu irgendeinem Nutzen und lebt und schreitet munter einher und schämt sich nicht als verbasterte Missgeburt von Geburt an.* Mit diesem Greif fühlte sie sich verbunden. *Ein böses Tier mit Schnabel und Krallen, aber hilfreich mit offenen Armen – unternehmungslustig, freudig sogar dem Leben gegenüber, allerdings auf schwachen Beinen nicht besonders fest stehend.*

Die Studenten, die in der Junkerngasse eingemietet sind, erinnern sie immer wieder an ihren Bruder, er ist durch sie so nah wie früher. *Für mich ist es ein Märchenland, gebildete Berner wie die meiner Jugend um mich zu haben.* Durch die offenen Fenster dringt Musik, manchmal Stimmen, es muss ein Radio sein. Die

Mieter im oberen Stock sind offensichtlich zu Hause. Junge Menschen machen Lärm, in jeder Wohnung stehen diese Plattenspieler, Kassettengeräte, zum Teil sieht sie riesige, mit Stoff bespannte Kästen, Lautsprecher, wie ihr die Studenten erklären. Auch kleine tragbare Radios mit langen silbernen Antennen, die an den unmöglichsten Orten stehen, sogar in Badezimmern hat sie die bei ihren Rundgängen schon angetroffen.

Es war Enkelin Barbara, die 1959 vorschlug, Heiner Vogt, einen Medizinstudenten ihres Jahrgangs, bei ihr in der Junkerngasse einzuquartieren, sie willigte ein.

Eines Abends rief sie Vogt an, es war noch früh, aber ein Gewitter zog über die Stadt, es stürmte und regnete, sie wollte ihr Porzellan abstauben und merkte, dass sie es nie alleine schaffen würde. Vielleicht ängstigte sie sich auch vor dem Unwetter, so telefonierte sie Vogt, und er eilte herbei und half ihr.

Teller um Teller, Tasse um Tasse, bis der halbe Schrank geleert, geputzt und wieder eingeräumt war. Als Vogt sich über das umfangreiche Service wunderte, erklärte sie, ihre Leute gingen nicht ins Restaurant, um zu feiern, da brauche es viel Geschirr. Immer wieder öffneten sie das Fenster, um den Lappen auszuschütteln, es reichte, den grünen Stoff in den Sturmwind zu halten, dieser zerrte daran wie ein junger Hund am apportierten Stock. Vogt wurde immer unruhiger, plötzlich stand er vor sie hin, entschuldigte sich, länger könne er beim besten Willen nicht mehr bleiben, er habe Abenddienst im Inselspital und die Kollegen würden ihn sicher schon vermissen. *Was für eine wundervolle Hilfe Sie waren, verehrter Dr. Vogt! Die Porzellan-Arbeit ging dann ganz leicht zu Ende, weil der untere Teil des Schrankes fertig war. Ich war untröstlich, Sie aufgehalten zu haben, und wäre das noch mehr, wenn ich Ihnen nicht dürfte die kleinen Taxi-Unkosten vergüten. Ich hoffe, das im Inselspital Versäumte habe weder für Sie noch für die Kranken Folgen gehabt, das wäre arg.*

Vogt heiratete dann eine Krankenschwester, beide arbeiteten in Afrika, in Kamerun. Vogts schickten die Geburtsanzeige ihres esten Kindes nach Bern, und Elisabeth schenkte dem kleinen Andreas ein Stoffnastuch mit allen Schweizer Kantonswappen, damit er auch ein richtiger Schweizer werde. Dazu eine Musikdose mit Brahms' Wiegenlied. Sie musste sehr über den Dankesbrief von Vogt lachen, schrieb er doch, im ganzen Dorf habe sich in Windeseile verbreitet, das Kindlein des Doktors habe schon ein eigenes Radio.

Sie schaut auf die Uhr, sie hat noch etwas Zeit. Am Nachmittag will sich ein neuer Mieter vorstellen. Vorher möchte sie noch in den Lebensmittelladen gehen, um etwas Brot und Käse zu kaufen und Schokolade. Eine Tafel Tobler-O-rum schwebt ihr vor, im weissen Papier mit dem roten Schriftzug und den Weinbeeren neben dem Weinglas: «Délicieux chocolat au lait-noisette avec raisins au rhum». Kaffee, Tee und Zucker sollten noch vorrätig sein.

Vogt war der erste Student in einer ihrer Wohnungen, Aebi der erste Singstudent einige Jahre später.

Nach den guten Erfahrungen mit Vogt erhielt sie einmal einen Brief eines Hansueli Aebi aus Burgdorf, der sie fragte, ob sie eine Wohnung zu vermieten habe. «Der Aebi», so nennt Elisabeth ihr rotes Gefährt in Rümligen, das auch an den steilsten Hängen noch vorwärtskommt, auf dessen Brügi man Gras, Heu oder

Holz laden oder gar einen Mäher transportieren kann. Aebi, das ist die Marke der robusten Landmaschinen, die landauf, landab geschätzt werden. So antwortete sie dem Schreiber, wenn er ein Aebi der Landmaschinenfabrik sei, habe sie eine Wohnung, sonst nicht. Er war ein Spross dieser Familie und zog bald bei ihr an der Junkerngasse ein.

Er löste dann einen richtigen Sog aus. Denn Aebi war bei den Singstudenten und nach und nach bewarben sich auch der Eggimann, Stahel, Lobsiger, Gerber, Schneider, Thüry, Lauterburg, Hitz und Gehr um eine Wohnung. Sie vermietete ihnen Zimmer und Wohnungen an der Junkerngasse 5, 7 und 10, aber auch an die Spitalgasse 34 und 38.

Eigentlich hat sie die Vermietung ihrer Liegenschaften einer Hausverwaltung übergeben. Doch die Studentenwohnungen laufen unter ihrer Ägide. Sie liebt diese Kontakte zu ganz verschiedenen Leuten.

Um als Mieter in die Kränze zu kommen, braucht es zuerst eine Empfehlung eines anderen Mieters. Anschliessend müssen ihr die Anwärter ein Bewerbungsschreiben schicken, und sofern ihr dieses genehm ist, lädt sie die potenziellen Mieter zu einem Vorstellungsgespräch ein. Sie jongliert mit den Zimmern, *möchte cand. med. Lauterburg das Zimmer geben, habe aber bei einem die Schlüssel verloren, das andere Zimmer will ein rabiater Physik-Student nicht hergeben, weil er laute Nachbarschaft fürchtet,* und bittet um Verständnis. *Ich hoffe, die Umsiedlung sei Ihnen nicht zuwider …*

Sie vermietet die Wohnungen nicht als ganze, sondern vergibt sie zimmerweise. Am häufigsten aber muss sie Absagen erteilen. *Nun ist kaum Aussicht, dass ich Ihnen eine Wohnung vermieten kann, ich habe sehr wenige und halte mich an Studentengruppen.* Sie kann sich gut vorstellen, wer welche Küche mitbenützen kann, oder wer welches Bad. Und es erscheint ihr sinnvoll, dass diese jungen Menschen gemeinsam eine Wohnung teilen.

Der Aufwand ist gross, in letzter Zeit kommt es immer wieder vor, dass sie Abmachungen vergisst oder dass sie den jungen Männern nicht immer gewachsen ist. Je älter sie wird, desto mehr scheint ihr manchmal die ganze Sache aus dem Ruder zu laufen. Ihre Verzweiflung teilt sie brieflich ihren Mietern mit. *Mediziner in vorgerücktem Studium haben Ausfall für Spitalaufenthalte, Singstudenten sind unter Schneiders Einfluss eine arge Plage geworden, auch Sie sind in Nummer 10 im Weg, das bezahlte Miete haben sollte und offenbar zu viel Elektrizität braucht.*

Sie muss eingenickt sein, denn sie schreckt auf und hört Geräusche im Gang, eine Türe fällt ins Schloss – hat sie ihre Wohnung abgeschlossen? Sie öffnet ihre Augen, es ist helllichter Tag, sie braucht sich sicher nicht vor Einbrechern zu fürchten, obwohl sie mit ihren Erfahrungen gut und gerne Beraterin bei der Mobiliar-Versicherung werden könnte.

Einmal, als sie in den Hausgang trat, sah sie eine Person gerade aus ihrer Wohnung huschen. Sie alarmierte die Polizei, die aber keine Spuren sicherstellen konnte, und sie konnte auch nicht sagen, was abhandengekommen war. Sie verlor den Überblick über ihre Möbel, über ihr Silberbesteck oder Porzellangeschirr. Auch bei ihren Goldvreneli, die sie in einer Schublade aufbewahrt, um von Zeit zu Zeit eines in Bargeld umzutauschen, kennt sie die Anzahl nicht genau.

Nicht nur in Bern, auch in Amsoldingen wurde immer wieder eingebrochen, obwohl sie versuchte, es zu sichern. *In Amsoldingen habe ich wieder einmal Einbruch und Plünderung gehabt und Frechheiten der Polizei und Fahnder.* Nicht genug damit, dass Diebe sie beraubten, auch die Polizei hinterliess bei ihr keinen guten Eindruck. Sie gingen im Haus ein und aus, ohne sie zu benachrichtigen, stellten alles auf den Kopf und machten eine noch grössere Unordnung. Sie hielt nicht viel auf diesen Beamten, nie hat die Polizei einen ihrer Diebstähle aufklären können.

Der schlimmste lag schon Jahrzehnte zurück, er geschah in den dreissiger Jahren, als ihr Amsoldingen noch nicht lange gehörte. Sie war wenig dort, hatte die kostbaren Möbel mit weissen, grossen Leintüchern zugedeckt. Wenn sie mit ihrer Familie Amsoldingen besuchte, dann verweilten sie meistens im Park, benutzten die Gartenmöbel, übernachteten aber kaum je im Haus. Kundige und findige Diebe wussten und nutzten dies. Sie fuhren mitten am Tag mit einem Möbelwagen vor, trugen blaue Überkleider und Traggurten wie richtige Zügelleute. Auf die Frage des Pächters auf dem angrenzenden Bauernhof antworteten sie, sie hätten die Anweisung von Madame, einige Möbel zu holen. Die Männer luden die kostbarsten Kommoden, die des bekanntesten Berner Schreiners Funk, das Silberbesteck, alles, womit sich anständig Geld machen liess, in den Lastwagen. Anstelle der Möbel drapierten sie Gartenmöbel unter den Leintüchern. So vergingen Monate, bis Elisabeth den Diebstahl entdeckte. Sie meldete ihn der Polizei.

Ein halbes Jahr später tauchte bei einem bekannten Auktionshaus ihr graviertes Silberbesteck wieder auf. Nach und nach auch ihre Möbel, doch der Auktionator weigerte sich, ihr die Herkunft zu verraten. Sie konnte nicht beweisen, dass all diese Möbel ihr gehört hatten, sie hatte ja keine Kaufquittung und im Erbvertrag waren nicht alle Stücke einzeln aufgeführt. Sie sass voller Wut und Schmach in den Auktionen und hob ihre Nummer, wenn eines ihrer Möbelstücke angepriesen wurde, «Herkunft unbekannt», wie der Auktionator rief. Sie ersteigerte vieles, glaubte den einen oder anderen schadenfreudigen Blick in ihre Richtung zu spüren. Doch sie holte sich stolz ihre Möbel und vor allem das Besteck zurück. Hatten ihre Ahnen all dieses Silber mit viel Geschick vor den Fängen Napoleons verstecken können, und ausgerechnet sie liess es in die Hände solch raffiniert plumper Diebe fallen!

An der Junkerngasse hat sie nun einen ihrer Mieter gebeten, ein Auge auf ihre Wohnung zu werfen, wenn sie längere Zeit abwesend ist. Sie kennt die Familie des Mieters gut und er bietet ihr immer an, Botengänge zu machen, was sie dankend annimmt, da Gottfried Hess an der Spitalgasse wohnt und in der Junkerngasse doch ab und zu etwas Milch oder Brot fehlt. Der Mieter verwöhnte sie immer wieder mit Leckereien aus Berns besten Confiserien, sorgt sich rührend um sie. Sie hat ihm den Schlüssel ihrer Wohnung überlassen.

Jetzt muss sie aufstehen, um den jungen Mann zu empfangen, den Einkauf verschiebt sie auf später. Vielleicht findet sie ja auch jemanden, der den Botengang für sie erledigt. Wie lange sie die Studenten noch beherbergen kann, weiss sie nicht. Sie schätzt ihre Gesellschaft sehr, sie sind in all ihren Freuden und Nöten manchmal etwas wie ihre Familie geworden. Sie merkt aber, dass sie mit den Jahren den lebhaften und forschen jungen Männern immer weniger Paroli bieten kann. Zu oft gibt sie nach, weil ihre Kräfte nicht mehr reichen, sie wird zu schnell wütend und beschimpft die Studenten in ihren Briefen, oder es führt immer wieder zu chaotischen Situationen, wenn sie die Zimmer gleichzeitig zwei verschiedenen Personen versprochen hat und sich im schlimmsten Fall nicht einmal mehr daran erinnert. Doch auch ihr Notar kann ihre Probleme nicht lösen, er hat auch wenig Interesse daran. *Dieses an Studenten-Vermieten ging jahrelang gut, solange ich es selber machte. Jetzt habe ich fast alles dem Notar übergeben müssen, ihm passen diese kleinen unnützen Studenten-Mieter gar nicht.*

Sie betritt das Esszimmer und erschrickt, ein süsslicher Duft rührt von den Speiseresten her, die noch auf einem Teller liegen. Sie räumt alles in die Küche, kratzt die Resten vom Teller ab und spült ihn mit heissem Wasser aus. Jetzt hat sie genug Kraft, manchmal reicht es dafür nicht. Mit zunehmendem Alter wird die Unordnung grösser.

Es klopft an der Türe. Der neue Mieter der Junkerngasse 9 – er kommt nur vorübergehend als Untermieter, um den Auslandaufenthalt seines Kollegen zu überbrücken. Die Wohnung besteht aus einem langen Zimmer, südseitig mit Blick auf die Aare, in einer zusätzlichen kleinen Kammer steht ein Lavabo mit Wasser, eine Waschgelegenheit, auch eine kleine Kochplatte findet Platz, der grüne Kachelofen spendet Wärme. Achtzig Franken pro Monat sind für dieses Logis immer noch wenig, weswegen sich viele um die Wohnung reissen.

Der junge Arzt, er stellt sich als Heinz Fahrer vor, betritt ihre Wohnung, sein Blick wandert über das Durcheinander. Sie wehrt mit einem dezidierteren Auftreten ihre Scham ab. Er habe sich hineingeschlichen in diese Wohnung, sich nicht richtig beworben, sie sollte ihn eigentlich wieder hinausjagen, sagt sie in barschem Ton. Der junge Mann erbleicht, sie hat die Oberhand zurückgewonnen. Er sei Doktor, sehe aber gar nicht intellektuell aus – ob seine Eltern gar gearbeitet hätten, fragt sie. Sein Vater sei Mechaniker gewesen, sagt Fahrer, wenn sie das meine. «Das darf doch nicht wahr sein!», sagt sie leicht empört, um anschliessend zu schmunzeln; sie hofft, dass er ihren kleinen Scherz versteht. Er sei sicher kein Aristokrat, er habe viel zu buschige Augenbrauen, foppt sie ihn weiter.

Beim Abschied drückt sie ihm die Hand und sagt, er habe breite, gutmütige Hände, er sei sicher ein Opfer seiner eigenen Gutmütigkeit. Der junge Arzt sagt in ihr Hörrohr, sie habe wohl eine gute Menschenkenntnis, und verlässt sie nachdenklich. Elisabeth weiss es nicht. Ihre Hände sind lang und schmal, gutmütig ist sie ganz sicher nicht – die Gutmütigkeit der Bauern, mit ihren breiten Händen, erlebt sie dagegen oft.

Die kommenden Tage in Bern will sie nutzen, um zwei grosse Anlässe dieses Jahres vorzubereiten; 1972 will sie ihren letzten Concours durchführen und ihren 90. Geburtstag feiern.

Das Blumenmeer

Zwei Autos fahren vor, der Besuch aus Basel ist eingetroffen. Gestern hat ihr Patenkind, ihr Neffe Guy de Meuron, telefoniert und zum 90. Geburtstag gratuliert. Sie hatte ihn und seine Familie nicht zum Fest eingeladen, sie wollte ihren Geburtstag diesmal eigentlich in möglichst kleinem Rahmen feiern, aber es waren doch wieder sehr viele Gäste gekommen. Vielleicht hat sie auch nicht daran gedacht, dass jemand von so weit weg auch kommen könnte. Doch da Guys Familie gerade im Sommerhaus in Gerzensee weilt, hat sie die Basler einen Tag nach ihrem Fest eingeladen, Reste habe sie noch genug und ihr Personal sei auch noch da, hat sie am Telefon erklärt.

Jetzt bleibt zumindest genug Zeit, um mit dem Chemiker und seiner Frau zu reden. Françoise schloss 1939, bereits mit ihrem ersten Kind, ihr Literaturstudium ab. Guy interessiert sich für die Geschichte seiner Familie, er recherchiert und erzählt immer wieder spannende Episoden über die Régiments de Meuron. Die Familie besucht Elisabeth jeden Sommer einmal, und vor fünf Jahren stellten die beiden ältesten Söhne bereits ihre Frauen vor. Dieses Ritual gefällt ihr, dass alle Verwandten bei ihr sogenannte «Antrittsbesuche» machen, wenn sie sich verheiraten wollen. So hat sie immer den Überblick, und auch wenn ihr Gedächtnis etwas nachlässt, kann sie sich doch die meisten Gesichter und Namen merken.

Sie führt die Gäste in den kleineren Gartenpavillon mit dem Cheminée in der Ecke, den weissen Wänden mit den lachsfarbenen Verzierungen. Der Pavillon hat dezentere, filigranere Stuckaturen in den Ecken und an der Decke als der andere, auch die Malerei beschränkt sich auf einen feinen Blumenkranz an der Kuppeldecke. Die hellgrauen geflochtenen Gartenstühle und der graue Tisch passen in den pastellfarbenen Pavillon. Ein Ort, der ungewohnte Sanftheit verströmt. Beim Eingang bilden seitlich eingemauerte Steine eine Art Raster am Boden, auf dem die Schuhe abgestreift werden können und der bei Regen Halt gibt, damit die Gäste auf dem flachen Granit nicht ausrutschen.

Die vier erwachsenen Kinder von Guy und Françoise sind mitgekommen. Sie setzen sich alle im Pavillon in den Schatten, Elisabeth hat die zahlreichen Blumenbouquets in allerlei Gefässen herausräumen lassen. Rundum ist ein geschäftiges Treiben, Männer tragen Festbänke und Tische über den Hof und laden sie auf einen Anhänger an einem Traktor. Der Reitverein habe ihr sein Mobiliar geliehen, als plötzlich so viele Leute kommen wollten, erklärt Elisabeth. Eine Frau erscheint mit einem Serviertablett mit Gläsern, Wasser und Süssmost.

Elisabeth fragt der Reihe nach, was die jungen Leute denn arbeiten würden, sie könne sich nicht mehr an alle Berufe erinnern. Landwirt, ja, das sei eine Familientradition, sagt sie bei Jean-Daniel, der den Gutsbetrieb in Gerzensee führt. Sie zeigt auf den Bauernbetrieb neben dem Schloss und erwähnt, wie gerne sie selber die Landwirtschaft geführt hatte und wie wichtig diese sei. Mit Zahnärzten dagegen, da habe sie schlechte Erfahrungen gemacht, sagt sie zu Antoine, der Zahnarzt ist. Sie habe einmal einen Zahnarzt als Mieter in einer Stadtwohnung gehabt, und als sie zufällig bei ihm vorbeischaute, sei er gerade mit einer Frau zugange gewesen, ein Kind anzufangen! Da habe sie ihn hinausspediert. Auch als sie sich vor kurzem bei ihrem Zahnarzt einen Zahn habe flicken lassen, meinte der, es sei erst ein Provisorium, sie müsse noch einmal für die richtige Prothese vorbeikommen. Das sei jedoch völlig überflüssig gewesen. Sie habe nach ein paar Wochen in der Praxis angerufen und gesagt, der Zahn sei tipptopp, sie komme nicht mehr vorbei, man solle es dem Doktor ausrichten. Sie habe auch nicht vor, sich alle Zähne wieder ersetzen zu lassen, es brauche nicht alle, um zu reden und zu essen. Aline, das einzige Mädchen in der Familie, hat Apothekerin studiert, etwas Brauchbares, wie Elisabeth findet. Pierre, der Jüngste, studiert Architektur. Er müsse unbedingt mit auf den Turm kommen, sagt Elisabeth begeistert, um den Aufbau zu studieren – und die Aussicht.

Das Essen ist noch nicht gewärmt, so dass es für einen kleinen Rundgang reicht. Sie nimmt Pierre am Arm, verlässt die Gruppe und führt ihn die Wendeltreppe hoch, erzählt dabei, ohne ausser Atem zu geraten, das Schloss Rümligen gehe zurück auf die Römerzeit, habe immer wieder die Besitzer gewechselt und am Anfang einen Turm mit Zinnen gehabt, das Dach und die begehbare Turmkammer seien erst später hinzugekommen. Samuel Frisching habe das Schloss 1709 gekauft, er habe das Oberkommando der bernischen Truppen geführt und diese 1712 in der zweiten Schlacht von Villmergen im heutigen Aargau gegen die katholischen Orte zum Sieg geführt. Das Schloss habe anschliessend den Besitzer nicht mehr gewechselt und sei in der Familie Frisching geblieben. Samuel Frisching habe es so umgebaut, wie es heute stehe. Unterwegs öffnet Elisabeth im Gang beiläufig die Schublade einer Kommode, erwähnt, hier lagere sie ihre Totenhemden, sie wisse nur noch nicht, welches sie anziehen werde. Sie habe übrigens auch in Amsoldingen und in der Junkerngasse solche Hemden vorrätig, man wisse ja nie, wo man sterbe. Der junge Architekturstudent sagt nicht viel, geniesst den Adlerblick über das Gürbetal in die Alpen. Er solle weitsichtig und schön bauen, gibt ihm Elisabeth mit auf den Weg. Aus dem Turmfenster sehen sie, wie unten die gewärmte Hamme mit dem Kartoffelsalat serviert wird.

Die Verwandten sind zurück nach Gerzensee gefahren, zum Dessert hat sie eine der zahlreichen Schachteln mit Süssigkeiten geöffnet, die sie geschenkt bekommen hat. Sie muss zeitig damit beginnen, den Vorrat abzutragen, damit sie bis zum nächsten Geburtstag alles vertilgt hat. Das ganze Haus, vom Keller bis unters Dach, ist wieder gefüllt mit Blumen, sie hat alle Vasen gefüllt, Fegkessel, Flaschen, die Badewannen und Lavabos, überall stehen Blumensträusse von überallher.

Inmitten dieses Blumenduftes blättert sie in der Zeitung, sie wagt es erst jetzt, die Artikel zu ihrem Geburtstag zu lesen, sie macht es ungern, aber zumindest bei den «Tages-Nachrichten» ist sie sicher, dass der Text ihr gefallen wird. Kurt Aeschimann hat nicht zum ersten Mal über sie geschrieben. Auch ihn hat sie dieses Jahr vor dem Geburtstag auf den Turm geführt, weil seit Tagen eine wunderbare Fernsicht herrscht. Das hat ihn beeindruckt, wie sie liest: *Besucher mag Elisabeth de Meuron noch heute in Trab zu halten; ihre Treppensteigkunst sei in Ehren vermerkt: Madame liess es sich bei unserem Besuch nicht nehmen, uns persönlich zuoberst – über steile Treppen – in den Turm zu führen, von wo man ihr Reich zu Füssen betrachten kann.*

Es folgen Glückwünsche, eine Foto von ihr im Turm – ohne Hut, da dieser beim Treppensteigen nur an den rauen Wänden hängengeblieben wäre. Ein Hinweis auf ihr langes, nicht immer einfaches Leben, ohne Details zu nennen, und wie immer darf auch ein träfer Spruch nicht fehlen: *I bi a der Münschtergass gebore worde, am 22. Ougschte 1882; dr Räscht interessiert niemer.* Was sie jedoch am meisten freut: Aeschimann hat ihr damals zwar davon abgeraten, sich öffentlich von diesem Büchlein mit den Anekdoten über eine «Madame de ...» zu distanzieren. Nun schreibt er selber im Artikel. *Ohne Pomp will sie ihren 90. Geburtstag begehen: Elisabeth de Meuron-de Tscharner, Titelheldin eines Buches mit grossem Erfolg – sie selber lehnt es vehement ab.* So hat der Journalist elegant eingeflochten, was sie von diesem Buch hält. Sie wird sich bei ihm dafür bedanken.

Sie erinnert sich gerne daran, wie der junge Redaktor Aeschimann sie vor ihrem 85. Geburtstag besuchte, zusammen mit einem noch jüngeren Redaktor, der fotografierte, um einen Artikel zu verfassen. Sie hatte sich zurechtgemacht, geschminkt und ordentlich gepudert. Normalerweise empfing sie Schreiberlinge oder Fotografen nur in Amsoldingen, damit sie möglichst wenig von sich preisgab. Doch sie hatte für die beiden Herren im Gartenpavillon Lindenblütentee aufgestellt und plauderte munter mit ihnen. Sie fühlte sich Jahrzehnte jünger, benahm sich gar ab und zu burschikos, wie sie den Blicken entnahm, die sich die beiden zuwarfen. Sie zeigte ihnen sogar das Grab ihres Sohnes und führte sie weiter in die Bibliothek, fragte Paul Müller, ob er ein Dr. phil. sei oder ein gewöhnlicher Redaktor. Er war zwar nur ein gewöhnlicher, aber deshalb nicht minder interessant.

In der «Toggelibibel», im Burgerbuch, schlug sie immer die Namen ihrer Gäste nach. Aeschimann fand sie keine, Müller unzählige. Die Fotos, die Müller an diesem Nachmittag machte, gefielen ihr sehr. Ebenso der Artikel, der zum 85. Geburtstag erschien. Sie lud dann Aeschimann und seine Frau auch zum Geburtstag ein, und am Sonntagmorgen, einige Tage vor dem Fest, schickte sie Grittli und Antonio in aller Frühe nach Münsingen, um auch Paul Müller, dem Fotografen, eine Einladung zu überbringen. Möglichst früh, damit er nicht schon zu seinem Sonntagsausflug aufgebrochen war. Grittli kam zurück und meldete, dass Müllers im Schlafanzug an die Türe kamen. Das war Elisabeth einerlei. Hauptsache, sie hatten die Einladung erhalten.

Geschrieben hatte sie diese in der Nacht: *Ich bitte Sie mir die Freude zu machen, am 22. August etwa um 6 Uhr mit Ihrer Frau in Rümligen zu sein, es kommen Bauernreiter, die Dragoner, mir Glück wünschen, später Blasmusik, Gesänge einer neugegründeten Trachtengruppe – und – ich brauch dafür Publikum, anstatt wie vorgesehen den Tag in der Stille zu begehen in Erinnerung an meine vielen Toten. Diese ländlichen Feste sind sehr schön und würden Ihrer Frau gefallen, wenn Sie, wie ich glaube, eine haben.* Sie schilderte ihm möglichst genau, was er erwarten konnte, denn sie wäre gekränkt gewesen, wenn er nicht erschienen wäre. *Es ist Gürbetal-Überschwemmung, die einen Ort erobert, um zu festen und zu wirken, sehr gelungen, ausgenommen fürchte ich die ehrbare Frauen-Trachtengruppe mit ihren Gesängen, was eine moderne Neuigkeit ist für Rümligen, sonst gab es Jodler und Alphorn.* Die Anmeldung musste Müller wie alle anderen telefonisch bei Messerlis machen, denn Grittli und Elisabeth hörten das Telefon nicht mehr verlässlich.

Am Abend ihres 85. Geburtstags stand sie voller Erwartung auf dem provisorischen Parkplatz in der Hoschtett unter den Obstbäumen unterhalb des Schlosses. Auf Packpapier hatte sie einen grossen Parkplan gezeichnet, damit alle ihre Autos am richtigen Ort abstellten und es kein Durcheinander und unnötigen Motorenlärm gab. Schon von weitem sah sie das Redaktionsauto der «Tages-Nachrichten», darin Paul Müller mit Frau. Sie stapfte begleitet von ihren Hunden zum Auto, die Frau wollte nicht recht aussteigen, bis sie ihre Hunde wegbugsiert hatte. Sie begleitete zuerst die Frau zu den anderen Frauen, damit diese am richtigen Ort war. Für die gab es in einem der Pavillons Most oder Tee, für die Männer im anderen eine Bowle mit Weisswein. Auch lokale Politiker trafen ein, zum Beispiel Werner Martignoni, und auch ein Feuerwehrinspektor, den man zum Regierungsstatthalter wählen sollte, war dabei. Als alle Gäste auf der Schlossterrasse versammelt waren, ritten unten die Dragoner ein, in der Sommer-Uniform mit schwarzen Krawatten. Sie sprangen, zuerst alleine, dann zu dritt über die Mauer und ritten gemeinsam ein Dressurprogramm. Aus den Augenwinkeln sah sie diesen Feuerwehrinspektor mit einem der Politiker schwatzen, sie rief lautstark deren Namen und sagte, sie sollten jetzt gescheiter den Reitern zusehen, die Darbietung sei es wert. Alles Tuscheln, Lachen und Schwatzen hörte schlagartig auf, wohl viel schneller als in jeder Schulstube. Sündige Mäuler blickten schuldbewusst zu Boden.

Besonders der Statthalteramts-Anwärter blickte besorgt zu ihr. Er wusste, wie wichtig ihre Meinung bei den Wahlen sein konnte. Er hatte ihr sogar eine Art Bittbrief geschrieben. *Es werden durch Sie keine billigen Lösungen gesucht und vorgeschlagen. Alles ist wohldurchdacht. Wenn ich mich nach reiflicher Überlegung entschlossen habe, mich als Kandidat für das Amt des Regierungsstatt-*

halters zur Verfügung zu stellen, so haben gerade Sie meinen Entschluss mit Ihren guten Ratschlägen wesentlich beeinflusst. Ich danke Ihnen für Ihr Wohlwollen und die einflussreiche Unterstützung.

Nach dem Springen nahmen die Reiter den Weg zum Schloss in Einerkolonne in Angriff, ritten durch das Tor und formierten sich auf dem Schlossplatz zu einem Halbkreis. Sie trat hinzu, begrüsste jeden Einzelnen mit einem Willkommenstrunk, sie salutierten laut und sagten Namen, militärischen Grad, und woher sie stammten. Bevor das Scharren der Pferde Ungeduld verbreitete, klangen von der Terrasse die schwermütigen Melodien der Alphornbläser. Diese Musik hörte sie tadellos, so stark waren die Klänge. Im Hintergrund baute sich nun die Trachtengruppe auf, neu gegründet und aus lauter Frauen. Hätte sie wählen können, hätte sie auf diese Darbietung verzichtet. Der Chor war zwar schön, es hatte auch schöne Altstimmen, doch die Solojodlerin war ihr zu schrill, juchzte in zu hohen Tönen. Lieber hätte sie einen stämmigen Jodler vor sich gehabt, mit den Händen in den Hosentaschen.

Man holte Elisabeth einen Stuhl und sie setzte sich, denn beim Weiher, neben dem Chinaschilf, hatte sich die Musikgesellschaft Mühlethurnen aufgestellt. Die Sonne ging unter und in diesem sanften gelblichen Abendlicht waren die vorgetragenen Waldweisen richtig berührend. Sie konnte etwas durchatmen.

Sie hatte in verschiedenen Räumen gedeckt, auch im Keller, damit alle Gäste Platz fanden. *Im Esszimmer sind 14 am Tisch und am Fenstertisch drei Plätze, wenn alle von der Liste kommen, muss etwas in den Keller. Welche von der Liste dürfte man dort setzen?* Bei ihren bisherigen Concours waren die Plätze im Keller immer sehr begehrt. Dort wurde gesungen und gefeiert, viel ausgelassener als in den Gartenpavillons oder im Haus. An ihren Geburtstagen platzierte sie immer die Musik im Keller, doch diesmal musste sie noch andere Gäste hinzusetzen und wusste nicht, ob sie es goutieren würden. Auch politisch musste taktisch geschickt platziert werden. *Vorderes Gartenhäuschen für meine Urenkelinnen und Mieter, welche für die Abschaffung der Dragoner sind. Frauen alle zu Trudi ins hintere Gartenhäuschen.* Die Frauen wollte sie immer im Auge behalten. *Die Damen sehr unbotmässig und frech stecken ihre Nasen in alles bis in die Bibliothek hinauf.* Früher hatte man unzählige Räume zur Verfügung. *Fumoir, Boudoir, Salon, alles verschiedene Zimmer einzig für Gesellschaften.*

Bei guter Planung, und wenn die Möbel etwas an die Wände gerückt wurden, fand sie für alle ihren Platz. Im Esszimmer stand der Ehrentisch, im Jägerzimmer ein weiterer Männertisch, einen weiteren Frauentisch deckte Grittli im Salon im oberen Stock. Elisabeth hatte jedes Tischkärtlein selber aus Kartonresten ausgeschnitten, in den unterschiedlichsten Farben, Orange, Braun, Grau. Auf einige hatte sie kleine Fotografien geklebt, was gerade passte, auf andere den Greif gestempelt. Immer schrieb sie auch die Funktion hin. Das Kärtchen *Herr Paul Müller, fotografischer Redaktor* hatte sie neben ihren Platz gelegt. Auf die Teller drapierte sie Papierservietten, bedruckt mit einem Kupferstich, einer Karte Berns aus dem Jahre 1607 in goldenem Rahmen.

Alle Gäste suchten ihre Namen, Enkelin Sibylle sass an einem Katzentischchen etwas abseits des Ehrentisches, damit sie im Notfall aushelfen konnte. Überall gab es Kerzen, nirgends brannte elektrisches Licht.

Die Gäste suchten ihre Kärtchen und setzten sich. Paul Müller war etwas verdutzt, am Ehrentisch und gerade neben ihr zu sitzen. Aber für Elisabeth war er – obwohl er der jüngste und sicher der unbedeutendste Mann am Tisch war – der interessanteste. Da kümmerten sie die Konventionen wenig, sie unterhielt sich glänzend mit dem jungen Mann, freute sich, wenn er immer wieder errötete, und fand, für ihn sei das eine gute Übung, mit ihr die Konversation an einer solchen Tafel zu bestreiten. Die anderen hörten wie immer ihren Reden zu und machten keinerlei Anstalten, sich ins Gespräch einzumischen.

Grittli und die Helferinnen servierten diesmal Bell-Würstchen; es war ein einfaches Mahl. Der Wein, ein Médoc 1949, war schwer, die Farbe dunkelrot im Kerzenlicht. *Die Feste da in der Einsamkeit gelingen eigentlich immer, die Organisation versagt und von selber geschieht, als ob es Gespenster der Vergangenheit wären, die kommen Regie führen.*

Die Musik begann nun im Hof zu spielen, die Gäste standen auf, verteilten sich draussen. Elisabeth staunte, als sie Paul Müller vor den Musikanten stehen sah, er dirigierte aus dem Stegreif den Marsch «Alte Kameraden». Sie holte Müllers Frau, sie solle einmal schauen, was ihr Mann da mache. Sie hatte nicht vorgehabt, so lange zu feiern, sie hatte es auch nicht so geplant. *7 Uhr Dragonerreiten, 8 Uhr Blasmusik und alles geht durcheinander aber damit BASTA.* Sie hatte eindringlich die Anweisung gegeben, auf allen Geschenk- und Blumenkarten zu vermerken, wer was geschenkt hatte, damit sie sich auch recht bedanken konnte.

In derselben Nacht noch sah sie sich die Geschenke an und begann, Dankeskarten zu schreiben. Sie war mit dem Fest zufrieden. *Nun war ja an meinem Geburtstag alles so einfach und bescheiden, um Sie zu empfangen, weil es sonst nicht möglich gewesen wäre, so viele zu haben – und gab doch ein so schönes Fest. Dank der alten Zugehörigkeit, die wir hier in unserer Gegend zum Brauch haben,* schrieb sie der Familie des Gemeindepräsidenten und dankte für die Blumen. Wenn sie ehrlich war, hatte sie grössere Freude an Süssigkeiten, die sie länger aufbewahren konnte. *Die Blumensendungen haben Zettel, aber die gebrachten kenne ich nicht wieder und verdrücken meine letzten Kräfte; Ihr Päckli ist viel angenehmer,* schrieb sie Müller. *Danken will ich, dass Sie zu diesem schauderhaften Geburtstagsfest der alten Dame kamen.*

Jetzt ist die Geburtstagstortur zu ihrem 90. gut über die Bühne gegangen. Sie freut sich, dass sie manchmal ganz unerwartete Geschenke bekommt, beispielsweise diese Flasche Champagner eines ehemaligen Zuchthäuslers, den sie einmal besuchte und der es ihr nun Jahre später an ihrem Geburtstag dankt. Sie sagt manchmal im Spass, sie werde sicher hundert Jahre alt. Aber sie weiss nicht, ob sie das wirklich möchte.

Die Kavallerie

Es ist alles andere als ein günstiges Terrain für Pferde. Unterhalb des Schlosses liegt eine Terrasse des Längenbergs mit einer mehr oder weniger ebenen Wiese, gerade gross genug, um mit einigen Sprüngen einen Parcours zu erstellen. Der Reitverein Gürbetal hat die Stangen und Pfosten der Hindernisse neu gestrichen, sie leuchten bunt im grünen Gras. Eine kleinere Wiese etwas oberhalb erlaubt es Ross und Reitern, sich aufzuwärmen, auf dem sogenannten Abreitplatz ein paar Probehindernisse zu springen. Viele Reiter sind hergeritten und haben ihre Pferde neben dem Springplatz an ein Stahlseil gebunden, das zwischen zwei Hürlimann-Traktoren aufgespannt ist. Es kommen auch Bauern, die weiter weg wohnen, mit Traktoren samt Bännen, sogar moderne Jeeps mit eleganten Anhängern stehen da.

Herrenreiter will sie keine an ihrem Concours, sie legt Wert darauf, *es sei die einzige Springkonkurrenz, wo nur Uniformierte reiten dürfen.* Früher kamen alle zu Pferd, was hier in dieser steilen Gegend eindeutig von Vorteil war, die Traktoren und Anhänger verstellen jetzt jedes halbwegs ebene Plätzchen.

Sie geht zu den Pferden, die schwitzend in der Sommerhitze stehen; Fliegen und Bremsen machen ihnen das Leben schwer. Früher trugen kleine Jungen brennende und vor allem rauchende Zapfen aus in Tuch gewickeltem Stroh, getränkt mit stinkendem Öl. «Brämechesseler» nannte man sie und verspottete mit diesem Namen auch die Ministranten in der katholischen Kirche, die Weihrauch hin und her schwenkten. Heute reiben die Reiter mit Lappen eine scharf riechende Salbe an den Hals, unter den Bauch oder hinter die Ohren der Tiere, um die kleinen Plaggeister zu vertreiben.

Die Pferde tragen alle die eingebrannte Nummer und das Schweizer Kreuz am Hals. Jeder ehemalige Dragoner hat noch seinen «Eidgenoss» im Stall. Die Dragoner konnten die Pferde zum halben Preis steigern, sie blieben noch zehn Jahre im Besitz des Bundes, nach zehn Jahren Pflege und Fütterung gehörten sie ihnen. Doch «Eidgenossen» mussten für den Ernstfall jederzeit einsatzbereit sein. Dieses Jahr, 1973, sieht ihr Concours anders aus als bisher. Die Kavallerie wurde im Dezember 1972 abgeschafft, der halben Million Schweizerinnen und Schweizer zum Trotz, die eine Petition für den Erhalt unterzeichnet hatten.

Sie blättert im maschinengeschriebenen, vervielfältigten Programm: Fünf Springprüfungen in verschiedenen Kategorien werden am Sonntag stattfinden. Die letzte Prüfung ist der Höhepunkt, der «Preis von Schloss Rümligen»: das traditionelle Dreier-Springen. Heute Samstag finden einfache Prüfungen für junge Pferde statt.

Organisiert hat den Concours grösstenteils der Kavalleriereitverein Gürbetal, Elisabeth hat immerhin noch ihre persönlichen Einladungsschreiben beigesteuert. Bundesrat Rudolf Gnägi ist wieder dabei.

Diesmal hat sie ihn demonstrativ eingeladen, auch wenn er in der Bevölkerung als Totengräber der Kavallerie gilt. Er hat sie in einem Brief ermuntert, auch dieses Jahr einen Concours durchzuführen. *Ich glaube, dass Sie Ihren Reitgarten auch diesen Sommer für ein Reiterfest zur Verfügung stellen sollten. Die Kavallerie-*

pferde sind den Dragonern belassen worden, und solange sie im Besitz dieser Pferde sind, dürfen und sollen Reiteranlässe durchgeführt werden. Ihr Reiterfest ist derart zur Tradition geworden, dass Sie meines Erachtens ohne Gefahr einer Demonstration diesen Anlass gestatten können. Ihr Bundesrat. Ihren Strauss mit Gnägi hatte sie früher ausgefochten, nun ist sie mit ihm versöhnt. *Gnägi macht Fortschritte, aber er ist Seeländer und nicht sehr bernisch sowieso. … Inneres Format hat er, glaube ich. Es ist nur gegen aussen, dass er farblos wirkt, wo Minger so viel voller Leben und Persönlichkeit war auf alle Art und Weise.*

Seit vielen Jahren ist auch Oberstdivisionär und Waffenchef James Thiébaud dabei, samt weiteren hohen Militärs, dann der Nationalrat und Direktor der landwirtschaftlichen Schule Schwand, zwei Berner Regierungsräte und einige Grossräte. Zum letzten Mal wird sie die Silberbecher für die Siegergruppe stiften und auf der Ehrentribüne sitzen. Auch den Gemeindepräsidenten Burren hat sie eingeladen: *Da es das Ende der Dragoner ist, sollten Sie und Gemeindeschreiber Marti dabei sein, ihnen Ehre zu erweisen. Es ist wohl ein Totenmahl.* Sie lädt nur noch wenige Personen zum Essen ein, Grittli ist kaum noch imstande zu kochen, obwohl sie unterstützt wird von einigen Bauernfrauen. Dennoch muss Elisabeth sogar den Gemeindepräsidenten um zusätzliche Hilfe bitten. *Ich bitte Sie, mit Marti etwas vor 12 im Schloss zu sein, um mir zu helfen, denn Grittli hat schon andere Mühen genug und es geht ihr nicht gut.*

Die Tradition ihrer Rümliger Concours-Hippiques zeichnet Aufstieg und Fall der Kavallerie im 20. Jahrhundert nach, en miniature.

Elisabeths Vater hatte bereits sein Offizierspferd im Stall von Rümligen eingestellt und für sich und befreundete Kavallerie-Offiziere einen Reitgarten mit einigen Hindernissen eingerichtet. Dort führte er kleine Springkonkurrenzen durch, quasi als Training in einem grösseren Rahmen. *Traditionsgemäss sollte es zugehen, wie zu Zeiten meines Vaters Oberst von Tscharner, dass einzig der Ehrenpräsident spricht oder eventuell noch einer der Ehrengäste.*

Schon während des Ersten Weltkrieges diskutierte ihr Vater heftig, ob berittene Truppen noch zeitgemäss seien, um Krieg zu führen. Der Einsatz von Giftgas, Flugzeugen und Artillerie liess die Bedeutung der Reiter rapide sinken. Fast demütigend fand es Elisabeth, als die Kavallerie-Truppen mit Radfahrern ergänzt wurden. Die Soldaten, die gegen Wind und bei geringster Steigung mit wippendem Oberkörper in die Pedale traten, hatten doch nichts gemein mit den schneidigen Kavalleristen, die über die Felder galoppierten. Der Rückzug der Armee ins Reduit während des Zweiten Weltkrieges brachte den Nutzen der Kavallerie noch einmal richtig zur Geltung; die Reiter waren als einzige Militäreinheiten in den Dörfern noch präsent, da sie sich nur schwer in den Bergen hätten verstecken können.

Es ist nicht nur die Tradition ihres Vaters, die Elisabeth mit diesem Concours weiterführt. Auch nicht ihre Freude an den Bauernreitern, den Dragonern, den hohen Politikern oder Militärs, die ihre Veranstaltungen besuchen, und nicht einmal ihre Liebe zur Kavallerie ist so gross, wie man ihr gerne nachsagt. Nein, es ist ein ganz persönlicher Grund, den sie aber für sich behält: Es ist die Erinnerung an Roger, den Kavallerie-Leutnant. Er liebte Pferde, Elisabeth schaute ihm gerne zu, wie er im Reitgarten übte. Schon als Bub half er seinem Grossvater beim Organisieren des

Concours, und später ritt er selber mit. Seine schönste Zeit verbrachte er in der Kavallerie. Jedes Jahr, wenn sie all diese Reiter beobachtet, denkt sie an ihren Sohn, der Concours ist eine Hommage an ihn.

Der legendäre Dreier-Sprung entstand wie so vieles durch Zufall. Drei Dragoner, die kurz nach Kriegsbeginn von Rümligen mit ihren Pferden einrücken sollten, verabschiedeten sich, indem sie zu dritt über ein Mäuerchen sprangen, das auf der Weide unterhalb des Schlosses stand. Sie galoppierten einen grossen Kreis, trieben die Pferde auf der Geraden gegen die Mauer, möglichst nahe zusammen, so dass die Stiefelschäfte aneinanderschlugen. Sie verzögerten den Ritt, bremsten ab, bis alle Pferde im gleichen Takt galoppierten. Erst vor der Mauer lockerten sie die Zügel und gaben den Pferden Raum, um zu springen. Gemeinsam lehnten sie sich vorwärts, die Hände am Hals, und wenn alle Pferde gleichzeitig absprangen, resultierte ein passables Kunststück.

Die Bauern legten dann einen halbierten Baumstamm auf die Mauer, so wurde sie zwar über einen Meter hoch, doch die Hufe und Beine wurden geschont.

Unter den Dragonern, die während des Krieges in Rümligen einquartiert waren, begann ein Wetteifern, welche Dreiergruppe am elegantesten die Mauer passierte. Einige liessen sich fotografieren und schickten Elisabeth das Bild. Darauf liess sie an einem Schönwettertag einige Bänke aufstellen, für sich einen Kolonialstuhl, zusammenklappbar aus Segeltuch und dunklem Holz, und nach dem Springen lud sie die Reiter in den Schlossgarten zu Hamme und Züpfe ein.

Ursprünglich war es ein Bauernspringen, die Dragoner blieben unter sich, Schaulustige gab es nur wenige. Auch während des

Krieges wiederholte sie dieses Spektaktel jedes Jahr. Zum Sprung über die Mauer gesellten sich weitere Hindernisse.

Die Bauern, vor allem aber Bäuerinnen klagten in den Kriegsjahren über die Kavallerie, und die propagierte Anbauschlacht erhielt einen herben Dämpfer, wenn auf allen Höfen auch die Pferde fehlten, weil sie mit den Männern im Dienst waren. Auch mussten die Bauernbetriebe oft Armeepferde verköstigen, so dass ihnen selber Hafer oder anderes Korn fehlte.

Nach dem Krieg kehrten die Pferde auf die Höfe zurück, und die Dragoner aus der Umgebung fragten Elisabeth an, ob der Kavalleriereitverein auf ihrem Land, bei dieser legendären Mauer, einen kleinen Springplatz einrichten dürfe, so wie ihn ihr Vater bereits betrieben hatte. Daraus entstanden die jährlichen Springkonkurrenzen, die jedes Jahr etwas grösser wurden.

Am Sonntagmorgen weckt sie ein schriller Ton, gefolgt von einem Knacken, Räuspern, – «eins, zwei, eins, zwei» –, danach scherbelt Marschmusik den Abhang hoch. Die Lautsprecheranlage ist in Betrieb, damit jeder Reiter vor seinem Parcours vorgestellt werden kann. Zur Marschmusik, die durchs Fenster dringt, kleidet sie sich an; die erste Prüfung beginnt bereits um sieben Uhr in der Früh. Sie trinkt einen Kaffee und isst ein Konfitürenbrot, als sie ein Glockengeläut hört, hell wie eine Kuhschelle. Ihre Kühe sind auf der Weide, und das Geläut tragen sie nur, um auf die Alp zu gehen. Der Glockenschlag hat einem Reiter gerade die Starterlaubnis erteilt.

Jeder Reiter reitet rechtwinklig zum Jurywagen hin. Mit der rechten Hand grüsst er militärisch die Richter. Die Glocke, die im Wagen hängt, erteilt die Starterlaubnis. Nach dem ersten Schlag darf er den Hindernisparcours starten. Verweigert sein Pferd drei Mal einen Sprung, läuten die Richter die Glocke mehrere Male – er ist disqualifiziert und muss den Parcours verlassen. Eine grosse Schmach, so abzuziehen. Wenn es geregnet hat, der Boden glitschig ist und die Pferde tief einsinken, kann das passieren, dann bleiben sie öfter stehen. Heute ist der Boden trocken.

Elisabeth marschiert die feuchte Wiese hinunter, sie muss sich sputen, um vor der ersten Rangverkündigung rechtzeitig auf dem Tribünen-Wagen zu sein. Schweizer- und Bernerfahnen hängen an abgeasteten Tannen, mit Sacktuch sind die Wagenräder verhängt, damit die Tribüne nicht wie ein stillgelegtes Fuhrwerk aussieht. Die ersten drei Prüfungen finden vor dem Mittagessen statt.

Die Reiter melden sich an: Dragoner Brönnimann Christian, aus Zimmerwald, auf Fondania. Dienstgrad, Name, Wohnort und Name des Pferdes müssen mit der Liste übereinstimmen; die Richter notieren die Fehlerpunkte hinter den Namen. Noch sind die Reitertruppen im Militär nicht umgeschult, noch nennen sie sich Dragoner. Aber auch ein Gefreiter Bürki Christian meldet sich an, auf dem Pferd Vuka, oder ein Korporal Burri Reinhold von Burgistein auf Alun. Ein Pferd hat noch Stroh im Schweif, wie schändlich!

Zwischen den Prüfungen geht der Parcours-Bauer Paul Messerli mit einem aufklappbaren Meterstab geschäftig hin und her und erteilt den Helfern Anweisungen. Dieser Oxer, ein Hochweitsprung, muss umgekehrt werden, damit er von der anderen Seite gesprungen werden kann. Hier muss eine Hürde verstellt werden, jener Doppelsprung wird etwas breiter gestellt. Jeder Sprung wird nachgemessen, damit er der jeweiligen Kategorie entspricht. Dieses Jahr hat es sogar eine elektronische Zeitmessung.

Eine Viertelstunde vor der Prüfung dürfen die Reiter zu Fuss der Abfolge der Hindernisse entlanggehen, um sich den Weg einzuprägen. Besonders lustig ist es, wenn die Dreierequipen grüppchenweise zusammen durch den Parcours schreiten. Elisabeth steht auch gerne mittendrin und hört sich an, wie die Reiter fachsimpeln, wie eng die Kurve geritten werden kann, um Zeit zu sparen.

Beim Stechen konkurrieren alle fehlerlosen Reiter in einem zweiten, kürzeren, aber schwereren Parcours noch einmal. Erst im Stechen geht es um Fehlerpunkte und die beste Zeit.

66 Reiter sind bei dieser Prüfung am Start. Immer wieder ertönt die Glocke, werden Namen ausgerufen; zwischendurch gibt es einen Applaus nach einem besonders schönen oder rasanten Ritt. Zum Schluss werden zwanzig Startnummern aufgerufen, die Besten dieser Prüfung. Für die Rangverkündigung reiten sie vor dem Tribünewagen in einer Reihe auf. Die Pferde erhalten eine Schleife, die hinter den Ohren ins Zaumzeug gesteckt wird, die Trachtenfrauen haben ihre liebe Mühe, den Kopf des Pferdes zu packen. Viele Tiere sind nervös, schütteln die Fliegen und Bremsen weg, die von den verschwitzten Körpern angezogen werden. Die Reiter erhalten eine Metallplakette, die daheim an die Stalltüre genagelt wird. Schwarze, ovale Scheiben mit einem silbernen springenden Pferd drauf. «Springkonkurrenz Rümligen, 1973» und 1., 2. bis 6. Rang stehen eingraviert. Die besten Reiter erhalten zudem ein Preisgeld, zwischen 30 und 120 Franken.

Elisabeth steht neben den Trachtenfrauen, den sogenannten Ehrendamen, und grüsst die Gewinner, wenn sie zur eingespielten, etwas blechernen Marschmusik auf der Ehrenrunde vorbeigaloppieren. Grasmutten fliegen, das eine oder andere Pferd sorgt mit einen Bocksprung für eine Rodeo-Einlage. Beim Dreierspringen gibt es einen Becher für diejenigen, die am schönsten springen.

Die Sonne steht schon hoch, als sie mit ihrem Helfer Paul Messerli die Strasse zum Schloss hochsteigt. Die Tische sind für das Mittagessen gerichtet. Sie kann ihre Herrenrunde im unteren Stock machen, Frauen hat sie dieses Jahr keine mehr geladen. *Ich lade Sie herzlich ein, obwohl das Essen nie recht klappt, aber die Gesellschaft das Schöne ist. Es ist so wenig Platz, dass ich leider ihre Frau nicht einladen kann, man hat eine schreckliche Mühe mit den Frauen, die von auswärts kommen.* Es ist eine kleine Runde heute: der Gemeindepräsident, der Gemeindeschreiber und ein paar Offiziere. Die Ehrengäste kommen erst am Nachmittag.

Früher war es anders, da kamen ihre Gäste den ganzen Tag. Beispielsweise die Familie Wille. Ihr Vater war ein Freund des Generals gewesen, und auch sie lud jedes Jahr die Willes ein. *7. Juli 1968 Springkonkurrenz für die ganze Familie Wille von Erlach oder stückweise.* Sie sparte nicht mit Lob, wenn sie jemanden einlud, meinte es aber ehrlich. *Mein lieber Freund Wille, Sohn des Oberst Wille Junior, des Generals Sohn. Ich habe Springkonkurrenz. Sie grosser Oberstdivisionär werden von mir verlangt da zu haben. Ob in Uniform oder in Zivil (besser in Uniform). ... Wollen Sie den Wind oder den Geist spielen und kommen? Haben Sie eine Botschaft an diese bescheidenen Männer des Springgartens und der Gesellschaft im Schloss? Berichten Sie mir, ob man Sie als Ehrengast aufs Programm nehmen darf.*

Im Jahr 1968 kam Korpskommandant Dr. iur. F. Wille, der *Alpenkönig,* wie sie ihn nannte, da er das Alpencorps leitete, zusammen mit seiner Frau Martina, der sie oft und lange persönliche Briefe schrieb. Doch an diesem Concours leistete sie sich einen Fauxpas. Es war Brauch, dass mindestens eine Rede gehalten wurde; spät am Nachmittag, noch niemand hatte sich zu Wort gemeldet; sie dachte, Waffenchef Tiébaud würde nun wohl zu einer Ansprache ansetzen, und als er das Stichwort Kavallerie erwähnte, erteilte sie ihm das Wort. *Er weigerte sich sofort.*

Nun kündete sie Wille als Redner an. Dieser war überrumpelt, er hatte sich nicht vorbereitet und es vergingen einige Minuten, bevor er sich gefasst hatte. Sie musste sich dann in einem langen Brief bei Frau Wille entschuldigen. *Der jetzige Wille hat etwas zu geben, wenn er in Uniform ist, er ist je nach Gelegenheit immer READY, wie beim Tennisspiel, sei es eine Rede, sei es sein Gesicht, das die Leute sich ansehen können.* Das schöne und auch geheimnisvolle Gesicht gefiel ihr nämlich ausnehmend gut. *Es ist allerdings das schönste Gesicht, das die Wille je hervorgebracht haben, das der jetzige besitzt.* Sie entschuldigte ihr Handeln mit ihrem Alter. *Mit mir geht es bergab im Gehirn und man muss mich entschuldigen, dass ich mich noch in Dinge mische in so schlechtem Zustand. – Jetzt ist es vorbei mit allen kleinen Katastrophen und Aergernissen meiner Altweiber-Mentalität und war noch sehr schön herausgekommen.*

Sie nahm oftmals an, es sei ihr letzter Concours gewesen. *Nur haben die Leute um Rümligen herum ein solches Gaudium, mich zu sehen oder bei mir eingeladen zu sein. Abends ging es noch los. Mittags die Musik mit Fahnen und mein Trauermarsch, der jedesmal kommt, damit ich ihn noch sicher hören kann als später im Sarg. Ist auch hübscher Krims-Krams – nur bin ich sehr müd.* Dank der Hilfe von Paul Messerli ging der Anlass jeweils doch gut über die Bühne, und nicht ohne Stolz dankte sie ihm für seine Mithilfe –

vielleicht ja zum letzten Mal. *Die schönsten Dinge sind die Dinge, für welche man keine passende Ausdrucksweise hat und so ist der Anlass von letztem Sonntag gewesen. Also ich gratuliere dir von Herzen zum Erfolg und freue mich mit dir. – Begnüge dich mit deinem Ruhm, ein so hervorragender Organisator von Springkonkurrenzen zu sein wie die gestrige.*

Doch es fehlte auch an Selbstkritik nicht, als nach dem Concours ein Fest mit dem Stadtpräsidenten Reynold Tschäppät in Rümligen stattgefunden hatte. *Wie langweilig war doch das Dragonerfest ausgefallen mit all dieser mehrbesseren Gesellschaft – und wie befreiend war doch das Sozialdemokraten-Regenfest mit den angeheiterten Gästen.*

Bevor die nächste Springprüfung an diesem Vormittag beginnt, kommt es zur ersten Auslosung. Ein Fohlen, ein Schaf und ein Hund sind als Tombola-Preise gestiftet. Kinder verkaufen Lose in Körbchen bei den Zuschauern, einige haben eine Nummer, andere sind Nieten, die Nummern haben die Chance, zu den Gewinnern zu gehören. Zuerst wird ein Hund verlost, ein Berner Sennenhund-Welpe. Niedlich, alle Besucher haben sich um das Gehege gedrängt, wo der kleine Hund an einem Knochen nagt und mit Holzstücken spielt. Die Nummer 54 gewinnt. Wenn der Gewinner das Tier nicht mitnehmen kann, bekommt er eine Geldsumme. Der Bauer strahlt, seine Kinder lachen und zerren das Hündchen an der Leine, seine Frau legt die Stirn in Falten. Jetzt steht sogar ein Stand für Glace, Milch- und Schokodrinks im Schatten der grossen Bäume.

Immer noch ist sie also an ihrem Reiterfest da, obwohl sie sich vor vier Jahren schon vorgenommen hat, damit aufzuhören. Doch nicht einmal das Desaster des nächsten Jahres konnte dem Spiel ein Ende bereiten. Nachdem sie sich in aller Form bei Willes entschuldigt hatte, missriet auch die Rede im nächsten Jahr, und zwar zünftig.

Auch 1969 willigte sie wieder ein, einen Concours durchzuführen, schrieb die Einladungskarten und, separat an Männer und ihre Frauen, *es gibt für Männer Esszimmer und Keller, für Frauen Gartenhäuschen ...* Sie lud Bundesrat Rudolf Gnägi ein, auch auf Wunsch von Messerli, aber auch Bundesrat Nello Celio, da sie fand, es stehe einem Fremdling aus dem Tessin gut an, die Leutlein hier kennenzulernen. Mit diesen Herren würde sie im Haus speisen, ihnen servierte sie die feine Hamme der Schweine, den Dragonern servierte sie die Eberhamme im Keller.

Es klappte alles einigermassen gut, bis sie vor dem Dreierspringen vom Publikum Ruhe verlangte und den frischgebackenen Militärminister Rudolf Gnägi bat, ein paar Worte an die Dragoner zu richten. *Ich habe es falsch gemacht, dachte, er wäre sattelfest.* Sie kannte seine Liebe zur Kavallerie und dachte, hier sei nun der richtige Ort, um mit den Gerüchten zur Abschaffung des berittenen Militärs in der Schweizer Armee aufzuräumen. Sie erwartete, Gnägi würde eine flammende Rede halten.

Hatte er doch noch vor kurzem Militärattachés aus ganz Europa für eine Vorführung der Kavallerie nach Rümligen geladen. Was auch gut gelang, doch leider machten sich die Dragoner einen Spass daraus, anschliessend den Chauffeuren im Keller fleissig Wein nachzuschenken, während die Herrschaften im Schloss diskutierten. Gnägis Chauffeur war der Erste, der rückwärts in einen Baum fuhr, Gnägi stieg aus, nahm ihm den Schlüssel ab und fuhr selber heim. Sie beobachtete damals zusammen mit

Messerli von der Terrasse aus besorgt die schwarzen, edlen Autos, die in argen Schlangenlinien ihr Gelände verliessen. Zu Schaden kam niemand, Beulen jedoch gab es einige.

Doch was Gnägi an ihrem Concours sagte, konnte sie kaum fassen. Er lobte die Tradition und die Eleganz der militärischen Reiterei, sprach aber auch von den Kosten, vom beschränkten Nutzen und von der unaufhaltsamen Motorisierung der Armee. So, als würde er die Abschaffung begrüssen. *Gnägi, den man anders glaubte, geht allem nach den Weg der Pflicht und schlachtet die Dragoner wie Geflügel für den Comestiblehändler, wahrscheinlich blutenden Herzens, aber energisch!* Sie war – wie so oft – verständnisvoll empört. *Gnägis Text, der Stil der heutigen Eidgenossenschaft, entsetzt ein so steinaltes Wesen wie mich – aber ich weiss, dass ich nicht massgebend bin.* Sie bereute schlagartig, diesen Concours durchgeführt zu haben. *Zweifelhaft kommt mir meine Initiative vor, mit welcher ich Kraft aus dem Volk der Bauern in diese sterbende Kavallerie bringen wollte.* Sie hatte eher das Gegenteil erreicht, ihr Plan ging nicht auf. *Das Gnägi-Dragonerfest war eine erdrückende Last für mich. Ich ärgerte mich über Gnägi. Gnägi ist eigentlich schon jetzt bankrott, nicht weil er Dummheiten macht, aber weil er ein ungünstiges Auftreten als Berner Bundesrat hat.* Ihre Bilanz über ihn fiel nicht eben gut aus. *Gnägi machte schlechte Figur und die Dragoner ritten schlecht, sassen nur prima im Keller als Dekoration.* Auch die Musik, die sich zwar dieses Mal bemühte, beisammen zu stehen, um die Einsätze nicht zu verpassen, konnte ihre Stimmung nicht mehr heben. *Die reizende Musik war eine Katastrophe, mehr als Belastung.* Nach diesem Fest wusste sie, die Kavallerie war nicht mehr zu retten. *Wir sind in einer Zeit der Wandlungen und Gnägi war ungeschickt, es nicht abzuwarten.* Er hätte seine Rede ruhig sonst irgendwo halten können und nicht ihr Fest damit belasten müssen.

Sie versöhnte sich mit Gnägi erst, als er ihr im Herbst einen persönlichen Brief schrieb, um sie über die Pläne des Bundesrates zu informieren, bevor sie es in der Zeitung lesen musste. *Der streng sachliche Gnägi musste die Dragoner in seinem Kopf längst abgeschafft haben, seit er Bundesrat war, obwohl er die Dragoner als bernischer Regierungsrat ganz besonders gern gehabt hatte.* Da sie nun über die Abschaffung eingeweiht war, wollte sie keine Worte mehr darüber verlieren. *In der jetzigen Situation denke ich, dass das beste Schweigen ist mit der Kavallerie.* Und sie selber musste sich eingestehen, dass sie die Abschaffung eigentlich bestens nachvollziehen konnte, *weil im Krieg Fahrzeuge und Flugzeuge an der Reihe sind.*

Das Dreierspringen hat begonnen. Die jungen Burschen haben während des Tages das eine oder andere Glas Weisswein genossen, die ernsthaften Prüfungen sind vorbei, das Fohlen und das Schaf verlost, die Stimmung ist ausgelassen. Mindestens acht Sprünge sind es, die zu dritt gemeistert werden müssen, und die Gruppen, die sich den Weg nicht mehr recht merken können, kommentieren den Weg laut mit links, rechts, nach jedem Sprung.

Es kommt nicht nur auf die Fehlerpunkte an, auch der Springstil wird benotet. Springen alle Pferde gleichzeitig ab? Zieht der rechte Reiter dem Pferd über dem Sprung am Zügel? Mit einer komplizierten Mischrechnung aus Fehlerpunkten, Zeitmessung und Stilnote werden die Sieger erkoren.

Zum letzten Mal wird Elisabeth nun die Silberbecher in die groben Reiterhände drücken, den kräftigen Händedruck als Dank entgegennehmen.

Am Abend sitzen alle noch auf den Festbänken im Park, es sind zu viele, als dass sie wie geplant im Gartenhäuschen Platz gehabt hätten. Die Männer singen – den Trueber Bueb und andere Trinklieder – und halten mit dem Weisswein nicht zurück. Vielleicht war es nicht schlecht, den Gemeindepräsidenten extra zu diesem Anlass eingeladen zu haben. *Wenn Springkonkurrenz ist, kommen Jury-Offiziere am Abend zu mir zusammensitzen und singen nachher. Es würde mich sehr freuen, wenn Sie mit Ihrer Frau zum Nachtessen zu mir kämen und nachher zu den Offizieren gehen zuhören in ein Gartenhäuschen oder gar mitsingen.* Auch sie will die gute Stimmung geniessen.

Einen würdigen Abschluss hat sie «ihrem» Concours jetzt noch geben können, besonders nach der Springkonkurrenz vor einem Jahr.

Sie wusste von Gnägi ja schon lange, dass die Kavallerie abgeschafft werden sollte, und konnte sich damit abfinden. *Sie machen sich Sorgen um die Kavallerie und möchten wissen, was ich darüber denke. Es schmerzt mich zu sehen, dass das, was eines Tages kommen soll, nun doch wirklich eintrifft. Trotzdem aber glaube ich, es sei gut so, denn es bleiben nur zwei Möglichkeiten für die Kavallerie.* 1. *Noch einige Jahre immer mehr kränkelnd dahinserbeln, um dann eines Tages schmählich zu verenden.* 2. *Ein Ende, solange es noch zu einem ehrvollen Tod reicht. Da ziehe ich die zweite Möglichkeit doch vor und dazu ist es heute der letzte Augenblick.*

1972 ging die Abschaffung durch die politischen Mühlen, es gab Petitionen, aber das Parlament schwenkte auf die Linie des Bundesrates ein – immerhin war die Schweiz das letzte europäische Land mit berittenen Truppen. Doch die Emotionen vor allem bei den Dragonern gingen hoch. Deshalb hielt sie es für ratsam, in diesem Jahr der Entscheidung Bundesrat Gnägi nicht zu ihrem Concours einzuladen. *Sie möchte diesmal darauf verzichten, Herrn Bundesrat Gnägi einzuladen mit Rücksicht auf seine grösseren Aufgaben und Beanspruchungen.* Doch da hatte sie die Rechnung ohne den Wirt gemacht. Sie war nicht die Einzige, die Leute für ihre Interessen und manchmal auch für ihre politischen Ziele einspannte. Diesmal ergriff Bundesrat Gnägi die Initiative.

Rosen von Gnägi mit Brief in Rümligen, berichtete ihr Grittli, und als sie den Brief las, staunte sie nicht schlecht. *DER CHEF des Eidg. Militärdepartements. Sehr verehrte Frau von Meuron, ich bin natürlich gern damit einverstanden, dass mein Name auf dem Programm der Springkonkurrenz vom ersten Juli-Sonntag steht. Ihr Bundesrat.* Gnägi hatte sich einfach angemeldet – war scheinbar wild entschlossen, in die Höhle des Löwen zu marschieren.

Sie wäre dieser Auseinandersetzung lieber aus dem Weg gegangen, hätte 1972 gerne ein Abschiedsfest der Kavallerie gefeiert, ohne Misstöne, einfach um noch einmal die alten Zeiten aufleben zu lassen. Doch daraus wurde nichts. *Gnägi-Angelegenheit ist mir sehr unangenehm, aber ich versichere Dir, dass ich ihn nicht eingeladen habe, aber es sehr verletzend für einen so hohen Herrn gewesen wäre, einfach übergangen zu sein wie ein Nichts.* Zum Ärger der Dragoner und ihrer Helfer stand Gnägi offiziell auf dem Programm. Im Jahr der Abschaffung der Kavallerie machte sich Gnägi seine Beziehung zur offenkundigsten und schillerndsten Freundin der Kavallerie, Madame de Meuron, zunutze, um gemeinsam mit ihr aufzutreten, nahm damit sozusagen seine Feinde mit ins Boot.

Elisabeth nahm die Herausforderung an. *Es schickt sich nicht, ihm begreiflich zu machen von unserer Seite, dass er nicht zu kommen hat – Diese Programmsache ist lästig, aber aus Höflichkeit nicht zu umgehen.* Auch verbat sie sich jede Konfrontation. *Gnägi eigentlich ist kein Missklang, er ist einfach ein FEIND, den man achtet.* Gnägi machte ihr mit seiner Taktik einen Strich durch die Rechnung. *Mein Traum von der Totenfeier im Sommer noch vor dem definitiven Todesurteil kann ja praktisch gar nicht stattfinden – und es wird ein endloses Nörgeln und Versuchen geben, die Kavallerie umzuformen.* Sie hätte lieber die Kavallerie begraben, so wie sie es auch für richtig hielt.

1972 war es nicht möglich, so hat sie jetzt, ein Jahr später, als Abschluss diesen letzten Concours noch durchgeführt. *Es hat wohl so sollen sein, aber es wäre schöner gewesen, sich mit der letztjährigen Springkonkurrenz zu begnügen, aber gewissenhafter war es, dieser Waffengattung die letzte Ehre zu erweisen.*

Rämisgummen

Jeden Sommer nach dem Concours macht Elisabeth zur Erholung einen kleinen Ausflug und fährt auf ihre Alp Rämisgummen.

Im Dreissigjährigen Krieg machten die Berner gute Geschäfte und wollten Geld anlegen. Da im Emmental immer der jüngste Sohn erbt, versuchten die Berner Aristokraten mit Erfolg, diesen Söhnen die Alpen abzukaufen. Der Rämisgummen wurde von der Familie Frisching gekauft und gehörte so zum Schloss Rümligen. Die Alp befindet sich auf einem Hügelzug bei Eggiwil, der daliegt wie ein riesiger Dinosaurierrücken; über der Türe ihrer Hütte sind die Wappen aller bisherigen Besitzer von Schloss Rümligen eingraviert.

Fankhauser heissen die Chüjer, die seit Generationen mit ihren Kühen die Alp bestossen. Es sind stolze Nomaden, die im Sommer ihre eigenen Kühe auf der Alp weiden und die Milch verkäsen, im Winter aber im Tal von Gaden zu Gaden ziehen, von Heustock zu Heustock und so ihr Vieh ernähren. Den Pachtzins können sie problemlos zahlen mit dem Käse des Sommers.

Der Chüjer-Fritz des Rämisgummen ist bemerkenswert, da er nicht braun-weisse Simmentaler Kühe hält, sondern sich auf dem Markt in Bulle immer freiburgische Schwarz-Schecken kauft, womit er im Emmental auch Misstrauen erntet.

An Martini, am 11. November, wird gezinst, da kommt Fankhauser mit Geld nach Bern; im Sommer schickt er Alpspeise ins Schloss, alten Bergkäse und frischen Ziger sowie die erste und letzte Butter des Alpsommers.

Die Hütte von Fankhausers steht auf dem mittleren Rämisgummen, mit einem Dach, das fast bis zum Boden reicht, wie ein frisch gestossener Steinpilz, in einer Mulde neben den Ahornbäumen.

Sie ist froh, den Trubel von Rümligen, die Diskussionen um das Reiterfest, um die Kavallerie, hinter sich lassen zu können, höchstens ein paar Dankeskarten will sie mitnehmen, ohne Schreiben kann sie nicht sein. Vor einigen Jahren hat sie sich die Alphütte auf dem vorderen Rämisgummen in eine Ferienwohnung umbauen lassen.

Sie hörte damals Ende der 50er Jahre von einem einfachen, aber tüchtigen Baumeister in Eggiwil. Sein Vater, ein Norditaliener, war geflohen, statt in den Ersten Weltkrieg zu ziehen, ins Emmental, lieh sich Baumaterial und begann, bei den Bauern Reparaturen und kleinere Umbauten in Küche und Stall zu machen. Sein Sohn vergrösserte diesen Betrieb und hatte einen guten Ruf. Sie kontaktierte diesen Bruno Mira und bat ihn, auf den Rämisgummen zu kommen.

Er fuhr mit seinem Landrover und seinen Kindern die kurvige Strasse hoch. Diesen befahl sie, trotz des schlechten Wetters, draussen zu warten, sie könnten sich beim Brunnen und auf der Weide vertörlen. Mira begleitete sie in die Alphütte. Mit seinen italienischen Wurzeln könne er sicher Kaffee kochen. Er schien zwar auch nicht sehr bewandert, aber sie hätte den Kaffee noch schlechter zustande gebracht.

Mira erkannte sofort, was er in dieser alten Alphütte verändern konnte, um es wohnlicher, gemütlicher, aber vor allem praktischer zu machen.

Elisabeth warnte ihn vor den Handwerkern. *Ich habe so schlechte Erinnerungen an Arbeiter, dass ich fürchte, dass diese in alle Räume gehen, die Küche, das Bad brauchen. Ich bitte Sie diesen Leuten begreiflich zu machen, es nicht zu viel zu tun.* Es störte sie, wenn fremde Leute durch ihre Räume streiften, den Chüjer-Fritz hätte sie einmal beinahe entlassen, als er ihre Toilette benutzt hatte und dann auf ihre Reklamation hin auch noch frech sagte, sein Hinterteil sei nicht schmutziger als dasjenige von edlen Berner Damen.

Deshalb sagte sie Mira gerade von Anfang an, wie er seine Leute instruieren soll.

Sie besprachen den ganzen Umbau lange und gründlich und vergassen darob beinahe die wartenden Kinder draussen. Es regnete, und sie stürmten regelrecht herbei, als sie aus der Hütte kamen; der kleine Junge rannte zu seinem Vater und flüsterte halblaut, er sterbe jetzt bald vor Hunger.

Vielleicht fuhr Mira aus diesem Grund so rassig die Alp hinunter, vielleicht auch, um seine Fahrkünste zu demonstrieren, denn Elisabeth hatte ihn gebeten, sie nach Eggiwil mitzunehmen. Die Kinder sprangen auf ihren Sitzen wie Gummibälle auf und ab, schlugen sich dabei die Köpfe an der Decke und den Hintern auf den beinharten Sitzen an, kreischten vor Schmerz und Angst, bis Mira sie zur Ruhe ermahnte. Elisabeth hingegen freute sich über die holprige Abfahrt; je schneller Mira fuhr, desto mehr hatte sie ihr Gaudi daran.

Bereits auf den Herbst war der Umbau fertig. *Wie praktisch er alles ausgedacht hat, es ist herrlich, die Steintreppe, die Eingänge der Einzäunung, die Halle, die Küche, das Bad.* Weil sie der Wind störte, liess sie auf der Nordwestseite des Rämisgummen-Hogers Tannen in das Weideland pflanzen, was den Chüjer wenig freute. Auch Fritz besuchte vor seinem Tode den umgebauten Rämisgummen. *Mein geschiedener Mann kann nicht genug sagen, wie er Freude hatte und sich erholt von seinem Unwohlsein.*

1962 ging sie mit ihren Enkelinnen auf die Alp, sie schossen mit ihrem Fotoapparat Schnappschüsse, die sie Mira zur Erinnerung schickten. *Ich war letztes Jahr 2mal oben und da fotografierte eine meiner zwei Enkelinnen ihr Hündlein auf meinem Schoss, und weil es so hübsch aussieht, liess ich das Bildli für mein Dankpostpapier machen, der Hintergrund ist der Himmel.*

Jetzt im Sommer stört sie die Backsteinmauer etwas, die Mira vor das Cheminée gebaut hat. *Wegen dem Cheminée ist es jetzt ein wenig weniger schön, weil allzuviel Backsteinmauer dabei ist, hingegen werden diese Steine warm wie ein Kachelofen, was nicht zu verachten ist.*

Sie staunte, wie gewandt Frau Mira sie begrüsste und bewirtete, als sie einmal für eine Besprechung bei ihnen in Eggiwil war. Bis sie herausfand, dass diese einige Jahre in Bern bei einer Patrizierfamilie gearbeitet hatte. Es war eine pfiffige Frau. Sie war Hebamme und kannte jeden Bauern, jede Bäuerin und jeden Hof in der ganzen Region. Dementsprechend wusste sie auch allerlei Geschichten zu erzählen. Am Telefon fragte sie die unterhaltsame Hebamme immer zum Spass, ob es ihr gut gehe oder ob sie schwanger sei. Frau Mira lachte jedes Mal und sagte, es gehe ihr gut, sie sei zu alt, um noch Kinder zu bekommen, helfe aber gerne anderen dabei.

Elisabeth lobte den VW-Käfer von Frau Mira, ein Cabrio, den sie für ihre Touren brauchte. Die Hebamme schmunzelte nur und zeigte ein Foto ihrer Motosacoche, die sie vor dem Auto gefahren war. Eine olivgrüne grosse, schwere Maschine, ein Zweisitzer mit einem Koffer, in den sie all ihre Arbeitsutensilien verstauen konnte: Kräuter, Tücher und sogar ein ähnliches Hörrohr wie das von Elisabeth, um den Bauch der Frauen abzuhören. Frau Mira war stark, aber nicht stark genug, um den Töff selber zu starten. Jemand musste ihr das Motorrad ankicken, festhalten, sie stieg auf und brauste davon. Als begeisterte Autofahrerin war Elisabeth fast neidisch auf dieses Motorrad und die Fahrerin.

Einmal führte Frau Mira sie in ein Zimmer, es war randvoll mit alten, wertvollen Gegenständen. In der Zeit, als Antiquitätenhändler von Hof zu Hof zogen, um Spinnräder oder alte Bauernmöbel zu ergattern, gaben die Bauern ihre überflüssige Ware lieber der Hebamme mit, die als Gegenleistung ans Wochenbett kam. Und sah diese eine Bäuerin ihre Hühner mit einem hölzernen alten Bernermass füttern, brachte sie ihr das nächste Mal einen schönen neuen Plastikbecher mit und fragte, ob sie nicht tauschen wolle. So hatte sich die Hebamme ihre eigene Schatzkammer gefüllt. Elisabeth schickte sie übrigens zu jedem Geburtstag unermüdlich ihr feines Teebrot oder Bräzeli.

Bruno Mira hatte ihr einmal im Vertrauen gesagt, seine Frau habe sich in den Kopf gesetzt, einen ebenso guten Kontakt mit ihr zu pflegen wie er, es sei manchmal fast ein bisschen eine Rivalität, mit wem Elisabeth länger rede, mit ihr oder mit ihm. Sie musste über diesen Wettbewerb schmunzeln.

Sie erlaubte der Familie Mira auch, nach Amsoldingen zum Fischen zu fahren. *Der Hauswart wird mit auf den See kommen, weil wir wegen Fischdiebstahl kürzlich scharfe Kontrollen hatten. Es sind zwei brauchbare Schiffe, falls Ihre Frau mit dem grösseren Kind oder allein mitkommt und sie rudern können und vorsichtig sind, dass sich Ihre Familie schön still hält und nicht aufsteht im*

Schiff. Es sind kleine Schiffe, flachbödig. Wenn das Wetter schön ist, und Sie Ihr Essen mitnehmen können, gibt es einen schönen Ausflugstag. Ihr Vater kann fischen und das Gefangene mitnehmen. Man muss keinen Lärm machen und leise rudern. Ich fürchte, Sie fangen nichts, weil die Fische jetzt durch das Baden der Schulkinder etwas verscheucht werden. ... Falls ein grosser Fisch gefangen würde, den man im Schiff nicht töten kann, nehmt eine Fischmelchtere mit.

Genau dieser Fall trat ein. Der Hecht, den sie herauszogen, war über einen Meter lang. Miras Vater posierte damit für eine Fotografie, in Hemd und Krawatte. Der Fisch wehrte sich gegen sein Schicksal und biss Mira tüchtig in die Finger. Der konnte einige Tage die Hand nur schlecht bewegen.

Elisabeth erlaubte den Miras zum Trost, auch in den nächsten Jahren das Fischen auf ihrem See zu versuchen. *Ich hoffe, nächstes Jahr vielleicht gebe es Gelegenheit, dass Sie wieder einmal nach Amsoldingen zum Fischen gingen, dies Jahr fängt man nicht mehr viel. Auch ein anderes Jahr weiss ich nicht, ob das gleiche Fischglück Ihnen so gnädig sein wird wie dieses erste Mal, wo Sie noch dazu so arg gebissen wurden.*

Elisabeth marschiert vom vorderen über den mittleren zum hinteren Rämisgummen, plaudert mit der Chüjer-Familie, sieht nach den Kühen. Es sind ruhige Tage, die sie zwischen dem Concours und ihrem Geburtstag verbringt. Nur etwas macht ihr Sorgen. Hier in dieser Abgeschiedenheit hat sie Angst, alleine in der Hütte zu übernachten. Sie ist zwar jahraus, jahrein allein in Rümligen, das hat ihr noch nie etwas ausgemacht. Aber hier oben, ohne ihre Hunde, da bittet sie die Frau des Chüjers, ob sie nicht ein, zwei Nächte in ihrer Hütte übernachten könne. Sie ist auch froh, wenn ihr die Bauersfrau am Morgen einen Kaffee kochen kann, und neuerdings muss sie die Frau sogar darum bitten, ihr die Stiefel zu schnüren, weil sie sich nicht mehr richtig bücken kann.

Die Zeit auf der Alp, in der schönen Wohnung, ist eine willkommene Erholung. *Es war also nicht so vergeblich für mich, auf Rämisgummen zu gehen, und ich habe selbst vieles überlegt und gesehen.*

Vor dem Haus steht eine hölzerne Kiste, ideal, um darauf in der Abendsonne zu sitzen und über die Weiden zu schauen.

Vor dreissig Jahren hat sie Barbara hier oben Auto fahren gelehrt. Das gehört wie Englisch oder Schwimmen zu den Grundfertigkeiten, die Frauen beherrschen müssen, davon ist Elisabeth überzeugt. Deswegen hatte sie ihren Enkelinnen möglichst alle drei dieser Grundfertigkeiten beigebracht. Geschwommen wurde in Amsoldingen. Sie warnte die Mädchen immer vor den Schlingpflanzen und Seerosen, damit sie Distanz hielten und sich nicht darin verhedderten. Mit dem Boot durchstachen sie jeweils zusammen den dichten Pflanzengürtel auf dem See, dann tauchten die Mädchen in das dunkle Wasser, Wasserläufer flitzten über die Oberfläche, Mücken tanzten über dem Wasser, ab und zu sahen sie sogar eine Wasserschlange – ungiftig, zum Glück. Zuerst war es mehr ein Strampeln, die Kinder klammerten sich ans Boot, in der Hoffnung, den moosigen Boden des Sees nicht mit den Zehen zu berühren. Auch wenn Wasserpflanzen ihre Beine berührten, grauste es die Mädchen schrecklich. Sie waren nicht «wässrig» wie Elisabeth. Erst mit der Zeit wagten sie weite Züge, liessen sich auf dem Rücken treiben und blinzelten ins Sonnenlicht.

Denselben Ehrgeiz entwickelte Elisabeth, wenn es um Sprachen ging; aus diesem Grund begleitete sie Barbara nach England. Und diese Hügel hier im Rämisgummen waren eine ideale Übungspiste, um das Autofahren zu lernen.

Zu ihrem 20. Geburtstag lud sie Barbara nach Rümligen ein. Die erste Überraschung war ein grosser Karton, den sie im Jägerzimmer auf dem Tisch präsentierte. Das Jägerzimmer mit dem hellblauen Kachelofen und der braun-blauen Tapete war der bevorzugte Raum, in dem sie Besucher empfing. Sie bat die Gäste entweder ins Esszimmer oder in dieses etwas kleinere zweite Zimmer im Parterre.

Ihre Enkelin öffnete erwartungsvoll den Karton und zog überrascht einen langen Leopardenmantel hervor, elegant, mondän. Sie konnte es kaum fassen, dass ihre schwarzgekleidete gestrenge Grossmutter ihr diesen kostbaren, auffälligen Mantel schenkte. Sie würde Furore machen damit in Bern, sie kannte niemanden in der ganzen Stadt mit einem solchen Kleidungsstück. Doch Elisabeth hatte noch eine weitere Überraschung auf Lager. Sie rief Antonio, er solle den grünen Militärjeep bereitmachen für einen Ausflug. Sie hatte den amerikanischen «Willys» aus dem Zweiten Weltkrieg nach dem Unfall mit dem Pferd für die Landwirtschaft gekauft, benutzte ihn häufig auch selber.

Mit Barbara fuhr sie Richtung Emmental, auf die Alp Rämisgummen.

Sie kurvten den steilen Weg hoch und hielten vor der Hütte. Elisabeth stieg aus, öffnete Barbara die Türe und hiess sie Platz tauschen. Den Fuss auf der Kupplung und der Bremse musste Barbara den Zündschlüssel drehen; der Jeep sprang mit einem Knattern an, eine schwarze Russwolke stob aus dem Auspuff.

So laut schienen die Kolben noch nie gestampft zu haben, fast bedrohlich. Mit aller Kraft drückte Barbara auf die Pedale. Nun folgte die Anweisung, die Kupplung sanft zu lösen, gleichzeitig etwas aufs Gas zu treten. Sie müsse sich nicht an den Weg halten, könne am Anfang auch querfeldein fahren, dort, wo es etwas flacher sei. Mit einem Bocksprung fuhr das Gefährt los, Barbara versuchte Geschwindigkeit und Gelände einigermassen im Überblick zu haben. Der Sitz des Jeeps war hart, die Federn quietschten, bei jeder Unebenheit spickten die Insassinnen hoch, und Barbara musste aufpassen, den Kopf nicht anzustossen. Da es nirgends eben war, sprang sie ohne Pause im Sitz auf und ab. Die Schaltung erinnerte sie eher an einen Traktor als an ein Auto. Sie sah im Rückspiegel ihr bleiches Gesicht und fragte sich, ob es ihr wohl ab dem eigenen Fahren schlecht würde. Elisabeth gab vergnügt und seelenruhig ihre Anweisungen. Nach einer holprigen Runde stieg sie aus, stand wie ein Reitlehrer in der Mitte und liess Barbara in Figuren um sich herumfahren.

Und es ging nicht lange, bis Chüjer-Fritz kam, um zu sehen, was da los war. Ob sie fürs Gurnigelrennen übten, kommentierte er spöttisch, er wusste, dass Madame das halsbrecherische Bergrennen bei Riggisberg kannte, durfte jedoch den Herrschaften und schon gar nicht Madame nicht vorschreiben, was sie auf ihrer Alp tun oder lassen sollte, auch wenn ihn die Matte, die Kräuter und Blumen reuten, die von den Jeepreifen malträtiert wurden. Zum Schluss musste Barbara versuchen, den Weg zu halten und hinab zur Hauptstrasse zu fahren. Die holprige Weide wich nun einem steilen Hang, wo das Wasser Furchen in der Strasse gezogen hatte; es rüttelte noch stärker, sie musste mit aller Kraft das Steuerrad halten und drehen wie wild, wenn eine Haarnadelkurve kam.

Wenn sie im Rämisgummen Jeep fahren könne, sei es ein Kinderspiel, später ein Auto auf der Strasse zu lenken, sagte Elisabeth.

Schon nach dem Ersten Weltkrieg hatte sie selber Auto fahren gelernt und sich damals – sündhaft teuer – einen crèmefarbenen Lancia, einen Décapotable, gekauft. Wohl als erste Frau in Bern war sie mit einem eigenen Auto unterwegs und hatte sich damit ein grosses Stück Freiheit erobert. Sie fuhr mit Kopftuch, klappte das Verdeck herunter, sobald das Wetter es zuliess, und unternahm mit ihren Kindern auf dem Rücksitz Ausflüge in der ganzen Schweiz.

Abschied von Grittli

Jetzt ist es nur noch still im Haus. Die Geräusche von Grittli fehlen ihr. In ihren Ohren hat sich ein feines Sirren eingenistet, das nie mehr verschwindet. Manchmal meint sie, sie höre Grittli rufen, oder erwacht und hört sie am Holzherd hantieren. Doch jedes Mal erschrickt sie über die Täuschung. Niemand kommt mehr am Morgen und verlangt, dass sie aufsteht, sich kämmt, sich anzieht, frühstückt. Zum ersten Mal in ihrem Leben gibt es niemand, der sagt, was sie tun oder lassen soll. Es ist ihr bisher gar nie aufgefallen, wie oft sie nach Grittlis Anweisungen gehandelt hat – wenn auch selten zu deren Zufriedenheit. *Helfen darf man Grittli nicht, es ist dann immer verkehrt.* Unbewusst hat sie das gemacht, vielleicht sogar gerne, aber jetzt, jetzt ist sie das erste Mal in ihrem Leben wirklich frei, wirklich alleine, es gibt absolut keinen Zwang mehr, irgendetwas zu tun, ausser sie will es selber.

Sie liegt nun noch mehr im Bett, hat sich ihr Schreibpult so platziert, dass sie vom Bett aus schreiben kann, das ist gemütlicher und wärmer. Sie isst nicht mehr regelmässig, kaum mehr warme Mahlzeiten. Manchmal stehen in ihrem Zimmer auch unabgewaschene Tassen oder Teller, sie nimmt ihre Tee- oder Kaffeetasse mit ins Zimmer, das hätte Grittli nie zugelassen. Und Blumensträusse wandern erst auf den Mist, wenn das Wasser bedrohlich zu modern beginnt. Vielleicht sagt man dem Verwahrlosung, für Elisabeth hat es auch etwas Befreiendes. *Grittlis Tod hat mich geradezu erhoben.* Dieses Gefühl täuscht aber nicht über ihre

Trauer hinweg. Grittli Bieri ist am 14. März 1975 82-jährig im Spital Riggisberg gestorben.

Drei Wochen vorher ist sie nach einem Hirnschlag ins Spital gebracht worden, anschliessend zur Kur auf den Beatenberg. Elisabeth war erleichtert, als sie hörte, der behandelnde Arzt sei Heiner Vogt, ihr ehemaliger Mieter. Grittli dachte auch im Spital noch an Madame und bat Vogt, einen Besuch in Rümligen zu machen, was er umgehend tat.

Er kam mit seiner Frau; ein glücklicher Zufall wollte es, dass Antonio gerade im Hof stand. Sie hätte ihr Klopfen nicht gehört. Da lag sie denn im Bett, und Vogts sassen auf Stühlen neben ihr. Vogts Junge, dem sie die Musikdose mit dem Wiegenlied von Brahms nach Afrika geschickt hatte, wagte sich nicht ins Zimmer, er sass im Gang auf einer Kiste. So weit war es schon gekommen: dass die Kinder sich vor ihr fürchteten wie vor einer alten Hexe.

Heiner erzählte von Grittli, es gehe ihr schlecht, sie werde vielleicht noch nach Bern ins Inselspital verlegt. Elisabeth schüttelte den Kopf, sie möchte unter keinen Umständen kurz vor dem Tod noch von Pontius zu Pilatus transportiert werden, an Schläuche gehängt oder gar noch operiert. Sie würde sich weigern und einfach im Bett sterben wollen. Sie lenkte sich von ihren schwarzen Gedanken ab, indem sie Vogts von Afrika erzählen liess, von der Missionsstation, wo sie tätig gewesen waren.

Der Hund, der auf ihrem Bett lag, spitzte immer wieder die Ohren. Er sei ein Heiliger, sagte Elisabeth mit einem listigen Ausdruck im Gesicht zu Heiner – und zu seiner Frau Ruth Elisabeth gewandt, aber sie sei die Schlauere! Jedenfalls viel praktischer veranlagt als Heiner. Und als sie fragte, was sie wohl mit dem lieben Gott machen solle, da fragte Heiner nach, ob sie nicht eher meine, was der liebe Gott wohl mit ihr mache. Sie meine beides, gab sie zur Antwort. Seit Grittli im Spital lag, hatte Elisabeth sich immer wieder gefragt, was wohl nach dem Tod kommt.

Bei mir ist jetzt Torschluss und Untergang, denn Grittli liegt seit ein paar Tagen im Spital, wohin man sie etwa am Montag halbtot von einem Hirnschlag transportierte und wo sie von Antonio besucht wird. Sie erholte sich nicht mehr, wurde vom Beatenberg wieder nach Riggisberg verlegt. *Grittli hatte einen argen bösen Tod im Riggisberger Spital nach 3 Wochen und war noch in die Insel nach Bern geschleppt worden, um Apparate an ihrem Kopf angeschlossen zu bekommen. Umständlich und lieblos verlängerte man ihr Leben, wo sie sehr unruhig, nicht besinnungslos, geistig und körperlich geplagt, keine Ruhe fand im Kopf und Hals, zu einem unförmigen Klumpen geworden – nur mehr kenntlich an schönen, lieben Händen, die man streicheln konnte. In letzter Zeit wurde sie auch leicht böse auf mich, aber gab sich so treue Mühe für mich – diese liebe Seele, die endlich im Frieden ist. Ich schreibe auf blauem Postpapier, um mich vom weissen, schwarzgeränderten Papier zu erlösen, das Schreibtische oder mein Bett bedeckt, denn ich stehe nicht jeden Tag auf. Grittli war schon zwei Jahre lang nur noch der Schatten ihrer UNGLAUBLICHEN FÄHIGKEITEN … Aber alles funktioniert mehr oder weniger nur scheinbar.* Grittli war eine riesige Kraft, hat ihr in jeder Situation geholfen.

Noch vor anderthalb Jahren half Grittli mit, Gäste bei einer Kinovorführung in ihrem Gemüsekeller zu bewirten, der letzten grösseren Veranstaltung, die jedoch bereits ihre Kräfte überstieg. An der Oberländischen Herbstausstellung OHA in Thun konnte sich 1973 das Gürbetal präsentieren. Der Toffener Unternehmer

Reinhard Schmidlin machte dazu eine grosse Tonbildschau, unter anderem mit Dias von Elisabeth mit ihren Hunden im Schlosspark. Der Regierungsstatthalter in Belp berichtete ihr, die Tonbildschau sei sehr gelungen; so kam ihr die Idee, diese Bilder einigen Gästen in Rümligen zu zeigen. Sie fragte Schmidlin an, er war sofort einverstanden, aber leider hatte sie die moderne Technik unterschätzt. Es brauchte Tage, bis der Gemüsekeller geräumt war und die zwei Projektoren funktionierten und ein gutes Bild auf die Leinwand projizierten. Und kurz bevor die Gäste kamen, entwischten wieder einmal die Hunde, und zusammen mit Antonio musste sie auf Hundejagd gehen.

Der Oktober war ausserdem so kalt, dass die Gäste nach der Diaschau nicht lange verweilten. Grittli konnte kaum mehr gehen und war trotzdem mit Gläsern, Most, Wein und selbstgebackener Züpfe den ganzen Abend die Kellertreppe hinauf- und hinuntergestiegen, um die kleine Gästeschar zu bewirten.

Reinhard Schmidlin war etwas enttäuscht. Elisabeth schickte ihm als «Excusez» postkartengrosse Drucke von kolorierten Kupferstichen und folgende Worte: *Geehrter Herr Schmidlin, ich höre, dass in Rümligen nicht alles nach Ihrem Wunsch ging. Sie müssen sich eben ans Gürbetal gewöhnen, ich bin 91-jährig, gelähmt, die Hunde waren entlaufen, ich habe mich aufmachen müssen, Sie mit dem Italiener weit auf dem Längenberg herum abzuholen, wo sie Schafe herumgehetzt hatten und der Italiener sich verirrte und ich gelähmt nicht ohne Hilfe zum Auto heraus konnte, kam kurz vor Ihrer Ankunft zurück – wie soll dann da alles klappen für einen neu Angekommenen wie Sie, den verwöhnten Auslandschweizer?* Schmidlin wohnte zwar schon über zehn Jahre in Toffen, doch für Elisbeth war er ein Fremder, anders konnte sie seine Enttäuschung nicht verstehen. Elisabeth merkte, dass sie solchen Anlässen nicht mehr gewachsen war und sie vor allem Grittli nicht mehr mit solchen Aufgaben belasten durfte.

Zum Tod von Grittli erschien ein schöner Nachruf in der Zeitung; sie war eine Persönlichkeit geworden in Rümligen. Jetzt ist Elisabeth mit ihren fünf Hunden allein. Sie dankt ihren Freunden, Barbara und Michael Stettler, dass sie zu Grittlis Beerdigung gegangen sind. Sie selber hat sich zu schwach gefühlt. Am Tag des Begräbnisses wollten viele Leute Geschenke oder Blumen abgeben. Die Hunde bellten und tobten aber derart, dass niemand zum Schloss kam. Ihr war es recht.

Das Verhältnis mit Grittli war so eingespielt, dass es fast selbstverständlich war. Sie hat sie den grössten Teil ihres Lebens begeleitet. Elisabeth weiss, dass Grittli immer alles gewusst hat. Und sie hatte auch immer entschieden geurteilt und gerichtet. Sie erinnert sich, wie sie einmal Huggler abkanzelte, weil er mit seinen Bildern Grittlis Geschmack verletzt hatte. Sie konnte toben, dass sowohl Huggler wie Elisabeth Respekt vor ihr hatten. Grittli pflegte auch ihren Vater, und dieser spurte, wenn sie laut wurde. Sie hatte eine Autorität, die man gescheiter achtete.

Grittli war es auch, die ihr Ende 1973, nach der missratenen Kinovorstellung, verbot, weiterhin Barsois zu züchten. Denn eines Nachts kamen in ihrem Schlafzimmer sechs Hunde zur Welt. Sie wollte ja aufhören mit Züchten, aber immer wieder entwischte ihr eine Hündin, wenn sie läufig war, so dass es statt Barsois *Zufallsbastarde* gab.

An ernsthaften Auseinandersetzungen mit Grittli fehlte es all die Jahre nicht. *Die Wahrheit ist, dass Grittli ganz gottverlassen zur missmutigen, entmutigenden, hysterischen, geheimnistuerischen alten Bäuerin geworden ist, die mich gar nicht mehr gern hatte, seit nicht alles nach ihrer Geige tanzte.* Natürlich tat ihr Grittli auch leid, da Gott oder wer auch immer *der Natur erlaubt, sich kleinlich an tugendsamen alternden Jungfrauen zu rächen.*

An ihren grössten Streit kann sie sich erinnern, wie wenn es gestern gewesen wäre.

Den genauen Grund weiss sie nicht mehr, nur dass sie Grittli derart wütend, richtiggehend rasend gemacht hatte, dass die, meist an Geduld nicht zu überbieten, zum Laubenfenster hinter der Küche ging, beide Fensterflügel aufsperrte, immer schneller zwischen Küche und Fenster hin- und herpendelte und alles, was ihr in die Hände kam, in hohem Bogen über die Schlossmauer warf: Kochtöpfe, teures Porzellan, Suppenkellen, die Kristallgläser, das Löchersieb, Tassen, Silberbestecke, Pfannendeckel, Holzlöffel. Alles landete mit einem Höllenlärm auf der Strasse, und je mehr sie Grittli bremsen wollte, umso stärker flogen die Fetzen, respektive die Küchenutensilien.

Erst als Enkelin Barbara erstaunt durch die Türe trat und erzählte, dass ihr das Pfauenpärchen schon fast im Dorf entgegengekommen sei, sie sich gewundert habe, jetzt aber deren Flucht begreife, beruhigte sich Grittli allmählich wieder. Auf die Frage, was denn los sei, sagte Elisabeth ganz ruhig, Grittli habe eine «crise de nerfs». Anschliessend sammelte Grittli alles, was den Fenstersturz überstanden hatte, wieder ein, der Rest wurde in die Grube gekippt. Und weder Grittli noch Elisabeth verloren je ein Wort darüber. Was sich die Leute bei diesem Spektakel dachten, war beiden einerlei. Seither legte sie sich nie mehr mit Grittli an.

Schlimmer war es nur, wenn sie glaubte, Grittli sei verliebt. Sie unterstellte ihr beispielsweise, Gottfried Hess zu vergöttern, als er in den Vierzigerjahren kurz im Schloss weilte. *Es ist eine Geschmacksverwirrung, eine solche Riesenkröte zu halten, die Orthographiefehler macht und in die Grittli verliebt ist, richtig verliebt, und der mich langweilt, richtig langweilt.* Als Gegenmassnahme gab sie Hess eine Wohnung in Bern, dort nützte er mehr und war den Fängen von Grittli entwischt.

Eine unsichtbare, aber nicht minder wichtige Aufgabe von Grittli war es häufig, die Wogen zu glätten. Mit ihren Meisterknechten oder den Pächtern, immer wieder focht Elisabeth Sträusse aus, und nach Wortgefechten, Wutausbrüchen oder mündlichen Kündigungen renkte Grittli vieles wieder ein.

Sogar zwischen ihrem Helfer und Freund Paul Messerli und ihr musste sie immer wieder vermitteln. Er war zwar als Präsdent des Reitvereins Gürbetal der *ungekrönte König meines Reitgartens und* seine Frau *Frau Trudi die Königin eines kleinen Königreiches.* Doch liess Messerli sich nicht herumkommandieren. Der Offizier gegen ihren Willen liess sich wenig befehlen. Das wagten nur wenige. *Der trotzige böse Bauer Ob Leutnant Messerli (mit dem ich mich beständig zanke).*

Die Dragoner banden beispielsweise ihre Pferde an die Tannen im Reitgarten, worauf sich diese an den unteren Trieben der Bäume gütlich taten. Die abgefressenen Äste sägten die Dragoner kurzerhand ab. *Dass du nicht weisst, dass Tannen beim Am-Stamm-Absägen nie mehr austreiben, ist ja möglich – aber die Dragoner wissen das ganz genau – dabei bekommen Tannenstämme später Sonnenbrand. Diese Tannen sind etwas Schönes, an dem man nicht unbeaufsichtigt den Reitverein herumsägen lässt. Es war ein sehr schöner Hintergrund für Reiter, jetzt sind es kahle Stämme von unten gesehen.*

Dass Messerli auch eine Frau im Reitgarten mitreiten liess, tolerierte sie zwar, doch als ein Dragoner-Kommandant dem Training zuschaute und diese Frau mitritt, da kündete sie dem Reitverein vorübergehend den Platz. In diesen kleinen Streitereien sah sie oft das Ende ihrer Freundschaft. *Lieber Paul, das ist sehr schad: Es geht also nicht mehr zwischen uns beiden und wir können nichts dafür. Es geht vermutlich nicht wegen der Verhältnisse, dass ich nicht in Eure Gemeinde passe mit diesem verlotterten alt-ehrwürdigen Besitz, den ich Mühe habe zu halten. Es ist recht, dass Du zu Deinen Überzeugungen stehst und es ehrlich sagst.*

Die Versöhnung führte oft Grittli herbei. Sie wusste um die grosse Hilfe Messerlis und versuchte, die Zänkereien ihrer Hausherrin wettzumachen. *Grittli Bieri, die Herrn Messerli so oft zu trösten und besänftigen hat.* Anschliessend entschuldigte sich Elisabeth: *Ich fühle mich absolut im Fehler, in meiner Täubi schlecht von Dir gesprochen zu haben.*

So ist es mit ihr und Messerli. Sie liegen sich immer wieder in den Haaren und versöhnen sich anschliessend wieder. Sie hat mit allen, die sie länger kennt und mit denen sie zusammenarbeitet, früher oder später Streit. Doch nur wenige können ihr Paroli bieten, ihren Zorn aushalten und ungekränkt weiterfunktionieren. Die Gleichgültigkeit, mit der Messerli ihren Schimpftiraden begegnet, bringt sie zwar noch mehr in Rage. *Lieber Paul, ich weiss nicht, ob Du eingeschlafen bist oder nicht. Todesanzeige von Dir habe ich keine erhalten.* Gleichzeitig sind genau diese starken Nerven die Voraussetzung dafür, dass sie seit Jahrzehnten mit ihm kutschieren kann. Sie wünscht, mehr Leute wären wie er. Ihr würde dies gut tun. Sie versucht deshalb auch immer wieder, ihre

Wertschätzung auszudrücken. *Es ist so schön, dass unsere Zusammengehörigkeit weitergeht.*

Ein über sechzigjähriges Zusammensein ist auch mit dem Tod Grittlis zu Ende gegangen. Etwas vom Wichtigsten in ihrem Alltag.

Jetzt beginnt noch einmal ein neuer Lebensabschnitt. Sie weiss, dass sie wohl keine Angestellte mehr finden wird. Alle würden hier viel zu viel verändern wollen, würden durchs Haus wirbeln, Neues bringen, dem sie nicht mehr gewachsen wäre. Antonio, der etwas abseits im Jägerhäuschen wohnt, kommt regelmässig, um zum Rechten zu schauen. Ohne seine Hilfe könnte sie nicht weiter in Rümligen bleiben. Er bringt ihr Käse, Brot und Wein, das reicht weit. Wenn er Besucher antrifft, fragt er Elisabeth, ob er sie zu ihr führen soll. Je nachdem sagt sie Ja oder Nein. Er hat eine unbekümmerte, heitere Art, er tut ihr gut. Sie vertraut ihm und weiss, dass er ihre und die Geheimnisse Rümligens nie auf den Markt tragen wird, und wenn es sein muss, sie wohl auch beschützen würde. Auch Barbara ist von ihrem Diplomatenleben wieder in die Schweiz zurückgekehrt und arbeitet als Ärztin. Sie bringt mehrmals in der Woche warme Mahlzeiten mit. Sogar eine elektrische Heizdecke hat sie ihr aus Amerika mitgebracht, manchmal heizt sie so ihr Bett tüchtig auf. Nachts brennt wie immer im gleichen Zimmer ein schwaches Licht. Ihre Einsamkeit ist mit dem Tod von Grittli noch einmal ein grosses Stück gewachsen.

Auf dem grünen Hügel von Tanger

Sonst kommt Barbara doch regelmässig vorbei. Seit fast zwei Wochen war sie nicht mehr da. Gestern hat sie nun telefoniert und ihren Besuch angekündigt, zusammen mit ihrer Schwester Sibylle.

Hört sie Rufe oder täuscht sie sich? Doch – nun bellen die Hunde, zunehmend freudiger. Barbara hat die Cervelat-Taktik beibehalten. Doch die Anzahl der Hunde ist immer noch ein Problem; sie hat immer noch mindestens eine Hündin, die Junge bekommen kann. Die Meute von fünf Hunden ist viel zu gross, besonders, da sie freien Auslauf im Park haben und niemanden, der sie spazieren führt. Manchmal hat sogar die Polizei die Hunde einfangen müssen.

Sie liegt im Bett, die Haare notdürftig zusammengesteckt, und lächelt beim Eintreten ihrer Enkelinnen. Beide sehen mitgenommen aus, setzen sich und sagen, sie müssten eine schlechte Nachricht überbringen. Louise sei gestorben. Elisabeth, die sich nicht gepudert hat, wird bleich wie noch nie. Sie schlägt sich beide Hände vors Gesicht, eine Geste, die sie immer macht, wenn sie eine schlechte oder überraschende Nachricht hört. Doch so lange vergräbt sie ihr Gesicht sonst nicht. Nur langsam lösen sich ihre Hände vom Gesicht, sie schlägt die Augen wieder auf und sagt leise: «C'est bon.» Nur dies. Und fügt an, sie beide sollten gehen und morgen wiederkommen. Überrumpelt schauen sich die Schwestern an, nicken und stehen auf. Barbara deutet Elisabeth einen Kuss auf die Wange an, diese nimmt ihre Hand und drückt sie fest, schaut sie mit unendlich traurigen Augen an. «C'est bon.» Das sagt sie, wenn sie nicht mehr weiss, wie weiter, was kaum vorkommt.

Sie hat sich eine grosse schwarze Schleife ins offene Haar gebunden und ist im Bett geblieben. Hat Sibylle darüber geschmunzelt? Heute hat sie sich im Spiegel selber kaum mehr erkannt, ihr eingefallenes Gesicht ist matt, sie hat die Contenance verloren. Sie hat nie damit gerechnet, dass ihre Tochter vor ihr sterben könnte. Ihre schlimmste Vorstellung war, dass sie sterben würde und ihre Tochter bevormundet werden könnte, doch mit der Zeit ist ihre Überzeugung gewachsen, dass Louise psychisch doch gesund ist. Sie hatte nichts gewusst von ihrer Krebserkrankung, von der nun ihre Enkelinnen erzählen. Louise hat es ihr nie gesagt.

Sie erkundigt sich nach der Beerdigung. Sie sei schon begraben, liege in Tanger auf einem muslimischen Friedhof, den Kopf Richtung Mekka, sagt Barbara und zeigt ihr die Traueranzeige, die sie in den Zeitungen drucken werden. Elisabeth wird als erste Trauernde aufgeführt. *In tiefer Trauer teilen wir mit, dass Frau Louise de Meuron in Tanger, wo sie glücklich gelebt hat, am 16. September 1977 gestorben ist.*

Es sei eine kleine Gruppe von Trauernden an Louises Beerdigung auf dem grünen Hügel in Tanger gewesen. Aus der Schweiz seien Louises früherer Ehemann Maximilian von Stockar angereist und natürlich sie beide mit ihren Kindern. Auch Louises Lebenspartner Ahmed und die marokkanischen Freunde waren bei der Zeremonie dabei. Ihr Tod sei plötzlich gekommen, aber der Tod komme wohl immer zu schnell. Die Mutter habe ihr vor zwei Jahren, als sie in der Schweiz war, diese Beule auf der Stirn gezeigt, sagt Barbara. Sie habe ihr geraten, sich untersuchen zu lassen. Die Diagnose war Krebs. Louise liess den Tumor operieren.

Barbara schweift ab, sagt, wie selten ihre Familie je im Spital gewesen sei, nur einmal, als sie als Kind Diphterie, Keuchhusten, hatte. Eine riesige Glasscheibe habe sie damals von den Besuchern getrennt, niemand durfte mit ihr in Kontakt kommen, alle Geschenke wurden von einer Krankenschwester mit Mundschutz und Handschuhen gebracht. Wie im Zoo standen die Erwachsenen auf der anderen Seite, alle mit ängstlichen Gesichtern, doch sie habe es genossen, sie habe unter keinen Schmerzen gelitten und sei im Mittelpunkt gestanden. Doch ihre Mutter habe damals solche Angst um sie gehabt, sei so froh gewesen, dass es schnell Entwarnung gab.

Sie hat dann auch auf eine Entwarnung bei der Krebserkrankung ihrer Mutter gehofft, doch diesmal gab es keine; es bildeten sich Metastasen. Louise beschloss, zurück nach Marokko zu reisen und die ihr verbleibende Zeit dort zu verbringen. Als es ihr immer schlechter ging, seien sie beide dann nach Tanger gereist.

Louise habe alle Briefe von Elisabeth verbrannt und auch Barbara gebeten, alle zu verbrennen – so wie Elisabeth sich das ja auch immer gewünscht habe. Louise habe sehr glücklich gelebt, habe ein Leben führen können, wie sie es gewollt habe. Ahmed übernehme jetzt das kleine Haus mitten in Tanger, das Louise mit dem Geld von Fritz gekauft hatte.

Elisabeth schüttelt den Kopf. Sie hat immer gedacht, sie könne sich irgendeinmal noch mit ihrer Tochter versöhnen.

Bei ihrem letzten Besuch in der Schweiz vor einigen Jahren gab es sogar Anzeichen in diese Richtung. Sie hatte mit Louise die

Abegg-Stiftung in Riggisberg besucht. Michael Stettler, der Stiftungspräsident, hatte ihr einen Katalog geschickt. Die Stoffe interessierten sie und Louise war begeistert von den Farben, den Formen und Mustern, aber auch von der Vielfalt und Fantasie dieser Textilgestalter. Es war ein schöner, fast vertrauter Moment, diese Begeisterung teilen zu können, einmal etwas Gemeinsames zu empfinden. *Mein Kind ist etwas ‹seltsam› geworden, aber lebenskräftig, und kann unabhängig geschieden leben, sie ist ganz klein und niedlich und etwas schwierig im Umgang, aber kürzlich versöhnte sie sich mit mir.* Doch statt einen Schritt in diese Richtung zu machen, hielt Elisabeth ihrer Tochter weiterhin vor, was sie alles falsch mache, verübelte ihr auch, dass sie Ahmed nicht kennenlernen durfte. Jetzt ist es zu spät, für immer vorbei.

Ich muss schreiben, dass ich so unsinnig – UNSINNIG traurig bin über den Tod meiner Tochter. Ungläubig liest sie immer wieder den Satz in der Todesanzeige, ihre Tochter habe glücklich in Tanger gelebt. *Dieser Text kann doch nicht mit der Wahrheit übereinstimmen.*

Ein gspässiger Ort

Es dämmert schon, als sie den Traum wieder hat, dieses seltsame Gefühl, über eine Klippe zu stürzen und zu fliegen. Der Wunsch der Löwin zu fliegen. Normalerweise erwacht sie sofort aus solchem Albdruck auf, doch diesmal gibt es einen fürchterlichen Krach, und ein brennender Schmerz fährt durch ihren Körper. Sie träumt nicht, sie ist tatsächlich aus dem Bett gefallen.

Ein Barsoi schaut verängstigt über den Bettrand herunter. Der Hund ist ihr wohl immer näher gerückt und sie muss zurückgewichen sein, im Halbschlaf etwas zu weit. Sie versucht, sich hochzuziehen, der Schmerz im Bein ist aber so stark, dass sie wieder zurückfällt. Sie ruft, ein- oder zweimal, weiss aber, dass niemand sie hören kann. Mit jeder kleinsten Bewegung schiesst der Schmerz wie ein elektrischer Schlag durch den Körper. Immerhin, mit einem Zipfel der Bettdecke, den sie erwischt, kann sie sich zudecken.

Es ist der erste April, ein Scherz ist das nicht. Der Frühling 1978 hat sehr unerfreulich begonnen.

Heute ist Samstag, da kommt Barbara meistens gegen Mittag. Es bleiben nur fünf bis sechs Stunden. Vielleicht bringt ihr Antonio zufällig die Post oder hat sonst ein Anliegen. Doch auch der Zufall spielt nicht mit. Sie beginnt zu schwitzen, hat Sekunden später einen Schüttelfrost, in ihrem Bein pocht es wie bei den Trommlern der Dorfmusik. Ihr Mund ist zusammengeklebt, sie hat Durst. Die Vorstellungen der Hölle kehren zurück. So etwa könnte es sein.

Nach einer schieren Unendlichkeit hört sie ein Hundebellen. Kommen Schritte näher? Sie hört nichts, glaubt aber, am Boden kleine Erschütterungen zu spüren. Tatsächlich beugt sich der Kopf von Barbara über sie. Sie fühlt ihr die Stirn, den Puls, sagt, sie hole Hilfe. Als sie zurückkommt, nimmt sie ein paar Strickjäckchen und verschiedene Kleider aus der Kommode und packt sie in eine Tasche. Sie müsse mit ihr ins Spital.

Elisabeth versucht, mit der Hand auf die Kommode zu zeigen, und bittet, die Fotografie ihres Vaters einzupacken. Die Enkelin nimmt das gerahmte Bild des bärtigen Ludwig von Tscharner und verstaut es zuoberst in der Tasche. Ein Arzt kommt, spritzt ein Schmerzmittel, das die Sinne betäubt. Nach einer kurzen Fahrt auf einer Bahre wird Madame in die Ambulanz geschoben, ein Pfleger zieht sie unsanft am Ärmel, er sei ein dummer Löl!, entfährt es ihr. Sie weiss nicht, wo sie ist, warum sie solche Schmerzen hat und wer diese Leute um sie herum sind. Im Spital wacht sie auf, nach der Aussicht zu schliessen, muss es Riggisberg sein.

«Eine schöne Aussicht», sagt Paul Messerli, der einige Tage später zu Besuch kommt. «Das ist gewöhnlich hier. In Rümligen ist die Aussicht schön!», entgegnet Elisabeth. Sie möchte zurück. Die Prozedur, nur schon das Betten, ist ihr ein Gräuel. Die Krankenschwestern rollen Gurten unter ihren Körper, die an Ketten befestigt sind. Mit einem Flaschenzug wird sie hochgezogen, wie damals eine Kuh, die ins Bschüttloch gefallen war. Sie hängt in der Schwebe, unter ihr wechseln die Frauen hastig die Bettlaken, dann wird sie wieder heruntergelassen.

Gestern kam ein Besuch, der protestierte und sie befreien wollte, bis man ihm erklärte, Madame sei nicht in Ketten gelegt, sie werde nur hochgehoben, damit das Bett gemacht werden könne.

Beruhigt setzte sich der Besucher auf einen Stuhl am Fenster. Warum setzte sich der Arzt hin, warum untersuchte er sie nicht? Elisabeth fragte immer wieder nach seinem Namen, und weil sie ihn nicht verstand, bat sie den Mann, ihn aufzuschreiben. STETTLER. Sie erkannte ihn nicht. *Das tönt nicht schlecht. Sind Sie ein Doktor, oder ein Quacksalber? Bringen Sie mich hier raus, das ist eine armselige Bude. Ich will nach Rümligen. Sie plagen mich hier, ich bin müde.* Elisabeth versucht zwar wie immer Haltung zu wahren, tenebo, auf Teufel komm raus. Sie ist sauber gewaschen und frisiert, aber wenn sie in den Spiegel schaut, sind ihre sonst wachen Augen glasig, deprimiert, éprouvés.

Ein zweiter Besucher betritt das Zimmer. Er ist sicher kein Doktor, das erkennt sie sofort, fragt, wer er sei. Er sei der Pfarrer. Der Pfarrer, ja das sei ein Trost, sagt sie, er solle sich setzen. Er erzählt ihr etwas, was sie nicht versteht, sie fragt nach Gott und dem Teufel und versteht die Antwort nicht. Sie kann nicht lange wach bleiben, ihre Gedanken purzeln irgendwie durch den Kopf. Aber es ist angenehm warm, und fast unanständig oft gibt es etwas zu essen. Auf der einen Seite steht ein Glas mit Orangensaft. Fast ein bisschen luxuriös. Ihr Vater, Ludwig von Tscharner, steht auf der anderen Seite ihres Bettes, oft schaut sie zu ihm hin. *Mein eigener Vater, ich weiss nicht, ob er für mich alles gebilligt hätte, was und wie ich es tat – er hätte Einwände gehabt.*

Sie hat den Schenkelhals gebrochen, die Ärzte meinen, in ihrem Alter würden die Knochen nicht mehr zusammenwachsen, operieren helfe auch nicht. Gegen die Schmerzen erhält sie regelmässig Tabletten. *Herrlich, von solchen Mitteln intoxiquée zu sein, aber zu jedem Handeln untauglich träge geworden.*

Die Tage verbringt sie ähnlich wie zu Hause, meist im Bett. Jeden Tag löst sie das Kreuzworträtsel im «Blick». Es schauen deutlich mehr Besucherinnen und Besucher vorbei – denn hier überhört niemand ein Klingeln oder Klopfen. Manchmal ist es ihr angenehm, manchmal wird es ihr zu viel. Sie merkt es an ihren Zornausbrüchen, die sie nicht immer im Griff hat. Aber wenn man sie zwischendurch in Ruhe lässt, schimpft sie auch weniger und freut sich über den Besuch. Die Schrift ihrer Briefe ist zittrig geworden. Sie schreibt jedoch weiter, jede Nacht.

Am Wochenende steht ein Mann mit orangen Rosen am Bett. Sie fragt nach seinem Namen, er schreibt ihn sofort auf. STETTLER. *Aha, der Sohn des Architekten. Ihr Vater hatte Haar unter dem Kinn, Sie sind der Schönere. Wissen Sie, ich bin etwas konfus, aber vielleicht bringe ich doch noch eine Konversation zustande. Ich bin an einem ‹gspässigen› Ort, aber es hat eine Zentralheizung und das Essen ist auch recht.* Zwei Dinge, die sie in Rümligen nicht hat und jetzt geniesst. Sie fragt ihn nach Frau und Kindern und bietet ihm an, in Amsoldingen mit dem Enkel Schiff zu fahren. *Fährt ihr Enkel gerne Schiff? Wissen Sie, ich kann ein Papier unterschreiben, dann dürfen Sie in Amsoldingen Schiff fahren gehen. Sie müssen es mit Maschine auf ein Papier schreiben, dann unterschreibe ich es. Unterschreiben kann ich noch. Geld habe ich keines, aber ich habe noch Domaines. Ich wollte eine Parzelle hinter dem Spitalgass-Haus verkaufen, aber man sagte mir, Erde sei mehr wert als Geld.*

Es war ein schlimmer Tag, als sie 1975 vor dem Regen in die Schalterhalle der Kreditanstalt flüchtete, um sich etwas Geld vom Konto abzuheben. Sie war schnell an der Reihe, nannte dem Schalterbeamten ihren Wunsch. Zuerst hörte sie nicht richtig, hielt das

Hörrohr hin, und genüsslich wiederholte der Kassier lautstark: Sie, Madame de Meuron, könne kein Geld abheben, sie sei bankrott. Die Blicke der Bankkunden rundum waren mitleidig bis hämisch. Sie verlangte den Chef zu sprechen, bekam jedoch nur die Antwort, dieser sei ausser Haus. *Ich selbst bin unter die Dampfwalze des Unglücks geraten, ein Ersatz-Kassier hat mir vor Zeugen lachend an den Kopf geworfen, ich sei bankrott, in Amsoldingen sei alles verpfändet bis an das kleinste Sächlein!* Sie verstand nicht, warum nicht Mietzinse auf dem Konto waren, begriff nicht, warum nicht Geld vom Baulandverkauf im Vertmont geflossen war, wie sie es vorgesehen hatte. Die Situation war aber nicht neu. Sie litt chronisch unter Mangel an Bargeld. *Wenn man in Bern nicht Grund und Boden hat heutzutage, gehört man zu den Habenichtsen und ich mit meinem verschuldeten Grund- und Häuserbesitz throne königlich vor dem Publikum und jämmerlich vor mir selber.*

Lange Zeit zehrte sie von ihrem Goldvreneli-Vorrat, von denen sie zwischendurch eines in Geld umtauschte. Sie verkaufte auch die Bibliothek in Amsoldingen, versuchte, farbige Glasscheiben, Ahnenbilder oder eine Rüstung zu Geld zu machen. Doch das Museum hatte bereits genug Bilder, die Rüstung gab vor, älter zu sein, als sie war, und die Glasscheiben waren zwar wertvoll, aber auch zu schade, um sie zu verkaufen. Etwas Geschirr liess sich dagegen absetzen. *Ich bin verschuldet, BANKROTT, und muss für mein Taschengeld Gegenstände verkaufen wie die LUXUS VERRERIE für Soupers meiner Eltern.*

Hier in Riggisberg muss sie sich um solche Sachen nicht mehr kümmern. Das ist ihr angenehm. Sie wendet sich wieder dem

Besucher zu. *Es sind anarchische Zustände hier, vorhin hat man mich samt Bett auf die Terrasse geschoben, dann kam ein Putzinstitut und reinigte die Stube, bevor ich wieder hineingeschoben wurde.* Eine Schwester bringt die eingestellten Rosen ins Zimmer: *Das ist auch so eine unnütze Person, mehr ein Ornament.* Sie kann nicht verstehen, warum es hier so viele Menschen braucht, ständig kommen neue Gesichter, sie hat den Überblick verloren. Manchmal weiss sie auch nicht mehr, wo sie ist.

Ihre Haare wurden gestern halblang geschnitten, und die Coiffeuse sagte, sie habe noch nie jemanden in ihrem Alter gesehen, der nicht weisse, sondern erst graumelierte Haare habe. Im Spiegel sieht sie, dass sie abgenommen hat und die Augen eingefallen sind. Manchmal meint sie, das Gebäude nebenan sei ein Frauengefängnis, doch dann kommt ihr wieder in den Sinn, dass sie im Spital liegt. Es fällt ihr nicht leicht, die Orientierung zu behalten. Unglücklich ist sie nicht, aber müde. *Ich bin schon erloschen, innerlich ausgebrannt durch mein Temperament … leer, stocktaub, verwechsle Worte …*

Viele Besuche erkennt sie nicht, sie hat den Verdacht, dass Fremde, Schaulustige sie besuchen, was sie ärgert und ihr noch mehr Kräfte raubt. So hat sie mit den Krankenschwestern abgemacht, dass sie die Besucherinnen und Besucher zuerst genau fragen, woher sie Frau von Meuron kennen und ob sie verwandt seien. Die Schwestern erkundigen sich nun immer bei ihr, ob sie den Besuch empfangen will oder nicht.

Auf dem Tisch liegt ihr Hörrohr wie ein Posthörnchen. Der Spengler Ammann hat es sogar versilbert, nur funktioniert es jetzt schlechter. Sie hat auch eine Bibel auf dem Tisch, darin blättert sie immer wieder herum. Die gepressten Blumen ihres Bruders sind herausgefallen, sie liegen als Andenken neben ihr. Erinnern sie an seinen Tod und mahnen an den eigenen. *Je me demande quel monde il y aura à mon service funèbre à moi? Tant de vieilles filles ennuyeuses, de gens ternes et sans intérêts qui sont le public pour le ciel des écoles du dimanche?*

Ein Jahr schon ist sie nun in Riggisberg im Spital. Zur Kontrolle machten die Ärzte ein Röntgenbild ihres Beines. Fast euphorisch stehen sie anderntags ums Bett. Der Chef, die Assistenten, eine Pflegerin und eine Physiotherapeutin. Und fast feierlich verkünden sie, zu ihrem grossen Erstaunen sei der Knochen wieder vollständig zusammengewachsen, der Bruch sei kaum mehr sichtbar. Sie, Madame de Meuron, könne jetzt wieder laufen lernen. Alle strahlen, und die Physiotherapeutin sagt, sie komme nun jeden Tag zweimal für kurze Übungen vorbei, sie zweifle nicht daran, dass Madame in einigen Wochen wieder mobil sei und kleine Spaziergänge machen könne.

Elisabeth überlegt kurz und schüttelt den Kopf. Nein, das will sie nicht. Um keinen Preis. Sie werde nie mehr aufstehen und auch nie mehr laufen lernen, sie werde sicher auch keine Turnübungen machen, sagt sie bestimmt, dafür sei sie zu alt. Sie habe keinen Grund mehr, aus dem Bett zu steigen. Die Ärzte zucken ratlos mit den Schulten, das Geschenk, das sie voller Freude überbringen wollten, lehnt Elisabeth ab.

Die Schwestern wollen sie noch einige Tage umstimmen, öffnen die Fenster weit, zeigen nach draussen in den Frühling, jetzt sei es bald wieder schön, spazieren zu gehen. Doch solche Worte ködern sie nicht. Sie stellt sich vor, wie sie dieses Spital wieder verlassen muss, wieder nach Rümligen zurückkehrt, zu all ihren Toten, die sie bis hierher nicht verfolgen konnten. Hier lebt sie fast unbeschwert, muss sich nicht mehr grämen. Das will sie nicht mehr ändern.

Wie wird es nun in Rümligen weitergehen? Die Hunde hat sie Antonio übergeben, er muss zu ihnen schauen. Einige liess er einschläfern, da sie zu böse geworden waren, auch einen neuen Wurf junger Hunde musste er töten lassen, hatte sie gehört. Sie darf gar nicht daran denken.

Zum Glück hat sie 1967 ihre Landwirtschaft aufgelöst, als die Zustände unhaltbar wurden. An Neujahr ging sie die Schweine kontrollieren und sah, dass die geferkelt hatten, obwohl sie es nicht mehr wollte. Viel schlimmer war, dass bereits einige Ferkel gestorben waren, da Grittli nicht mehr regelmässig so weit durch den Schnee laufen konnte, um sie zu füttern. So wurden sie nicht richtig versorgt. Sie ordnete an, sofort alle Schweine zu schlachten, so weh ihr das auch tat. Doch dem Leiden zuzusehen, schmerzte sie noch viel mehr. Auch ihre Kühe musste sie weggeben, eine unerfreuliche Erfahrung. Sie wollte sie Paul Messerli verkaufen, denn sie wusste, dass sie dort in einen guten Stall kamen. Aber auch dieser Handel ging nicht reibungslos. *Mein lieber Paul, sehr traurig bin ich von Deinem Telefongespräch am Abend. So gern und voller Achtung liebe ich Euch alle, aber da kann ich nicht mitmachen zu so schlechten Preisen, die von Dir verachteten Tiere, 4 an der Zahl zu Dir geben zu lassen. Das Rind kannst Du ja haben zum Preis wo Du willst und so jung wird es über den Stallwechsel nicht zu unglücklich sein. Lass die anderen Tiere in Frieden. Es ist nicht das Geld, das spielt in dieser Sache bei mir keine Rolle, es ist etwas anderes.* Ihr ist, wie wenn mit einem zu tiefen Preis das Tier in seiner Ehre verletzt würde, sie nimmt tiefe Preise als persönliche Beleidigung. Später hat der Bauer eingelenkt und die Tiere doch genommen – zu Preisen, die ihr genehm waren. Sie schrieb eine Quittung für «Laura» 2100 Fr.– und für das Gusti «Edelwyss» Fr. 1400.–.

Zumindest die Tiere sind so versorgt. Doch Elisabeth hat Angst davor, was mit ihrem Besitz geschieht. Barbara sei *total ablehnend gegen Alt-Bern-Krims-Krams*, da sie so oft umziehen müsse. Am meisten befürchtet sie, alles werde auseinandergerissen, vor allem Rümligen. *Nach meinem Tod muss ich Rümligens Inhalt schützen, dass meine Familie nicht alles auseinanderreisst. Die Hauptsache ist in Rümligen, dort ist es am reinsten mütterlicherseits. Die Bilder, die Bibliothek, alles rührt noch von den Frisching her.*

Einigen Leuten hat sie geschrieben, sie dürften sich nach ihrem Tod etwas aussuchen, beispielsweise Bilder. Keine antiken, sondern Fotos von ihr. *Bitte 2 Dinge auszulesen für sich persönlich. Ein eingerahmtes und ein Foto oder 2 Fotos, wie Sie wollen.* Weggeben will sie aber nichts. *Ich mache keine Vergabung an Bibliothek und Museum ausser eine zerfetzte Fahne von Zofingen eines Bonstetten Ahnherrn.*

Barbara sitzt häufig an ihrem Bett und erzählt ihr von ihren gemeinsamen früheren Besuchen im Altersheim von Riggisberg. Ihr sei es jeweils unangenehm gewesen, doch sie, Grand-maman, habe darauf bestanden. Sie müsse sehen, wie es sei, alt zu werden. Die alten Menschen bräuchten Abwechslung. Immer wieder machte Elisabeth dort Besuche, selbst wenn sie niemanden persönlich kannte. Sie sass mit den Frauen und Männern im Aufenthaltsraum und plauderte mit ihnen und Barbara hörte zu, wenn sie mitkam. Jetzt besucht Barbara die Grossmutter hier.

Immer wieder hat sie diese Frage gestellt. Elisabeth tat, als verstünde sie nicht. Dabei hat sie sehr wohl verstanden.

An diesem sonnigen Frühsommertag öffnet Barbara das Fenster und lässt den frischen Wind herein, der schon nach dem ersten gemähten Heu riecht. Sie erzählt noch einmal, dass vor Jahren ein alter Mann ins Vertmont gekommen sei, ein gut aussehender, elegant gekleideter Mann in einem grossen Auto. Und dieser Mann habe nach ihr gefragt, habe gefragt, ob sie Saba kenne, ob die noch lebe und wo sie wohne. Barbara habe sich erinnern können, dass die Grosseltern früher von ihren Freunden Saba und Frige gerufen wurden, und sie erklärte dem Herrn, Saba wohne in Rümligen. Immer wollte Barbara wissen, wer dieser Herr gewesen sei und was er gewollt habe.

Es war ihr alter Freund, der österreichische Maler und Künstler Viktor Hammer, der vor vielen Jahren mit seinem glänzend schwarzen Auto in Rümligen vorfuhr. Er stieg aus, sah sich in aller Ruhe um, ihr blieb beinahe das Herz stehen. Sie erkannte ihn sofort. Sie sass, wie so oft, auf einer Bank im Hof, unter dem Blätterdach des Rebenspaliers. Die Bank lag etwas im Schatten, so dass er sie nicht sofort erblickte. Sie stand auf und trat ihm entgegen, gab ihm die Hand. «Saba!», lachte er. Sie führte ihn zur Bank und fragte, was er hier wolle.

Er begann zu erzählen. Wie er in den dreissiger Jahren wie geplant in die USA auswanderte. Zuerst habe er in New York gelebt, in dieser Stadt voller Musik, Gerüche, Leute aus allen Ländern. Er habe viel gemalt, vor allem weiter porträtiert, die vermögenden Damen liessen sich gerne malen, sie bezahlten auch gut. Doch es langweilte ihn bald, er zog an die Ostküste, dozierte an Universitäten, beschäftigte sich auch als Grafiker. Erst als er sich der Pensionierung näherte, wollte er noch einmal eine Reise in die Schweiz machen, um sie, Elisabeth, zu besuchen. So buchte er einen Flug nach Zürich. Am Flughafen mietete er sich dieses schwarze Auto und fuhr direkt nach Bern. Er übernachtete eine Woche im Hotel, bis ihm der Zeitunterschied nicht mehr zu schaffen machte. Er wollte ausgeruht, so frisch wie möglich und mit viel Energie sein letztes grosses Ziel in Angriff nehmen.

Der alte, ruhige Mann schwärmte von ihrer Enkelin, die ihn mit ihren grünen Augen gehörig gemustert habe und am liebsten mit Fragen gelöchert hätte, wäre er nicht schnell genug wieder aufgebrochen. Er habe nicht gewusst, was sie ihrer Familie von ihm erzählt habe, und habe sie nicht in Verlegenheit bringen wollen. Aber jetzt, sagte er, sei er hier, jetzt sei er endlich da, wovon er so viele Jahre geträumt habe. Einmal noch zurückkommen, um nach ihr zu sehen. Er habe ein wundervolles Leben gehabt, eine wunderbare Familie, alles, was man sich wünschen könne. Vieles, was er angepackt habe, sei ihm gelungen. Trotzdem habe er oft an Saba denken müssen. Dabei schaute er ihr ins Gesicht, in die Augen. Und er habe manchmal gedacht, dass es ein Fehler gewesen sei, sie in Bern zurückzulassen, ihre Entscheidung zu akzeptieren. Er musterte sie, nickte anerkennend. Sie sei immer noch vornehm, strahle Autorität aus, sei voller Energie und Unternehmungslust, die Neugierde stehe ihr immer noch zuvorderst auf der Nasenspitze. Vielleicht, bemerkte er skeptisch, sei sie noch etwas distanzierter, verschlossener geworden, als er sie in Erinnerung habe. Er schaute sie eindringlich an, und diese Traurigkeit, die sei neu, die kenne er nicht bei ihr. Er wisse nicht, wie es ihr ergangen sei, er hoffe, auch sie habe ein glückliches und erfülltes Leben gehabt.

Nein, sie konnte nicht nur loben. Sie sagte, sie habe alles gehabt, was sie für ein eigenständiges und erfülltes Leben gebraucht habe, legte ihm eine ehrliche Bilanz ihres Lebens vor, erzählte von Roger, der sich das Leben genommen hatte, von ihrer Tochter, die weggezogen war, von ihrer Hoffnung, ihr Leben selbständig zu leben – und ihrem Scheitern. *Ich will einen furchtsamen Blick versuchen auf mein Schicksal, das ich hinter meiner Mauer des Schweigens verbergen muss, damit niemand daran rühren kann. Einen furchtsamen Blick versuchen auf allerhand und versuchen es auszuhalten, allein zu sein gegenüber Dingen, die von jeher zu gross waren, um durch die Türen in meinem Geist hereingenommen zu werden, und mit denen ich nichts recht anzufangen weiss. – Das alles ist so arg auszuhalten und mir erscheint es gering und gewissenlos, gänzlich auszuweichen, damit ich durchkam mit all meinen ererbten Eigenschaften und meiner Geistesbeschaffenheit oder Gefühls- und Gemütsbeschaffenheit, meinem eingeschriebenen Gesetz oder meiner eingeschriebenen Gebrauchsanweisung, die nicht zu verwirklichen war.*

Ihr Künstler sah sie an, irgendwie hoffnungsvoll. Sie bräuchten viel Zeit, um einander alles zu erzählen, sie könnten sich Zeit nehmen, ein neues Leben beginnen. Er möchte sie zum zweiten Mal bitten, mit ihm zu kommen. Damit sie die Zukunft, die noch vor ihnen liege, zusammen verbringen könnten. Noch einmal von vorne anfangen.

In Amerika habe er gelernt, dass es nie zu spät sei, Wünsche zu verwirklichen. Elisabeth stand auf und führte ihn auf die Terrasse des Schlosses, sie schauten gegen die Berge. Sie seien hier nicht in den Vereinigten Staaten, sie seien hier in Rümligen. Elisabeth erzählte, warum sie damals nicht mit ihm gegangen war. Sie schämte sich damals, als zwar unglückliche, aber doch verheiratete Frau, sich verliebt zu haben. Auch wenn ihre Scheidung mit Fritz bereits beschlossene Sache war. Aber sie fürchtete das Urteil ihres alten Vaters. Was sie empfand, gehörte sich nicht für eine Frau aus ihrem Stand. Doch auch etwas anderes hielt sie damals zurück. Sie wusste, würde sie scheiden und ihr Vater würde sterben, dann gehörte das ganze Erbe ihr. Aber hätte sie wieder geheiratet, wäre die Abhängigkeit weitergegangen. Woher hätte sie den Glauben an eine Liebe nehmen sollen? Sie kannte kaum Beispiele dafür, in ihrer Familie heiratete man zwar meist mit guten Gründen, aber nicht aus Liebe. Sie habe allem vertraut, nicht aber ihren Gefühlen. Diese, lernte sie schon als Kind, waren trügerisch und kein Fundament für Entscheide. So wählte sie den Weg allein, mit all den Risiken. Es war ihre Entscheidung, und niemand ausser ihr selber konnte sie knechten.

Hammer schüttelte den Kopf. Er war überzeugt, sie wäre glücklicher geworden mit ihm. Doch sie hätten jetzt noch einen Versuch. Jetzt könne sie noch einmal frei und ohne Zwänge entscheiden. Kein Vater werde Einspruch erheben. Gespannt wartete er auf ihre Reaktion.

Sie schaute gegen die Berge, drehte sich gegen das Schloss, sah ihm in die Augen, schüttelte den Kopf und bat ihn, zu gehen. Sie wolle ihn und ihre Liebe in ihrer Erinnerung bewahren. Etwas vom wenigen Schönen, das sie versteckt ab und zu in Ruhe betrachten könne: in diesen Erinnerungen versinken. Sie habe zu grosse Angst, dass sie sogar diese Erinnerung mit der Realität zerstören würde, dass sie es nicht schaffen würde, eine Liebe wirklich zu leben. Das Leben sei bis jetzt immer schlimmer gewesen als ihre Vorstellung. Besser, er gehe jetzt. Und komme nie wieder.

Alle Hoffnungen, alle Freude, alle Kraft schienen von ihm abzufallen. Sein Strahlen erlosch, er sank in sich zusammen.

Kurz nickte er, ernst, verschlossen drückte er ihr die Hand und wünschte alles Gute. Sie sah und hörte nie wieder etwas von ihm.

Barbara sitzt schweigend neben Elisabeths Bett. Sie hat lange auf das Ende dieser Geschichte gewartet. Traurig und konsequent ist es. Ob Elisabeth es nie bereut habe, will sie wissen. Diese Frage stelle sich gar nicht. *So alt durch ein ‹unmögliches› Frauenleben mich ‹durchgeschleppt›, habe ich allerlei Frauen neben mir im Sturm gesehn – es ist die strenge Reinheit nicht immer zu empfehlen, sie hat ihre Nachteile, für mich habe ich das erfahren und lebe diese trotzdem, aber ich empfehle sie nicht. Man hat sich den Bedürfnissen des Lebens hinzugeben, welche man selber sollte beurteilen können ohne verstümmelnden Gesetzen zu unterordnen.* Sie habe es nicht geschafft. *Ich bin ganz deutlich am Vergehen und habe vielleicht ein Weniges wahrgenommen aber hauptsächlich nichts daran begriffen und habe den Eindruck, zu viel sei verkehrt gegangen. Offen bleibt die Frage der eigenen Schuld.*

Die eigene Schuld?, sagt Barbara nachdenklich. *Mein Leben ist ein vertanes Leben, das Leben hinter mir erscheint mir ununterbrochen ein böser Traum gewesen zu sein, wo alles unverständlich durcheinander kam – und blitzartig Schönheiten aufwies.*

Ihr Verhältnis mit Männern war im besten Fall kooperativ. *Ich komme mir vor, als habe ich als Frau grosse Fähigkeiten gehabt, Männer an ihr Gefährt zu spannen, um nicht zu sagen, um ihren von der Strasse abgekommenen Karren wieder auf die Strasse zu bringen.* Sie denkt es mehr, als dass sie es sagt, und ist sich nicht sicher, ob Barbara sie verstanden hat. Sie versteht auch nicht, was ihre Enkelin anschliessend zu ihr sagt. Fragt sie wirklich, ob ihre Tochter, Louise, diesen Schritt gewagt habe, welcher für Elisabeth nicht möglich war? Sie dreht den Kopf weg, sie hat schon zu viel geredet. Barbara steht auf und drückt ihr die Hand.

Das Bein ist genesen, doch plötzlich kommen die Bauchschmerzen. Sie werden schnell stärker, sie bekommt Fieber, Hektik bricht aus. Die Ärzte sprechen leise, obwohl sie ohnehin nichts versteht. Sie bekommt Antibiotika, ihr Darm hat einen Defekt, sie hat eine Blutvergiftung. Gefährlich ist es, sie sieht es auch an den Augen der Besucherinnen und Besucher, die sich nun schier die Klinke in die Hand geben. Sie erkennt sogar noch ihre Urenkelinnen und ihren Urenkel, aber je häufiger die Schwester kommt und ihr die Medikamente mit diesem Schläuchlein, das an ihrer Hand hängt, direkt in die Adern spritzt, desto nebliger wird es um sie herum. Manchmal tauchen nie gesehene Farben auf, eine Wärme, und sie sucht mit ihrer Hand den Barsoi, der sie spendet. Doch Hundefell ertastet sie keines, die Wärme kommt aus diesem Schläuchlein. Manchmal hört sie noch Stimmen, doch sie entfernen sich. Es wird nicht dunkel, staunt sie, es wird immer heller. Sie lächelt.

L'enfer, c'est nous, c'est moi

24. Mai 1980. Der Montag ist unauffällig und still. Die Kirchenglocken läuten am frühen Nachmittag im kleinen Gerzensee. Das Dorf liegt am Hang hinter dem dunkelgrünen See auf einem Plateau über dem Aaretal – eine Tribüne vor den Alpen. Der Parkplatz unter der weissen Kirche füllt sich schnell, einige parkieren die Autos weiter vorne bei den Wirtshäusern und bei der Post. Dunkel gekleidete Menschengruppen kommen zu Fuss vom nahen Landwirtschaftsbetrieb Freudheim, andere von ihren Häusern die Kirchenzelgstrasse hinab.

Im Kirchenschiff findet nur eine kleine Gesellschaft Platz, es sind handverlesene, geladene Gäste. Problemlos wären genügend Leute gekommen, um auch das Berner Münster zu füllen, es hätte eine grosse Feier mit vielen Huldigungen geben können. Viele hätten gerne noch etwas zum Abschied über ihre Begegnungen mit Madame gesagt oder zum Besten gegeben. Aber Barbara und Sibylle wollten es nicht. Es wäre nur einer Seite ihrer Grossmutter gerecht geworden, es hätte lediglich ihren Status als Berner Original gestärkt, das Bild der «letzten grossen Aristokratin» genährt.

Sie hatten immer die Frau dahinter erlebt. Sie wollten ihre Grandmaman in Würde verabschieden.

Barbara hatte die Wahl zwischen den vielen Totenhemden getroffen, nun stand der Sarg mit Blumen geschmückt am Grab neben demjenigen von Fritz. Elisabeth hatte dieses Doppelgrab reserviert, als Fritz starb, mit dem Wunsch, einmal neben ihm zu liegen. Es ist nahe der weissen Kirchenmauer in der zweiten Reihe. Ein einfaches Steinkreuz schmückt es, und auf Granitplatten stehen die Namen und Lebensdaten. Elisabeth hat ihre Platte bereits beim Tod von Fritz vom Steinbildhauer vorbereiten lassen. Darauf der Löwe, der so gerne mit seinen Flügeln abgehoben, durch die Lüfte gesegelt wäre. Dieser Löwe mit seinem Wunsch, zu fliegen. Den Greif des Tscharner-Wappens und sein Schicksal nimmt sie mit in den Tod, trägt ihn als Schmuck auf ihrem Grab.

Die Musikgesellschaft Mühlethurnen spielt das «Ave verum», der Sarg versinkt langsam im Grab. *Der Tod ist verschlungen in den Sieg. Tod, wo ist dein Stachel? Hölle, wo ist dein Sieg? Gott aber sei Dank, der uns den Sieg gegeben hat durch unseren Herrn Jesus Christus. Amen.* Der Nydegg-Pfarrer Eduard Gerber liest den Vers 57 aus dem 1. Korintherbrief und zitiert Arno Pötzsch, den Pfarrer, der die meisten seiner Gedichte angesichts des Schreckens des Zweiten Weltkrieges schrieb und sie «Notlieder der Kirche» nannte:

Du kannst nicht tiefer fallen, als nur in Gottes Hand, die er zum Heil uns allen barmherzig ausspannt. Es münden alle Pfade durch Schicksal, Schuld und Tod. Doch ein in Gottes Gnade trotz aller unserer Not.

Am Schluss das «Vaterunser», viele flüstern es halblaut, andere beginnen die ersten Worte, die sie gut kennen, laut und werden zum Ende des Satzes leiser. Andere haben die Hände verschränkt und schauen zu Boden. Nur der Pfarrer spricht mit fester Stimme.

Der Reitverein Gürbetal steht mit den Pferden Spalier, Reiter schwingen mit den Fahnen den Achterschwung, den letzten Fahnengruss. Und die Musikgesellschaft Mühlethurnen spielt wie so oft den Berner Marsch. Immer stand Elisabeth de Meuron dabei, mit dem Hörrohr, und lachte, jedes Mal sagte sie, sie höre lieber jetzt noch zu als dann im Sarg. Jetzt ist es so weit, sie hört ihn nicht mehr. An der Kirchentüre wird kontrolliert. Wer eine Einladung besitzt, darf eintreten.

Die Orgel spielt «Herzlich lieb hab ich dich, o Herr», die Trauergemeinde singt das Lied mit, wie es Brauch ist hier.

Wir haben vorhin draussen auf dem Friedhof zur Ruhe gebettet Frau Elisabeth de Meuron-von Tscharner, Tochter, Gattin, Mutter, Grossmutter, Urgrossmutter … Pfarrer Gerber zählt alle Personen namentlich auf. *Sie starb nach einem Aufenthalt im Spital Riggisberg als Schlossherrin von Amsoldingen und Rümligen und als Glied der Kirchgemeinde Thurnen am letzten Donnerstag früh in der Nacht um ein Uhr.* Seine Worte sind nüchtern. Kein Wort des Bedauerns, der Trauer. Doch dann liest er aus dem Römerbrief: *Was wollen wir dazu sagen? Ist Gott für uns, wer mag wider uns sein?* Und er spricht ein Gebet: *Vater im Himmel, wir sind froh zu hören und zu wissen, dass nichts uns zu scheiden vermag von deiner Liebe. Wir danken dir, dass du nicht gegen, sondern für uns bist und dass alle unsere Wege durch Schicksal, Schuld und Tod doch einmünden dürfen in deine Gnade und Barmherzigkeit. So sind wir froh, auch unsere entschlafene Schwester in deiner Hand zu wissen. Du hast sie samt ihren grossen Lasten getragen bis ins hohe Alter. Du bist ihr nahe gewesen in den Höhen und Tiefen ihres Daseins. So bist du ihr begegnet zumal in den zwei letzten Jahren ihres Spitalaufenthaltes, wo sie so viel ablegen durfte und aus mancherlei Angst herauskam. Dafür danken wir dir. Und wir bitten dich: Sei ihr auch jetzt ein gnädiger Gott und Vater. Amen.*

Ein tiefer Bass ertönt, singt «Näher mein Gott zu dir, näher zu dir …»

Dann hält Gerber eine Kurzpredigt, wie er sagt. Er erzählt, wie sich Elisabeth de Meuron immer intensiv und kritisch mit dem Glauben auseinandergesetzt hat. *Die Verstorbene nannte noch vor einem halben Dutzend Jahren die Lieder, die wir in der Kirche singen, ‹unverantwortlich›.* Sie habe immer davon erzählt, wie das Münsterportal mit dem Jüngsten Gericht sie beeindruckte und wie sie lange Jahre daran glaubte. *Von diesem Kinderglauben hat sie sich dann gründlich losgesagt oder doch loszumachen versucht. Sie bedauerte uns Theologen, die wir immer noch vom ‹lieben Gott› erzählen müssten – fragte aber zugleich eindringlich nach dem ‹Teufel›. Sie meinte, es müsste den Teufel geben, da sonst alles viel komplizierter werde mit einem gütigen Gott. Oder ob am Ende wir Menschen ‹der Teufel› seien? Mit dieser scheinbar beirrenden Frage war sie jedenfalls auf dem besseren Weg als der jüngst verstorbene Philosoph Jean-Paul Sartre, der bekanntlich sagte: ‹L'enfer, c'est les autres›.* Ihre Losung sei eine andere gewesen. *L'enfer – c'est nous, c'est moi.* Sie habe sich als *durch das Schicksal bedingte Ketzerin der Religion* bezeichnet.

Der Pfarrer zitiert auch ein Gedicht des Philosophen Friedrich Nietzsche, um Elisabeth de Meuron zu beschreiben. *Sie versteckte ihr blutend Herz in Eis und Hohn.* Hinter den vielen Ängsten, die sie hatte, die sie aber auch anderen bereitete, habe eine Frau mit Herz gestanden. *Ein Mensch mit seinem Widerspruch. Diesen Widerspruch hat sie kräftig laut werden lassen und ist auch zu ihm gestanden: Bei aller Heftigkeit und bei dem oft so beissenden Spott glaubten wir doch in den letzten Jahren in ihren so ruhigen und so durchdringenden Blicken eine kindliche Seele zu erblicken. Über die Aggression den Menschen gegenüber ist sie kaum je hinweggekommen, aber ihre Hingabe an das Schöne der Schöpfung Gottes fand doch seinen Ausdruck in ihrem ungebrochenen Verhältnis zu den Pflanzen und Tieren. Diesen Teil der Kreatur hat sie gelten lassen, verstanden und geliebt. Sie hat sogar ihren Hühnern Namen gegeben. Aber auch den Menschen war sie auf ihre Weise doch zugewandt. Wie viele von ihnen hat sie doch lachen gemacht oder geistreich angeregt.* Er ruft der Trauergemeinde auch in Erinnerung, dass Elisabeth de Meuron sich nach dem Ersten Weltkrieg für Bauersfrauen mit Heimarbeit einsetzen wollte und dass sie für die Internierten im Zweiten Weltkrieg und für die einfacheren Leute immer ein grosses Herz hatte. Er stimmt mit der Orgel noch einmal das Kirchenlied an und dankt allen, die Elisabeth de Meuron *Gutes und Aufmerksamkeit, Güte und Geduld entgegengebracht haben.* Dann lädt er die Trauergemeinde ins Restaurant Kreuz zur Grebt ein.

Nach dieser ehrlichen Abdankung ist die Stimmung gedämpft – bevor die ersten Anekdoten über Madame wieder die Runde machen. Auch ihr Tod hat sich bereits weit im Land herumgesprochen, doch eine schlichte Todesanzeige erscheint erst Ende Woche in der Zeitung.

Todesanzeige

Am 22. Mai 1980 entschlief im 98. Lebensjahr
unsere Urgrossmutter, Grossmutter und Tante
Elisabeth von Meuron-von Tscharner
Schloss Rümligen, 27. Mai 1980
Die Beerdigung hat im engsten Familien- und Freundeskreis stattgefunden.

Barbara hört von vielen Bekannten und Verwandten, sie seien enttäuscht, nicht eingeladen worden zu sein. Doch im grossen Rahmen wäre eine ehrliche Beerdigung nicht möglich gewesen. Dennoch sind die einen oder anderen in der kurzen Vorbereitungszeit vergessen gegangen. Beispielsweise Dieneke Tzaut. *Chère Madame, ci-rendue une photo de Grand-maman en souvenir, elle vous a toujours beaucoup estimée et nous regrettons de vous avoir oubliée pour l'enterrement. La mort est survenue si vite et inattendue, mais heureusement paisible. La vie aurait commencé à ennuyer Grand-maman, et elle ne se renforce plus.* Barbara sitzt in Rümligen und schreibt die Danksagungen. Ihr Blick fällt auf den Hof, Erinnerungen steigen auf, wie sie hier in den Ferien Schafe gehütet und im Stall geholfen hat.

Der Meisterknecht brachte auch jeden Abend die Milch in die Molkerei. Er zeigte ihr, wie er dem Fuchs den Chomet über den Kopf zieht, ihn hin- und herrüttelt, bis er satt an der Pferdebrust sitzt, wie er das Pferd zäumt, die langen Zügel über dem Pferderücken zusammengerollt wie ein Lasso. Dann führte er es rückwärts der Wand entlang gegen den Wagen, erst eine Deichsel war nach unten geklappt. Mit einem Lederriemen band er es an der Deichsel fest, kippte die zweite nach unten, verband auch diese mit dem Fuchs, nahm die Zügel vom Rücken, stieg auf den kleinen Bock, löste die Bremse und tippte ihm mit den Zügeln auf den Rücken. Komm, hü! Langsam zog er an. Auf dem Weg ins Dorf musste der Knecht immer wieder an der Bremse drehen, damit der Wagen dem Pferd nicht in die Beine fuhr.

Der Knecht hatte Geduld, Ende der Herbstferien konnte Barbara allein einspannen und zur Molkerei fahren. Nur die schweren Milchkannen half er aufladen. Er hatte ihr jeden Handgriff richtig beigebracht. Der Fuchs kam bei einem Unfall mit einem Auto zu Tode, hat sie später gehört.

Auch ihr gefällt Rümligen besser als Amsoldingen, doch ihre Kinder und Enkelkinder lieben den See, wollen schwimmen und angeln. Deshalb wird sie in Amsoldingen einziehen, ihre Familie wird die erste sein, die dieses Haus wirklich bewohnt. Schwester Sibylle übernimmt Rümligen. Ihre Grossmutter hätte sich wohl nicht vorstellen können, dass beide Enkelinnen in deren Besitztümern leben würden.

Barbara schreibt weiter. *Grand-mamans Tod kam, so lächerlich das tönen mag, völlig unerwartet und ist wohl nur dadurch zu erklären, dass sie das Leben in den letzten Wochen nicht mehr amüsierte, ja langweilte. Dadurch wurde der Tod ruhig, friedlich und für uns so unerwartet plötzlich. Grand-maman war in der Familie eine problematische Figur, trotz allem wird sie uns fehlen und ihre undurchsichtige Persönlichkeit uns noch lange beschäftigen.*

Personenverzeichnis

Ludwig von Tscharner
Der Vater von Elisabeth wurde 1853 geboren, wuchs in Amsoldingen auf, war Dr. phil. und lebte als Genie-Oberst in Bern; er starb 74-jährig im Jahr 1927.

Anna von Tscharner-von Wattenwyl
Die Mutter von Elisabeth wurde 1859 in Rümligen geboren, heiratete 1878 Ludwig von Tscharner, lebte in Bern und starb 1917 wenige Tage nach ihrem Sohn.

Ludwig Samuel von Tscharner
Der ältere Bruder von Elisabeth kam 1879 in Bern zur Welt, heiratete 1908 ***Dora von Büren,*** eine Freundin von Elisabeth; er war promovierter Rechtshistoriker, Untersuchungsrichter, Justizhauptmann und widmete sich der Genealogie-Forschung. 1917 verunfallte er 38-jährig in der Berner Junkerngasse tödlich.

Elisabeth de Meuron-von Tscharner
Geboren am 22. August 1882 am Münsterplatz 12 in Bern, heiratete 1905 Frédéric de Meuron; ihre ersten Ehejahre verbrachten sie in einem Haus im Monbijou-Quartier, anschliessend wechselten sie ins Elternhaus an den Münsterplatz und lebten dort bis zur Scheidung 1923.

Elisabeth zog mit den Kindern ins Gut Vertmont in Bern und blieb dort bis 1927. Nach dem Tod ihres Vaters 1927 bis zu ihrem

Tod 1980 bewohnte sie Schloss Rümligen; die letzten Jahre verbrachte sie im Spital Riggisberg.

Frédéric (Fritz) de Meuron
Geboren am 26. März 1874 in Neuenburg, lebte nach der Heirat bis 1923 in Bern und hatte anschliessend mehrere Wohnsitze in Bern, Basel und Gerzensee. Er war Bankier und Antiquar. Fritz de Meuron starb am 21. Juli 1959 in Bern.

Louise-Elisabeth de Meuron
Die Tochter von Elisabeth und Fritz kam am 1. Juli 1907 in Bern zur Welt, wuchs im Haus am Münsterplatz auf, heiratete nach der Matura Maximilian von Stockar-Scherer-Castell, lebte im Vertmont bis 1947 und machte in Genf eine Ausbildung zur Sekretärin. Nach der Scheidung wanderte sie 1950 nach Tanger in Marokko aus, wo sie 1977 starb.

Roger-Frédéric de Meuron
Der Sohn von Elisabeth und Fritz kam am 13. März 1909 in Bern zur Welt, wuchs im Vertmont in Bern auf, besuchte in Zuoz ein Internat, studierte Ingenieur-Agronom und lebte von 1927 bis zu seinem Tod am 22. Januar 1939 in Rümligen.

Maximilian von Stockar-Scherer-Castell
Der Ehemann von Louise wurde am 11. Juli 1904 geboren und wuchs im Schloss Castell oberhalb der Gemeinde Tägerwilen im Kanton Thurgau auf. Er besuchte mit Roger das Internat in Zuoz, studierte ebenfalls Ingenieur-Agronom und lebte als Berufsoffizier in Bern; nach seiner zweiten Heirat bis zu seinem Tod 1968 in Berg am Irchel.

Sibylle von Stockar (-Froelicher)
Die Tochter von Louise und Maximilian kam am 15. Juni 1930 in Bern zur Welt. Sie lebte im Vertmont in Bern, heiratete Max Froelicher und hatte zwei Töchter, ***Sibylle Louise Froelicher*** (15. Juni 1951) und ***Christine Anne Froelicher*** (14. Juli 1953). Sie lebte geschieden in Bern und von 1980 bis zu ihrem Tod am 21.1.2012 im Schloss Rümligen.

Barbara Hegner-von Stockar
Die Tochter von Louise und Maximilian kam am 27. August 1933 in Amsoldingen zur Welt. Sie lebte im Vertmont in Bern, studierte Medizin und heiratete den Diplomaten Anton Hegner. Sie lebten unter anderem in New York, Washington, Buenos Aires, Bonn. Barbara Hegner kehrte nach Bern zurück, arbeitete als Ärztin und wohnt seit dem Tod ihrer Grossmutter im Schloss Amsoldingen.

Margrit Bieri
Die Hausangestellte Grittli wurde 1893 geboren und kam 16-jährig in den Haushalt von Elisabeth de Meuron. Sie lebte mit der Familie im Münsterplatzhaus, bis 1927 im Vertmont und bis zu ihrem Tod 1975 in Rümligen. Neben dem Schloss hatte sie sich ein eigenes Haus bauen lassen.

Antonio Esposito
Mit 20 Jahren kam er 1955 aus Maschito im Süden Italiens ins Schloss Rümligen, um Arbeit zu suchen. Er blieb und lebte auch nach dem Tod von Elisabeth de Meuron im Jägerhäuschen neben dem Schloss. Im Dezember 2013 starb er in Rümligen.

Nachwort und Dank

Eine nachdenkliche Frau sitzt im Schatten eines Baumes, ein feines Lächeln im Gesicht. So hat der Fotograf Rodo Wyss Elisabeth de Meuron im Park von Amsoldingen 1970 festgehalten, er plante eine Fotoseite in der «Annabelle». Sie kannte diese Zeitschrift nicht. Wyss kam vom Vorhaben ab, behielt die Aufnahmen für sich. Ein grosser Dank nun für das Titelbild dieses Buches.

Wer war diese Frau? Was dachte sie, fühlte sie? Diese Fragen stellte ich mir, als ich zum ersten Mal in der Burgerbibliothek Bern Briefe von Elisabeth de Meuron-von Tscharner las. Sie entsprachen nicht dem Bild, das ich mir seit meiner Kindheit von ihr gemacht hatte: dieser schrulligen, unnahbaren alten Dame, der sogenannt letzten Aristokratin Berns. Ihre Briefe sind umfangreich, wortgewaltig, geistreich, überraschend, impulsiv, herzlich und oft widersprüchlich.

Die Idee entstand, eine Annäherung an diese Frau zu wagen, die tage- und nächtelang aufschrieb, was sie dachte und fühlte; zu versuchen, daraus eine Innensicht zu rekonstruieren von ihrer Welt. Einer Welt, die sich abhebt von den geläufigen Anekdoten, dem Cliché, welches sie gerne bediente.

Zu den Beständen der Burgerbibliothek (Briefe unter anderen an Max Huggler, an Dieneken und Henri Tzaut, Robert und Annette Hagemeister, Ida von Franz, Michael Stettler) kamen weitere Briefe hinzu: insgesamt über 1200. Kein einziger ist gleich wie der andere, alle enthalten wichtige Ereignisse, Gedanken oder

Details, keinen konnte ich weglegen, ohne etwas daraus genommen zu haben.

Ihre Briefe gesammelt und aufbewahrt haben: die Singstudenten Hansueli Aebi, Urs Eggimann, Peter Stahel, Hans-Ueli Stahel, Ulrich Lobsiger, Peter Gerber, Bruno Schneider, Urs Schneider, Marc Thüry, Bernhard Lauterburg, Peter Gehr, Martin Hitz, Urs Hofer, Hans-Rudolf Baur und Klaus Lang; auch die ehemaligen Mieter Ingrid und Lorenz Tschudi, die Landwirte Trudi und Paul Messerli aus Rümligen, ebenso Aldo Miro; Ruth-Elisabeth Vogt; Reinhard Schmidlin; Spengler Peter Ammann; die Redaktoren Kurt Aeschimann und Paul Müller. An dieser Stelle möchte ich allen dafür danken, diese wichtigen Dokumente zur Verfügung gestellt und in aufschlussreichen Gesprächen ergänzt zu haben; auch Peter Salvisberg oder Heinz Fahrer danke ich für ihre Erzählungen.

Doch die Briefe allein hätten kein Bild ergeben. Viel des Geschriebenen gibt Rätsel auf, verwirrt mehr, als es klärt. Ohne die Mithilfe ihrer Enkelin Barbara Hegner wären sie schwer zu verstehen gewesen. In ausgiebigen Gesprächen hat sie mit ihren detaillierten Erinnerungen, klaren Analysen, vielen Fragen und auch Fotografien geholfen, die Fragmente zu ordnen. Für diese anregenden Stunden möchte ich Barbara Hegner von Herzen danken.

Sie hat zu Recht immer wieder darauf hingewiesen, ihre Grossmutter werde niemand je wirklich verstehen können. *Für mich selber ist unklar, weshalb meine Grossmutter so ‹berühmt oder berüchtigt› wurde. Vielleicht, weil sie die erste Frau war, die selbst bestimmen konnte, wie sie leben möchte, ohne Hilfe von aussen.*

Für eine weitere Annäherung sind viele Facetten aus anderen Gesprächen zusammengekommen.

Zum Beispiel Gespräche mit Françoise und Antoine de Meuron, Aline und Martin Birkhäuser-de Meuron. Die Familie de Meuron hat Fotos zur Verfügung gestellt, eine grosse Bereicherung des Buches. Herzlichen Dank!

Für den Hinweis auf die umfangreichen Briefe von Elisabeth de Meuron in der Burgerbibliothek Bern und die vielseitige Hilfe und Anstösse danke ich Katrin Rieder ganz herzlich.

Meinem Mann Thierry de Meuron, dem Urgrossneffen von Elisabeth und Fritz, und meinen Kindern Louise und Basile danke ich für ihre Geduld, Mithilfe und Aufmunterung – ebenso meinen Eltern Alice und Bruno Arn.

Das sorgfältige Lektorat von Hugo Ramseyer und die Zusammenarbeit mit dem Zytglogge Verlag haben viel zum Gelingen beigetragen, auch hierfür ein grosses Merci!

Karoline Arn, September 2014

Bibliografie

- Bähler, Anna; Barth, Robert; Bühler, Susanna; Erne, Emil; Lüthi, Christian: Bern – die Geschichte der Stadt im 19. und 20. Jahrhundert: Stadtentwicklung, Gesellschaft, Wirtschaft, Politik, Kultur. Bern 2003.
- Hansruedi Lerch: Madame de Meuron und andere Berner Originale. Bern 1971.
- Hans Erpf: Elisabeth de Meuron. «Madame de Meuron» Ein Erinnerungsalbum. Bern 1980.
- Susy Langhans-Maync: Madame de ... Bern 1971.
- Guy de Meuron: Le Régiment Meuron, 1781–1816. Lausanne 1982.
- Guy de Meuron: Histoire d'une famille neuchâteloise (La Famille Meuron). Hauterive 1991.
- Historisches Lexikon der Schweiz. Online-Ausgabe.
- Katrin Rieder: Netzwerke des Konservatismus. Zürich 2009.
- Michael Stettler: Machs na. Figuren und Exempel. Bern 1981.
- Tscharner, Richard de et al. (Hg.) Les Tscharner de Berne, un livre de famille. Genf 2003.
- Diverse Zeitungsartikel

Quellen, schriftliche

- Bestände der Burgerbibliothek Bern: Briefe an Robert und Annette Hagemeister, Max Huggler, Korrespondenz mit Dieneken und Henri Tzaut, Michael Stettler, Martina Wille; Briefe, Dokumente und Fotos aus dem Nachlass von Michael

Stettler: ES 118, 1–12; AS 1, 37, 38, 45, 46, 51; Mss.h.h.LII.51; Mss.h.h. 123; FA Brunner 53
- Briefe/Fotos/Unterlagen von Kurt Aeschimann
- Briefe/Fotos von Christian und Peter Ammann
- Briefe/Fotos/Unterlagen von Trudi und Paul Messerli
- Fotos der Familie de Meuron
- Briefe/Fotos von Aldo Mira
- Briefe/Fotos/Unterlagen von Paul Müller
- Briefe/Fotos der Singstudenten Hansueli Aebi, Urs Eggimann, Peter Stahel, Hans-Ueli Stahel, Ulrich Lobsiger, Peter Gerber, Bruno Schneider, Urs Schneider, Marc Thüry, Bernhard Lauterburg, Peter Gehr, Martin Hitz, Urs Hofer, Klaus Lang
- Briefe/Fotos/Unterlagen von Reinhard Schmidlin
- Briefe/Fotos von Lorenz und Ingrid Tschudi
- Briefe/Fotos von Heiner und Ruth Elisabeth Vogt

Quellen, mündliche
- Kurt Aeschimann; Peter Ammann; Aline Birkhäuser; Heinz Fahrer; Peter Gerber; Barbara Hegner; Klaus Lang; Paul und Trudi Messerli; Antoine de Meuron; Aldo Mira; Paul Müller; Peter Salvisberg; Reinhard Schmidlin; Ingrid Tschudi; Ruth Elisabeth Vogt

Autorin und Verlag danken
für den Druckkostenbeitrag:

Burgergemeinde Bern

Kultur Stadt Bern

SWISSLOS / Kultur Kanton Bern

Gemeinde Amsoldingen

Gemeinde Eggiwil

Gemeinde Gerzensee

Gemeinde Rümligen

Caisse de famille Meuron